동명왕릉의 연꽃무늬

고구려사의 제문제

손영종 저

2000년 3월
사회과학원 간행

북한 사회과학원과 저작권 계약을 체결한 책입니다.
저자 사회과학원 박사 손영종 선생의 요구와
독자들의 학문적인 요청에 의해
북한에서 발행된 원본 그대로 출판했습니다.

고구려사의 제문제	지은이·손영종
	만든이·임성렬
	만든곳·도서출판 신서원
	초판1쇄. 인쇄일 2000년 11월 15일
	초판1쇄 발행일 2000년 11월 25일
	주소·서울특별시 종로구
	교남동 47-2(협신209호)
	등록·제1-1805(1994. 11. 9)
신서원은 부모의 서가에서	Tel (02) 739-0222·3
자식의 책꽂이로	Fax (02) 739-0224
'대물림'할 수 있기를 바라며	
책을 만들고 있습니다.	
잘못된 책은 연락주십시오.	값 15,000원

高句麗史의 諸問題

손영종 著

圖書出版 新書苑

고구려사의 제문제

교수, 박사 손영종

사 회 과 학 원
주체 89(2000)

차 례

머리말 1

I. 고구려의 건국, 왕세계 3
   1. 건국년대 3
   2. 건국전설과 력사적사실 10
   3. 부여건국설화와의 공통점과 차이점 14
   4. 건국설화의 완성과정 17
   5. 동명왕(고주몽)과 단군과의 관계 20
   6. 주몽설화와 만주족설화의 차이점 24
   7. 초기왕세계, 초기왕들을 포함한 일부 왕들의
      실재를 부인하는 견해에 대한 비판 25
   8. 초기년표정리 32

II. 고구려의 5부 5족, 주민구성 36
   1. 5부 5족이란 무엇인가 36
   2. 5부명칭의 유래와 변천 43
   3. 초기 5부의 포괄범위 45
   4. 왕기(경기) 5부와 수도, 부수도 5부 48

5. 고구려의 주민구성 50

Ⅲ. 고구려의 국토통합 및 령토완정 과정 55

1. 기원전 3세기초중엽의 소국통합 55
2. 부여국의 멸망과 그 남부지역의 통합, 부여
   각지 소국들의 속국화, 후부여의 성립 61
3. 개마국, 구다국의 통합 63
4. 동옥저의 복속과 그 직할지로의 개편 64
5. 기원전후시기 《예맥》지방의 통합 65
6. 1세기초 황룡국, 안평국의 통합 67
7. 1세기 30년대 락랑국 북부의 통합과
   《조선후국》의 성립 69
8. 1세기중엽 갈사국, 조나국, 주나국의 통합 72
9. 락랑국의 재건과 대방국의 분리, 두 나라의
   변천과 고구려에 의한 통합 73
10. 285년 동부여의 분립과 후부여중심지역의 통합 78
11. 4세기초 락랑군, 대방군, 현도군 지역의 통합 79
12. 346년 후부여의 종말과 그 옛 땅의 수복 80
13. 370년대 대릉하하류이동 료동지역의 수복 81
14. 4세기말 5세기초 광개토왕시기의
    령역 확대와 완정 82
15. 북부여의 변천과 고구려에 의한 그 옛 땅의 통합 .. 84
16. 고구려에 의한 삼국통일의 완성단계
    (5세기말~6세기초엽) 86
17. 6세기중엽 고구려 남부 및 동부
    지역 정세의 변화 91

18. 6세기말엽~7세기중엽 국토
   통일위업의 계속 추진 92
19. 6세기 말갈족의 복속, 북방의 최대판도 97
20. 6~7세기 거란족의 복속, 서북방의 최대판도 101

Ⅳ. 고구려인민의 반침략투쟁 106

1. 전한의 침공을 반대한 투쟁(기원전 2~1세기) 108
2. 신나라(9~23년)와의 전쟁 109
3. 고구려-후한전쟁(28~172년) 111
4. 공손세력의 침공을 반대한 투쟁
   (2세기말 3세기초) 117
5. 위나라(조위)의 침략을 반대한 고구려의 투쟁 119
6. 모용선비(전연)의 침략을 반대한 투쟁 123
7. 전연과의 대결과 고구려의 유주진출
   (343~376년) 125
8. 후연의 침공을 반대한 투쟁(4세기말 5세기초) 129
9. 수나라의 침략을 반대한 투쟁(6세기말 7세기초) 131
10. 당나라의 침략을 반대한 투쟁(7세기중엽) 138
11. 고구려유민들의 반침략고국회복투쟁 148

Ⅴ. 고구려의 봉건적 사회, 정치, 군사
   제도, 주요 정치적사변 161

1. 봉건적사회제도 161
   1) 봉건적토지소유관계 162
   2) 정권의 성격, 봉건적계급신분관계 165
2. 봉건적통치체제-정치제도 171

1) 왕호, 년호 등을 통하여 본 천자국 고구려 171
　　2) 수도와 부수도－3경, 5경 제의 수립 175
　　3) 중앙관제, 벼슬등급제도 179
　　4) 지방관제, 주, 군, 현 제의 성립 187
　　5) 조세제도를 비롯한 각종 수탈제도 193
　　6) 법률제도 196
　3. 군사제도 198
　　1) 봉건적의무병제의 실시, 상무적기풍의 장려 198
　　2) 군종과 병종, 중앙군과 지방군 200
　　3) 통수체계, 무관직, 무관계 202
　　4) 무기무장의 보장, 군량의 비축 203
　　5) 통신, 수송 보장체계의 수립 204
　　6) 성곽방위체계의 수립, 고구려성곽의 특성 206
　4. 주요 정치적사변 224

Ⅵ. 고구려의 대외관계, 자주적대외정책 230
　1. 기원전 2세기말～5세기초 중국 력대 국가들
　　(전한, 신, 후한, 위, 오, 서진, 동진,
　　전연, 전진, 후연, 북연)과의 관계 232
　2. 중국 남북조 나라들(북위, 동위, 북제, 북주,
　　송, 제, 량, 진)과의 관계 235
　3. 수, 당 및 돌궐과의 관계 240
　4. 왜국과의 관계, 일본렬도안의
　　고구려계통소국들 243

Ⅶ. 고구려의 문화, 유적 및 유물 248

1. 고구려문화의 특성 248
2. 동족의 나라들에 준 문화적영향 251
3. 락랑문화와 그 조선적성격 255
4. 고구려의 석각천문도 264
5. 《류기》와 《신집》 267
6. 고국원왕릉(안악 3 호무덤)의 묵서 270
7. 덕흥리벽화무덤의 묵서 275
8. 모두루무덤 묘지명 279
9. 단군릉의 개건 281
10. 동명왕릉의 이전 283
11. 룡오리산성 석각 286
12. 평양 9 사와 불교사원들 288
13. 광개토왕릉비 290
14. 중원고구려비 297
15. 평양성의 유적유물 300
 1) 리방유적 300
 2) 다리유적 303
 3) 운하유적 304
 4) 글자새긴 성돌 305

Ⅷ. 력사지리 310

1. 《한 4 군》과 료동군의 위치 310
 1) 《한 4 군》의 위치문제가 제기되게 된 리유 311
 2) 《한 4 군》설치 당시의 위치 316
 3) 《2 군페합》과 료동군의 동천, 락랑,
   현도군의 축소 317

4) 연, 진 장성과 한나라 새원 319

　2. 환도성(2세기말~4세기중엽)의
　　　위치, 남도와 북도 322
　3. 247년 평양성의 위치 329
　4. 343년 평양동황성의 위치 333
　5. 남평양성의 위치 336
　6. 국남 7성과 국동 6성의 위치 339
　7. 북평양성의 위치 341
　8. 월회부의 위치 345
　9. 안동도호부의 위치 변천과 폐지 372

맺는말 376

머 리 말

위대한 령도자 **김정일**동지께서는 다음과 같이 지적하시였다.

《고구려는 세나라가운데서 제일 강대한 나라였고 삼국시기 우리 나라 력사는 고구려를 중심으로 발전하여왔습니다.》

고구려는 삼국시기 우리 나라 력사에서 중심적인 지위를 차지하고 주도적인 역할을 수행한 나라였다. 삼국시기 우리 나라 력사를 옳바로 리해하고 체계화하기 위해서는 고구려사의 발전과정을 잘 알아야 한다.

지난날 안팎의 봉건사가들과 일제어용사가들은 흔히 고구려, 백제, 신라 등 삼국시기 나라들의 국력을 과소평가하고 왜소화하였으며 락후한것으로 묘사해놓았다. 그리하여 고구려관계 서술 특히는 고구려력사를 빛내일만한 중요한 사실들을 루락시키거나 사실과는 어긋나게 외곡, 날조해놓은것이 적지 않았다. 그 후과는 오늘날까지도 계속 작용하고있다.

오직 위대한 수령 **김일성**동지께서 창시하시고 위대한 령도자 **김정일**동지께서 발전풍부화시키신 영생불멸의 주체사상에서 출발하고 주체의 력사관에 철저히 의거하여 연구를 심화발전시켜나감으로써만 안팎의 력사위조자들의 외곡말살행위의 진상을 꿰뚫어보고 력사적진실을 찾아낼수 있고 고구려가 조선 력사와 동아시아력사발전에서 논 커다란 역할에 대하여 옳게 리해할수 있다.

이 책은 고구려사에서 지난날 외곡말살되였거나 불충분하게 해명된 중요문제들에 대하여 광복후 우리 학계에서 밝혀내고 바로잡은 내용에 대하여 서술함으로써 고구려사를 비롯한 삼국시기 력사에 대한 리해를 깊이하는것을 도우려는 목적에서 집필되였다. 편의상 몇개의 편으로 구분하고 그안에서 문제별로 다시 갈라서 보기로 하며 해당 문제에 대한 리해에서 잘못된것, 의견상이가 있은것은 무엇인가에 대하여 언급하고 우리의 견해를 쓰되 될수록 간단명료하고 알기 쉽게 쓰도록 노력하며 자세한것은 해당 론문, 단행본을 통하여 알수 있도록 참고문헌을 소개하려고 한다.

이 책에서는 주로 론쟁문제, 미해명문제를 다루었으므로 경제와 문화의 여러 부문의 발전 등에 대해서는 따로 언급하지 않았다.

Ⅰ. 고구려의 건국, 왕세계

고구려의 건국년대를 비롯한 건국과 관련된 자료들, 왕세계와 관련된 자료들을 옳게 해석하는것은 그에 대한 자의적인 해석과 외곡말살행위가 그 어느 다른 자료에 대한것보다도 심한 조건에서 특히는 고구려가 우리 나라 첫 봉건국가로서 그 건국에 대한 정확한 해명이 가지는 력사적의의가 매우 큰 조건에서 가장 중요한 문제의 하나로 된다.

1. 건국년대

1) 안팎의 봉건사가들에 의한 외곡

《삼국사기》,《삼국유사》에서는 고구려가 신라보다 20년뒤인 기원전 37년에 건국한것으로 써놓았다.

고구려가 강력한 나라로서 력사무대에 등장하여 활약한것은 신라보다 훨씬 앞선 시기부터였으므로 누구나 다 이것은 잘못이라고 인정하는것이다. 이것은 후기신라의 통치배-편사자들이 신라를 내세우기 위하여 고의로 고구려의 건국년대를 늦잡는데서 생겨난 잘못이다.*

— 3 —

＊ 여기서 주목해야 할 점은 고구려가 한나라 군현과는 아무런
관계가 없이 건국된것으로 묘사되여있다는 사실이다.

《후한서》예전에는《예, 구려 및 옥저는 다 본래 조선땅이
였다》고 했으며 그 고구려전에서는 한무제가 고조선을 멸망시
킨 다음 고구려를 현으로 삼아 현도군에 소속시켰다고 써놓
았다.＊

　　＊ 여기서 주목되는것은 고구려가 그후 언제 독립하였다는 기사
　　는 없는 반면에 현도군관계기사이전에 본래 5부 5족이 있었으며
　　《소노부》출신의 왕조가 후에 계루부출신왕조로 교체되였다고 쓰
　　고있는것이다.

또《한서》지리지 현도군 고구려현조에는 고구려가 본래
《진반조선호국》이였다고 썼으며《삼국지》고구려전에는 현도
군이 본래 옥저성중심으로 있다가《이맥》의 공격으로 구려(고
구려)서북으로 옮겨갔다고 썼다.

《한서》,《후한서》,《삼국지》의 이러한 기사들을 종합해보면
고구려는 고조선멸망후 그 옛 땅에 설치되였다는 진반군, 현
도군안에 있었던것으로 되며 따라서 고구려의 건국은 기원전
107년이후 상당한 시간이 경과한후에 있었던 사실로 될것
이다.

바로 이러한 잘못된 기록을 리용하여 후기신라의 편사자들
은 고구려의 건국년대를 기원전 37년으로 늦잡아놓았다고 볼
수 있다.

일제어용사가들의 대부분은 소위《과학적연구》를 표방하면
서 고구려의 활동이 중국기록에 나타나기 시작한 다음부터 비
로소 그 존재를 인정할수 있다고 보았다. 그리하여 그들은 동

명왕이후 모본왕까지는 믿을수 없는 전설적인물이라고 주장하였으며*¹ 중국사서의 잘못된 기록에 따라 왕망때에는 《후국》으로 있었고 후한 광무 8 년(기원전 32 년)에 《왕국》으로 인정받았다고도 하고*² 태조대왕(궁, 통치년간 53~146 년)이 2 세기 초인 105 년에 한나라 료동군을 공격하였다고 하니 이때부터 고구려의 력사시대가 시작된다고도 하였다.*³ 심지어는 고구려 왕세계는 산상왕(통치년간 197~227 년)이후부터 비로소 확인될수 있고 그 이전의 왕들과의 관계는 알수 없으니 실재한 가장 오랜 임금은 산상왕이라고 떠벌이기까지 하였다.*⁴

*¹ 다께다 유끼오: 《고구려사와 동아세아》(일문) 이와나미서점, 1989년, 288 페지, 284 페지 참조

*² 이나바 이와끼찌: 《조선사》(일문) 27~28 페지(《조선사 만주사》 <헤이본샤, 1939 년>의 일부) 여기서 그는 고구려의 건국은 기원전후시기라고 보았으며 왕망이 자의적으로 고구려왕을 《하구려후》로 삼았다는 《후한서》 고구려전 등의 기록을 맹신하고 그때 고구려가 《후국》으로 되여 독립을 상실한것처럼 외곡해놓았다. 이러한 관점은 다른 일본학자들에게도 있다.

*³ 이마니시 류: 《조선사의 간(요점)》(일문) 국서간행회, 1970년, 87 페지

오다 쇼고: 《조선사대계 상세사》(일문) 조선사학회, 1927 년, 65 페지에서는 태조대왕때부터 한나라 현도군의 지배에서 벗어난것으로 보고있다.

*⁴ 다께다 유끼오: 《조선사》(세계각국사 17)(일문) 야마가와출판사, 1985 년, 30~31 페지

우에서 든 《한서》, 《후한서》, 《삼국지》의 기록들은 고구려

의 건국년대를 규정하는데서 해방후 우리 학계의 연구사업에도 일정한 영향을 미치였다.

1979년 《조선전사》(초판본)에서 고구려건국을 기원전 1세기초로 규정한것도 이와 관련이 있다. 즉 《삼국사기》 신라본기 문무왕 10년(670년) 8월조에는 고구려가 건국된지 거의 800년이 된다는 기사가 있고 또 《신당서》 고(구)려전에는 고구려가 900년간 계속되였다는 기사가 있으므로 고구려건국이 기원전 130~230년경까지도 소급될수 있으나 고구려가 본래 고조선땅이였다고 하였으니 고조선멸망이전시기에는 그것이 고조선안의 하나의 후국으로 존재하였고 고조선멸망이후에 반침략투쟁을 힘있게 벌리는 과정인 기원전 1세기초에 독립을 달성한것으로 보았던것이다.

위대한 수령 **김일성**동지께서는 주체 78(1989)년에 강대한 나라였던 고구려는 더 이른 시기에 건국되였을수 있다고 가르쳐주시였다. 력사학자들이 유관사료들을 재검토하는 과정에 이 교시의 정당성은 곧 확증되였다. 그리하여 고구려가 기원전 3세기초엽 구체적으로는 기원전 277년에 건국되였다는것이 밝혀지게 되였다. 그 근거는 다음과 같다.

① 《삼국사기》 고구려본기 끝의 사론에는 《고구려가 진나라, 한나라이래로 중국의 동북 모서리에 있었다》고 하였다. 중국 진나라는 기원전 9~8세기에 세워졌다는 나라이지만 그것이 연나라를 멸망시켜 우리의 고조선, 고구려와 경계를 접하게 된것은 기원전 222년이후이다. 고구려는 본래 압록강중류지역에서 선 나라이므로 그것이 커져서 료하계선을 넘어서기까지는 적어도 수십년이라는 세월이 있어야 한다.

② 광개토왕릉비에는 그가 시조 추모왕(동명왕)의 17세손

이라고 하였는데 현존《삼국사기》에는 12 세손으로 되여있으니 5세대의 왕이 루락되였음을 알수 있다.

중국사서인《위서》나《북사》의 고구려전에는 고주몽(동명왕)의 아들, 손자, 증손자로서 시려해(려달), 여률, 막래를 들고있으며 광개토왕릉비에는 추모왕(동명왕)의 아들 유류(儒留)와 국가의 기초를 계승, 공고화한 대주류왕을 들고있다.

그런데《삼국사기》에는 동명왕의《아들》인 류리왕의 딴이름을 유류(孺留)로,《손자》인 대무신왕(무휼, 미류)의 딴이름을 대주류(대해주류)라고 하였다. 이것은《삼국사기》편찬자(또는 그 선행자)들이 류리왕이전의 5세대 왕들을 삭제하고 유류왕과 대주류왕(막래왕)은 각각 류리왕과 대무신왕의 딴이름으로 처리해놓았다고 볼수 있게 한다. 그것은 대주류(막래)왕때에 부여를 쳐서 통합하였는데 (《위서》,《북사》) 대무신왕도 부여와 싸운 일이 있는것을 리용하여 겹쳐놓은것으로 인정되기때문이다. 그밖에 유류왕대, 대주류왕대에 있었던 사실도 류리왕대, 대무신왕대의 사실로 써놓았다고 볼수 있다. 그것은 대무신왕 즉위년조에는 그가 류리왕 33년(기원 14년)에 11살로 태자가 되였다고 하였는데 류리왕 33년조에는 이때 그에게 군사와 국가에 관한 일을 맡긴것으로 되여있고 또 그의 어머니 송씨는 류리왕 3년에 죽은것으로 되여있어서 앞뒤가 맞지 않기때문이다. 기원 14년에 태자로 된 대무신왕은 분명히 31살의 청년이였고 11살에 태자로 된것은 류리왕 26년조에 나어린 왕자로서 부여왕의 무리한 요구를 물리친 딴 인물 즉 막래였던것이다.

또한《삼국사기》대로 하면 대무신왕 5년에 부여가 망하고 갈사국이 섰는데 10년후인 대무신왕 15년에는 갈사왕의 손녀가 낳은 호동이 청년으로서 락랑국을 투항시키는것으로 되여 있다. 이것은 부여국이 멸망한후 적어도 100년이상이 지난 다음의 일이 되여야 하며 《삼국사기》의 년대가 잘못이라는것을 말하여준다. 실지로는 여기에 나오는 갈사왕도 갈사국을 세운 금와왕의 막내아들의 몇대손자였을것이다.

③ 《삼국지》권 30, 고구려전에는 고구려에 본래 5부 5족이 있었고 처음에는 연노부에서 왕이 나오다가 지금(3세기)은 계루부에서 왕이 나온다는것을 소개하였으며 또 한나라때에 고구려에 고취악기와 기인(악공)을 보내주었다고 하였을뿐 고구려가 언제 건국되였는가에 대해서는 쓰지 않았으며 또《후한서》와는 달리 고구려가 한나라에 속했다고 쓴 일이 없다. 이것은 고구려가 기원전 107년 한나라 현도군 설치 이전 언제인지 알수 없는 오랜 옛날부터 독립국가로 있었다는것을 말해주고있다. 또 앞에서도 본것처럼 고구려건국설화에도 중국과의 관계는 전혀 나오지 않는다.

④ 《당회요》(권 95)에는 《고구려비기》를 인용하면서 고구려가 천년 가까이 존속하였다고 썼다.

이 모든것은 고구려의 존속기간이 9백수십년간이 되고 고구려건국이 기원전 3세기초엽에 해당한다는것을 보여준다.

⑤ 그러면 구체적으로 어느해에 건국되였는가? 건국설화에는 동명왕(고주몽)이 갑신년에 즉위한것으로 되여있다.(《삼국사기》, 《삼국류사》, 《동명왕편》등) 기원전 222년이전의 갑신년은 곧 기원전 277년이다. 이것은 《삼국사기》보다도 240년을 더 앞서서 건국한것으로 된다.

《삼국사기》의 년대를 따라서 계산하면 시조 동명왕이 건국한 다음 59년만에 부여를 멸망시키고 통속시키게 된다. 이것은 바로 기원전 219년에 대주류왕(막래)이 부여를 쳐서 통속시켰다는 년대이고 진나라가 몽념을 시켜 만리장성을 쌓게 한것은 기원전 214년경이므로 이 무렵에 와서는 고구려가 진나라와 경계를 접한것으로 되여 앞에서 든 《사론》의 말과 부합된다.

※ 240년간에 5세대의 왕들이 더 있었다는데 대하여서는 뒤에서 보게 된다.

고구려의 건국년대가 기원전 277년으로 확정된것은 중요한 력사적의의를 가진다.

고구려의 건국은 우리 나라에서의 첫 봉건국가의 탄생을 의미한다. 그것은 단군에 의한 첫 고대국가 고조선의 창건이 세계적으로도 가장 이른 시기의 고대문명사회의 출현을 의미하듯이 조선의 봉건사회도 세계적으로 가장 이른 시기에 시작되였다는것을 의미하며 우리 민족사의 유구성과 선진성을 똑똑히 인식하게 함으로써 민족적 긍지와 자부심을 높여주는데서 중요한 작용을 한다.

중국에서는 기원전 8세기 춘추시대부터 봉건사회에 들어섰다고 하지만 노예소유자사회의 잔재는 그후도 오래동안 남아있었다. 중근동에서도 고대사회는 오래동안 계속되였고 기원후 수세기에 가서야 봉건사회로 되였으며 유럽에서는 다시 그보다 수백년이 지난 9~10세기경에야 봉건사회가 시작되였다. 이것은 우리 나라 봉건사회가 세계적으로도 가장 이른 시기에 성립되였다는것을 말해준다.

고구려의 건국은 다음으로 같은 겨레의 나라들의 사회발전에 큰 영향을 줌으로써 전반적으로 민족사발전을 크게 추동하였다는데 그 중요한 력사적의의의 다른 하나가 있다.

고구려의 건국과 그 급속한 강화발전은 이웃한 같은 겨레의 나라들과 지역들에 큰 자극을 주었다.

기원전 3세기중엽에는 고구려의 한갈래가 남하하여 백제봉건소국을 형성하였으며 기원전 2세기초에는 봉건국가 후부여가 성립되였다. 고구려의 영향아래 고조선에서도 봉건적제관계가 확대발전되고 기원전 1세기초에는 락랑국을 비롯한 봉건소국들이 형성되였으며 기원전후시기에는 백제, 신라, 가야 등 봉건국가들이 련이어 서게 되였다. 이것은 전반적으로 민족사발전을 크게 전진시킨것으로 되였다.

※ 《고구려사》(1) 과학백과사전종합출판사, 주체 79(1990)년, 20~23, 46~55 페지

《조선전사》(3) 과학백과사전종합출판사, 주체 80(1991)년, 15~31 페지

2. 건국전설과 력사적사실

위대한 령도자 **김정일**동지께서는 다음과 같이 지적하시였다.

《신화와 전설은 력사를 연구하는데서 중요한 사료로 됩니다.

…

…

신화와 전설은 그것이 나온 시기의 사회상과 여러가지 력사적 사건, 사실을 옳게 해명하는데서 귀중한 자료로 될수 있습니다.》

고구려의 건국전설은 광개토왕릉비를 비롯하여 《삼국사기》, 《삼국유사》, 《위서》, 《북사》 등에 실려있고 가장 자세한것은 리규보가 구《삼국사》를 보고 지은 고률시 《동명왕편》에 수록되여있다. 거기에는 허황한 이야기, 과장된 내용도 들어있다.

례컨대 시조 동명왕(고주몽)의 아버지는 천제(또는 해, 해와 달) 또는 천제의 아들 해모수로 되여있고 해모수는 하늘에서 내려왔으며 하늘세계로 오르내리는 신적존재이고 채찍을 한번 휘둘러서 구리궁전을 솟아나게 하였다든가, 그의 어머니는 하백(물의 신)의 딸로서 물속궁전으로 드나들기도 하고 해빛을 받아 잉태하여 다섯되들이만한 큰 알을 낳았는데 거기서 주몽이 나왔다든가, 주몽이 부여에서 구려땅으로 피신하던 도중 큰 강을 건늘 때 물고기와 자라가 다리를 놓아주었다든가 하는 이야기들은 현실세계에서는 다 있을수 없는 일들이다.

지난날 일제어용사가들과 일부 부르죠아사가들은 고구려건국설화속에 이러한 허구와 과장이 있다고 하여 덮어놓고 믿을수 없다고 하면서 부정하거나 단순한 민족적인 전승—옛이야기로 처리하고 그가운데 들어있는 력사적사실을 찾아보려고 하지 않았다. *

* 오다 쇼고:《조선사대계·상세사》에서는 고주몽때에 고구려가 독립한 나라로 된것이 아니라고 하였다.(63페지)

  이마니시 류:《조선고사의 연구》(일문)국서간행회, 1970년, 477페지

그러나 건국설화에 들어있는 신화적외피를 벗기고 과장된 이야기들은 실지에 맞게 조절해보면 거기에는 건국시조의 출

신과 성장과정, 사회계급적관계, 당시의 정치정세, 경제, 문화 발전형편, 건국과정에 참가하여 활동한 인물집단 등 적지 않은 력사적사실들을 찾아낼수 있다.

례를 들면 동명왕의 부모는 고구려의 선행국가인 구려에 가까운 부여국의 남쪽변경지역에 있었던 소국왕-지방정치세력자의 아들이나 딸로서 당시로서는 지체가 높은 집안출신이였다고 볼수 있다. 전설에는 해모수가 천제자로서 하늘세계에서 내려온것으로 되여있고 자신이 왕으로 불리우기도 하나 그는 《천왕랑》으로 불리우고 또 미혼청년으로 묘사되고있으니 부여왕실과는 관계가 없는 어느 소국왕의 아들쯤 되여야 할것이다. 또 류화는 압록강류역의 어느 한 지방세력자의 딸이였다고 볼수 있다.

류화는 부모의 동의없이 외간남자와 정을 맺은것으로 하여 하백소속의 변방인 우발수가에 귀양가서 살고있다가 부여사람 어부(부추)에 의하여 발견되여 부여왕궁에 련행되여갔다. 부여왕 금와는 해모수와 류화의 문벌로 보아서 그들의 동족이 부여왕권을 반대하여 나설수 있는 존재들이라는것을 고려하여 류화를 별궁에서 거처하게 하고 우대하였다. 그런데 류화는 얼마후 아들 주몽을 낳았고 그는 남달리 영특하고 숙성하여 무술에 정통하였다. 그래서 부여 왕자, 관료들의 시기와 의심을 받아 목자생활도 하였고 자기를 죽이려는 책동이 있는것을 알고 남으로 피해갔다.

목자생활은 천한 신분의 사람들이 하는것이므로 그는 그 과정에 하층신분인민들과도 자주 접촉하게 되였고 부여사회의 계급적모순을 목격하고 체험할수 있었으며 당시 봉건적관계가 싹트고있던 조건에서 그것이 노예제도보다 민심을 사는데 유리하다는것도 알게 되였을것이다.

나이가 들면서 그는 뜻을 같이하는 친구들(오이, 마리, 협보)과 사귀고 그들의 지지를 받았으며 부여를 떠날 때 행동을 같이하였다. 또 모둔곡에서 만난 세사람(재사, 무골, 묵거)도 그들이 입은 옷과 행동거지로 보아 평민출신의 인물들로서 고주몽을 따라나선 사람들(또는 집단)이였다고 보인다.

그가 처음 도착한 졸본천가는 그가 후에 파루(계루)부의 대표자로 된것으로 보아 파루부의 변방인 혼강(비류수)중류지방이였을것이고 그가 졸본천상류로 가서 비류국왕 송양을 만났을 때 자신을 《서쪽나라의 왕》이라고 한것을 보면 비류국은 대략 오늘의 팔도강부근에 있었을것이다. 그것은 연나부, 제나부, 관나부, 환나부 등의 상대적위치로 보아서 달리는 될수 없다.

주몽은 파루부땅인 졸본천가에 가서 그는 지방세력자의 딸인 젊은 과부 소서노를 만났고 그 후원을 받아 정치군사적지반을 닦았으며 파루부땅에 자주 침습하던 외세(《말갈》)를 평정하는 공로가 있었기에 파루부의 대인으로 선출될수 있었을것이다.

그가 연나부출신인 구려(졸본부여) 국왕의 둘째딸과 결혼하였고 구려왕이 죽자 그뒤를 이었다는것도 사실일것이다. 신라에서도 남해왕의 사위인 탈해가 왕위를 이었고 조분왕의 사위인 미추가 왕위를 잇는 등 사위가 임금이 되는 실례들이 적지 않았는데 이것은 세나라시기 초기까지만 하여도 같은 겨레의 높은 문벌(귀족)출신으로서 인품이 있고 똑똑하기만 하면 얼마든지 지방세력자가, 소국왕이나 국왕의 사위로도 되고 다른 나라의 귀족반렬에 들어갈수도 있었으며 대표자, 통치자로도 되는 관례가 있었기때문이였다.

　고주몽은 이렇게 평화적인 방법으로 국왕의 지위를 차지하였으나 그는 옛 제도, 질서의 단순한 계승자가 아니라 새로운 제도, 질서를 세울것을 지향하였고 그것은 당시의 사회발전방향에 따라 봉건제도를 수립하는데로 이어졌기때문에 그는 첫 봉건국가 고구려의 건국시조로 될수 있었다.

　고구려건국전설에는 울타리 친 말목장, 5곡, 물레, 룡광검, 쇠그물, 가죽수레, 북과 나팔, 금비녀와 옥가락지, 일곱모가 난 주추돌우에 선 큰 건물 등도 보이는데 그것은 당시의 기술, 문화, 생산력이 상당히 발전되여있었다는것을 보여주고있다.

　이처럼 고구려건국전설에서는 신비한 요소들을 제거하면 당시의 력사적사실, 사물 현상을 찾아볼수 있다.

　　※ 《고구려사》(1), 39～46 페지

3. 부여건국설화와의 공통점과 차이점

　고구려건국설화에는 부여의 건국설화와 공통되는 점들이 적지 않다.

　《론형》 길험편이나 《위략》에 실린 부여건국설화를 보면 부여의 건국자의 이름도 《동명》으로 되여있고 그가 출생한 다음 돼지우리, 말우리 속에 갖다버렸으나 집짐승들이 입김을 불어주어서 죽지 않았다든가, 동명이 활을 잘 쏘았으므로 나라를 빼앗을가봐 그를 죽이려고 하였기에 그가 피신하던 도중 물고기와 자라가 다리를 놓아주어서 건늘수 있었다든가 하는 내용이 들어있는데 그것들은 대체로 고주몽(동명왕)전설과도 공통되는 점들이다.

이러한 일부 공통점들이 있다고 하여 지난날 어떤 학자들은 고구려건국설화는 부여의 그것을 그대로 가져다가 다소 윤색한것이라고 하기도 하고[1] 부여건국설화가 있을뿐 고구려건국설화는 따로 없다고 주장하기도 하였으며[2] 또 반대로 부여건국설화는 고구려건국설화를 잘못하여 부여의것으로 써놓은것이라고도 하였다.[3]

[1] 정약용: 《아방강역고》 권 3, 졸본고
[2] 오다 쇼고: 《조선사대계·상세사》 62페지, 이마니시 류: 《조선사의 간》, 86페지
[3] 오시부찌 하지메: 《만주사》(일문)(《조선사 만주사》헤이본샤, 1989년의 일부), 231페지(나까 미찌요설)

고구려와 부여의 건국설화에서 일정한 공통성이 있는것은 바로 고구려시조 동명왕(고주몽)이 북부여에서 살다가 북부여사람들과 함께 남하하여 왔기때문에 또 부여와 구려(졸본부여)가 본래 같은 갈래의 주민들로 구성된 나라였고 언어와 풍속, 문화가 같았기때문에 공통적으로 전승된 이야기에 기초하였기때문이다.

그러나 서로 다른 시기에 형성된 두 나라의 건국설화의 내용은 꼭 같을수가 없으며 고구려건국설화는 부여의 그것보다 훨씬 더 발전풍부화되고 또 봉건사회의 력사적조건에 맞게 개작되여 새로운 독자적인 건국설화로 된것이다.

례컨대 부여건국설화에서는 하늘에 있는 닭알만한 크기의 기(氣)가 탁리국왕의 시비(녀종)에게 내려와서 부여시조를 낳

은것으로 되였지만 고구려건국설화에서는 해, 해와 달 또는 그 상징적존재인 천제(하느님)가 주몽의 아버지로 되여있거나 천제의 아들 해모수가 아버지로 되여있으며 이 경우에도 어머니 류화는 언제나 해빛을 받아서 임신한것으로 함으로써 시조의 래력을 보다 더 신성한것으로 꾸며놓았다. 또 어머니도 시비가 아니라 하백(물의 신)의 딸인것으로, 존귀한 집안출신으로 만들어놓았다.

부여의 건국설화에는 시조와 함께 활동한 인물들이 보이지 않으나 고구려건국설화에는 오이, 마리, 협보, 재사, 무골, 묵거, 부분노를 비롯하여 여러 인물들이 나오며 그들이 건국위업에 직접 이바지한 내용이 비교적 자세하게 반영되여있다.

이처럼 부모를 비롯한 등장인물들이 보다 현실적인 존재로, 고귀한 존재로 되여있고 설화의 줄거리도 부여의것은 극히 간략하지만 고구려의것은 대단히 복잡하며 등장인물들의 활동경위도 자세하고 그들의 활동내용도 신비한것은 별로 없다. 이것은 부여건국설화가 고대국가의 건국설화로서 고대사회초기의 력사적사실을 반영하고있다면 고구려의 건국설화는 봉건사회초기의 력사적사실을 다양하게, 치밀하고 화려하게 꾸며놓은데서 오는 차이라고 말할수 있다.

그렇기때문에 량자간에는 근본적인 차이가 있으며 고구려건국설화가 부여의 그것을 부분적으로 이어받은것은 사실이나 부여설화보다 훨씬 많은 새로운 내용들을 가지고 근본적으로 달리 즉 독자적인 건국전설로서 창조된 고유한 전설임을 알수 있다.

※ 박시형:《광개토왕릉비》과학원출판사, 주체 55(1966)년, 97~115페지,《고구려사》(1), 28~39페지

4. 건국설화의 완성과정

현재 알수 있는 자료들가운데 고구려건국설화를 가장 완성된 형태로 전하는것은 리규보(1168-1241년)의 《동국리상국집》권 3 고률시 《동명왕편 및 서문》이다. 《동명왕편》의 주석에 인용된바에 의하면 이 시는 구《삼국사》의 내용을 충실히 따라가면서 시어로 형상한것임을 알수 있다.

여기에 보이는 건국설화가 처음부터 완성된 형태로 창작된것이 아니라는것은 《광개토왕릉비》, 《모두루묘지명》, 《위서》등에 씌여진 설화내용과는 상당한 차이가 있다는것을 보아서 알수 있다.

무릇 모든 구전설화들은 시간이 경과함에 따라 윤색, 보충되기도 하고 또 개작되기도 한다. 그러므로 고구려건국설화도 처음에는 간단하던것이 일정한 시기까지 계속 보충, 완성되였다고 볼수 있다.

현존하는 가장 오래된 고구려건국설화는 414년에 건립된 광개토왕릉비에 보이는 설화내용이다. 거기에는 시조 추모왕 (동명왕 고주몽)이 북부여에서 나왔고 아버지는 천제(황천<皇天>)이고 어머니는 하백의 딸인데 알을 깨고 나왔으며 부여의 엄리대수를 건늘 때 자라와 거부기가 다리를 놓아주었다는 이야기가 실려있다. 5세기초엽경에 지었다는 《모두루묘지명》에도 《하백의 손자이며 해와 달의 아들인 추모성왕》이란 말이 두어군데 보인다.

534년에 처음 편찬된 북위(386~535년)의 력사책인 《위서》(권 100) 고구려전에는 고구려시조 주몽이 해빛을 받은 하백의 딸 류화가 낳은 다섯되들이만한 큰 알에서 나왔고 부여왕의 아들들과 함께 사냥나가서 화살 한대로 많은 짐승을 잡았기에 시샘을 받아 죽을 위험에 처했으므로 오인, 오위(오이, 마리의 다른 표기의 오자) 등과 함께 동남으로 가던중 큰 강을 만났는데 다리가 없어서 물을 향하여 《나는 해님의 아들이고 하백의 외손이다》고 하면서 구원을 청하였더니 물고기와 자라가 떠올라 다리를 이루었기에 건늘수 있었고 추격을 면할수 있었다. 보술수에 이르러 세사람을 만나서 함께 홀승골성(졸본)에 가서 거처를 잡았다는 좀 더 자세한 내용이 씌여있다.

여기서는 아직 주몽의 아버지로 구《삼국사》나 《삼국사기》고구려본기에 나오는 해모수가 보이지 않는다.

어떤 학자들은 이러한 기록상의 서술에서 다소의 차이가 있는것을 두고 고구려의 건국설화는 고구려에서 왕권이 강화되여가는 시기인 3세기이후에 창조되고 그후 4세기말경까지는 룽비에 보이는 정도의 내용을 가졌고 5~6세기에 가서야 《위서》에 보이는 좀 더 자세한 내용을 가지게 되였으며 《삼국사기》는 《위서》의 내용을 베낀것이라고 주장하고있으며[1] 천제자 해모수가 등장하고 건국설화내용이 보다 다양하고 복잡하게 된것은 고구려멸망이후에 더 발전된것이라고 보기도 하였다.[2]

[1] 오다 쇼고: 《조선사대계·상세사》, 61~62 페지
[2] 다께다 유끼오: 《조선사》(세계각국사 17), 38 페지 등

그러나 고구려건국설화는 훌륭한 지략과 무술의 소유자로서 건국대업을 이룩한 시조 동명왕의 래력과 행적에 관한 전설적이야기를 담고있는것만큼 벌써 그의 생존시기부터 형성되기 시작하였다고 볼수 있으며 릉비의 내용은 비록 간단하나 《위

서》의것과 서로 통하며 《위서》의 내용은 그 이전 중국사서들에는 보이지 않은것이므로 고구려와의 외교무역관계, 사람들의 래왕이 잦았던 북위에서 고구려측의 기록이나 이야기를 얻어보거나 듣고 써놓은것이라고 볼수 있다. 따라서 4세기말이전 오래전에 고구려에서는 고주몽전설의 기본내용들이 다 창조되여있었다고 보아야 할것이다.

그리고 주몽의 아버지로서 천제의 아들인 해모수가 등장하는것도 5~6세기 고구려의 국력이 강화되고 문화가 발전하였던 시기에 고구려사람들자신이 고구려시조의 래력을 보다 더 합리적인것으로 즉 그의 아버지가 하느님(해님)자신이 아니라 사람의 모습을 가진 하느님의 아들인것으로 만들었고 해모수와 류화형제, 하백과의 관계, 재능겨룸 등 일련의 설화내용들로 보충풍부화하였던것으로 볼수 있다. 그것은 600년에 태학박사 리문진이 편찬하였다는 《신집》 또는 그 기사내용이 후세에 전해져서 구《삼국사》편찬때에 리용되였으므로 그보다 앞서 600년이전에 이미 해모수관계설화들이 완성되여있었겠기때문이다.

해모수는 《삼국유사》(권 1 기이) 북부여조에 의하면 흘승골성에 내려온 천제자신이 자칭한 이름이고 북부여를 세운 인물이며 북부여왕 해부루의 아버지로 전하는 인물로서 동명왕과는 관계가 없는 인물로 되여있다. 그러던것이 《삼국사기》 고구려본기 동명성왕조에는 천제의 아들 해모수로 되고 그가 하백의 딸 류화와 상관한후 다시 해빛을 받아 낳은것이 동명왕(고주몽)으로 되여있다.

해모수설화를 두고 본래 부여의 건국설화였다고 보기도 하나 《삼국유사》 북부여조의 기사에는 고구려의 첫 수도인 흘승골성(졸본성)이 북부여의 수도로도 되여있는 등 모순이 있을 뿐아니라 지나치게 간단하며 또 그것은 원래의 부여건국설화와도 맞지 않는다. 설사 미숙한 해모수설화가 부여의 어느 한 지방에 있었다고 하더라도 그것은 아직 정착되지 못한것이였고 후에 고구려건국설화에 인입되여 천제의 아들로, 고주몽의 아버지로 된것이라고 볼수 있다. 그러므로 그것이 고구려멸망이후 고려때에 와서 비로소 주몽설화에 가미된것이라고 보는것은 사리에 맞지 않는것이다.* 고구려건국설화를 훌륭하게 꾸미는데 제일 큰 리해관계를 가지고 힘을 들인것은 고구려의 통치계급과 고구려시조를 숭배한 고구려사람들자신이며 수백년이 지난 후세의 사람들일수 없다.

* 《삼국사기》의 동명왕설화에는 동명왕의 아버지가 어디서 왔는지 알수 없고 자칭《천제자》라고 한 해모수라고 하면서도 동명왕이 강물을 건늘 때에는《나는 천제의 아들이고 하백의 외손이다》라고 말한것으로 되여있어서 앞뒤가 잘 맞지 않는다. 《동명왕편》에서는 이러한 모순이 없다. 그러므로 후세에 와서도 개별적인 표현은 보다 합리적인것으로 교체될수 있다고 볼수 있으나 전체로서의 설화의 줄거리는 어디까지나 고구려때에 이루어진것이다. [《고구려사》(1), 38페지 참조]

5. 동명왕(고주몽)과 단군과의 관계

고구려는 고대국가 구려를 계승한 나라이고 구려국은 전조선(시조 단군이 세운 조선)의 후국으로 있다가 독립한 나라이다. 그리고 단군은 고조선의 시조뿐아니라 그후 력대의 임금들이 다 단군으로 불리웠다. 후조선때까지도 단군이란 통치자의 칭호는 그대로 사용되였을것이다. 후조선의 마지막시기에 와서 중국식군주칭호인 《왕》호를 받아들여 부왕, 준왕으로 불리우기도 하였으나 고유칭호인 단군도 계속 쓰이였을수 있다. 그렇다면 부여나 구려에서도 단군이라는 군주칭호를 썼을수도 있다. 이렇게 본데로부터 《북부여기》에서는 해모수도 단군이라고 썼고 지어는 《태백일사》(고구려본기 제 6)와 같이 고구려에서도 동천왕때까지 단군을 군주칭호로 썼다고 간주하였다고 생각된다.

그러나 이것은 하나의 추리에 불과하고 《삼국사기》를 포함한 12세기까지의 옛 력사기록들에는 부여나 고구려에서 단군이라는 군주칭호를 썼다는 기록은 없다. 그러다가 13세기말엽에 저술된 《삼국유사》의 왕력에 있는 동명왕기사에 그가 《단군의 아들》이라는 말이 나온다. 또한 같은 책의 고구려조에는 《<단군기>에 이르기를 단군이 서하 하백의 딸과 친하여 아들을 낳았는데 이름을 부루라고 한다. 지금 이 책(《국사 고구려본기》)을 보면 해모수가 하백의 딸과 사사로이 관계를 가져서 주몽을 낳았다고 하였다. <단군기>에는 아들을 낳아 이름을 부루라고 하였다고 하였으니 부루는 주몽과 어머니가 다른 형제이다.》라는 주석을 붙여놓았다. 이것은 저자 일연이 해모수가 곧 단군(고조선의 시조)이라고 생각하고 단군이 서로 다른 하백의 딸과 혼인하여 부루와 주몽을 낳았다고 본데서 《어머니가 다른(배다른) 형제》로 보았다는것을 의미한다.

《삼국유사》(권 1) 북부여조와 고구려조의 기사를 종합해보면 해모수는 부루와 주몽의 아버지로 되므로 그것을 《단군기》

와 결부시키면 우와 같은 견해가 나올수 있다. 그러나 일연의 이러한 견해에는 너무나 비약이 많다. 우선 2 천여년전의 인물인 단군이 서로 100 년 정도 출생시기가 다른것으로 전하는 부루와 주몽의 아버지로 된다는것은 단군이 1,908 살까지 살았다고 하더라도 시간적으로 맞지 않는것이다. 이것은 오직 단군이 우리 고대국가들의 군주칭호로서 보편적으로 씌였으며 해모수는 단군으로도 불리웠다는 전제밑에서만 성립될수 있고 하백도 서하(비서갑)의 하백과 청하(압록강)의 하백이 따로 있다는 전제밑에서만 성립할수 있는 견해이다.

그러나 《제왕운기》에 《시라(신라), 고례(고구려), 남북옥지, 동북부여, 예, 맥이 다 단군이 다스리던 지역이다.》라는 그 어떤 책의 《단군본기》를 인용하고있는것을 본다면 단군은 고조선에서 대체로 씌여오던 군주칭호였다고 볼수 있다. 그것은 시조 단군 1 대에 저렇게 넓은 땅을 령토로 삼았을수 없기때문이다.

부루나 주몽이 해모수―단군의 아들이였다고 하는 전승은 오직 단군을 고대국가들의 일반적인 군주칭호로 보는 조건에서만 합리적으로 해석될수 있고 일연처럼 단군을 고조선의 시조로 보는 조건에서는 성립될수 없다. 그러나 일연이 주몽(동명왕)을 《단군의 아들》이라고 쓴것은 그가 옛 기록, 옛 전승을 비판적으로 보고 깊이 연구하여 써놓은것이 아니라 주요하게는 《전신전의(傳信傳疑)》(믿을만한것도 의심스러운것도 자기가 취사선택하지 않고 그대로 후세에 전한다는것)의 립장에서 써놓은것일뿐이다.

일부 유학자들은 단군은 고려때 중들이 만들어낸 신화적인 인물이라고 하였고[*1] 일본사가들은 단군은 13 세기 몽골의 침입을 받게 된 고려사람들이 자기 나라가 몽골보다는 비할바없이 이른 태고옛적부터 강대하고 문명한 나라로 있었다고 함으로써 민족의식, 민족적존엄을 고취하려고 만들어낸 설화적인 물이라고 보았으며 지금도 그렇게 보고있다.*²

그들은 단군이란 《선인왕검》 또는 《구려평양선인》으로 전해오던 평양지방의 수호신을 조선의 개국시조로 만든것이라느니 *³ 평양의 지방신과 묘향산의 산신을 결부시켜 만들어낸것이라느니 하면서*⁴ 고려중엽이전에는 《단군》이란 칭호가 근본적으로 없었다고 하였다.

   *¹ 안정복: 《동사강목》 단군외기
   *², *³ 이마니시 류: 《조선사의 간》, 70~71페지
   *⁴ 오다 쇼고: 《조선사대계·상세사》, 91~101페지

단군설화가 고려중엽이후에 비로소 생겨난것이 아니라는것은 구월산의 단군사당이 처음 있었다는 사황봉아래에서 고구려붉은기와가 나왔고 두번째 사당자리가 있었다는 패엽사앞의 단군대근처에서 고려초기에 해당하는 발해식기와막새가 나온것을 보아도 알수 있다. 또 《성종실록》(권 15) 3년(1472년) 2월 계유일조의 황해도관찰사 리예의 보고가운데 세번째 단군사당인 삼성당(환인, 환웅, 단군을 제사지내던 사당)아래 100여보 되는곳에 있었던 기우룡단(祈雨龍壇)에서의 제사의식절차에 대하여 1006년(고려 목종 9년)에 작성한 문화현 소장의 문서가 있는것을 지적하고있는 사실을 보아도 알수 있다. 다시말하면 단군에 대한 제사는 고구려때에도 진행되였고 고려초기에도 진행되고있었던것이다.

김부식이 《삼국사기》에서 《평양은 본래 선인왕검이 살던곳

이다》라고만 쓰고 단군이라고 찍어말하지 않은것이 그가 사대주의사관의 소유자로서 《기자조선》을 내세우고 단군조선에 대한 전승은 고의적으로 빼버렸기때문이다.

단군은 고조선의 건국자이므로 고조선의 력사적지위와 역할을 계승한 고구려로서는 단군에 대한 숭배와 제사도 중요시하였지만 직접 시조 단군을 고구려왕조의 시조인 동명왕의 친아버지로 간주하지는 않았다. 만일 시조 단군이 동명왕의 아버지였다면 고구려건국전설에 동명왕을 천제(일월)의 아들 또는 손자로 묘사하지는 않았을것이다.

따라서 《삼국유사》 왕력 동명왕조에 보이는 《단군의 아들》이라는 말은 단군의 후예의 집안에서 난 아들이라는 전승의 한 표현으로 볼수 있을뿐이다.

6. 주몽설화와 만주족설화의 차이점

일제어용사가의 대표적인물의 하나인 이마니시는 조선민족의 단일성을 부정하면서 고구려, 부여, 예, 맥 등은 만주족인 퉁구스족이고 신라, 백제는 한족이며 이 한족이 조선민족의 조상이라는 허황한 《학설》을 정당화하기 위하여 주몽전설이 만주족들속에서 전해왔다고 하였다. 즉 청나라 시조 전설에 세 처녀가운데 한사람이 까치가 물어온 붉은 열매를 먹고 청나라시조를 낳았다고 한 전설, 회령군의 토호 리좌수의 딸이 늙은 수달(또는 개)과 상관하여 낳은 아들이 청나라 시조 누르하치(또는 오랑캐)라고 한것은 주몽설화와 공통된다고 하였다. *

* 《조선고사의 연구》(일문) 국서한협회, 1970년, 475~510페지

그러나 녀진족출신인 청나라 시조 누르하치와 관련된 설화들에서 주몽설화와 공통되는것은 거의 없다. 그에 의하면 백두산아래의 한 호수에서 세 처녀가 목욕을 하였다는것이 고주몽의 어머니 류화의 3 형제가 웅심애(못)에서 목욕했다는것과 비슷하고 또 붉은 열매는 해(태양)를 상징하니까 해님의 아들로 치는 주몽의 출생설화와 비슷하다는것이다. 또 수달은 주몽설화에 나오는 하백과의 재주겨룸에서 주몽이 수달로 변했다는것이 있으니 그 어머니 류화가 수달이였다고 생각된다는것인데 자세히 대비해보면 구체적으로 공통되는 요소나 줄거리는 하나도 없다. 해빛을 받아서 임신하였다든가 조상이 동물이였다는 설화는 동아시아 각지에 다 있는것이므로 그것을 가지고 민족이나 종족의 기원이 같다고는 할수 없는것이다.

이마니시의 말은 고구려사람들을 조선민족이 아니라고 하면서 우리 인민의 력사에서 빛나는 자리를 차지하는 강대한 나라 고구려의 력사를 떼여냄으로써 민족적 긍지와 자부심을 가지지 못하게 하려던 일제의 식민지통치정책을 학문상으로 뒤받침하려고 한 망설에 지나지 않는다.

※ 《고구려사》(1), 45페지

7. 초기왕세계, 초기왕들을 포함한 일부 왕들의 실재를 부인하는 견해에 대한 비판

앞에서도 본바와 같이 고구려의 초기왕세계가운데서 류리왕 앞 5 세대의 왕들은 《삼국사기》에서 루락되였다. 그리므로 우

선이 루락된 5세대의 왕들의 이름을 찾아내여 초기왕세계를 본래의 모습대로 복원하는것이 중요하다.

지난날 일제사가들은 고구려 초기왕들을 확인할수 없는 전설적인 존재들이라고 하였고 또 《위서》등이 보이는 주몽의 아들, 손자, 증손자들인 시려해(려달), 여률, 막래는 《삼국사기》에서 나오는 류리, 대무신, 민중 등의 딴이름이라고 보면서 루락된 왕들이 있다는것은 인정조차 하지 않았을뿐아니라 오히려 고국천왕, 태조왕 등은 실재하지 않았던 왕들을 인위적으로 만들어넣어서 왕세계를 만들어냈다고 추론하였다.*

　　* 다께다: 《고구려사와 동아시아》, 283～284, 308～309 페지

례하면 막래는 모본과 글자가 비슷하고 려달(시려해)은 류리왕과 대응하며(시려해는 대무신—대해주류에 대응한다고 보기도 함) 여률은 민중왕의 딴이름 해색주의 《색주(色朱)》와 대응한다. (색주를 읍래<邑來>의 오기로 보고) 여기에 모본왕의 딴이름 해애루를 보태면 5왕이 되여 《삼국사기》와 《위서》에 나오는 왕들이 다 대응된다고 주장하였다.

그러나 이미 본바와 같이 고구려건국년대는 《삼국사기》의 년대보다 240년이나 앞선 때이며 그사이에는 5세대의 왕들이 존재하였고 시조 동명왕(고주몽)다음의 제2, 3, 4대 왕은 《위서》, 《북사》에 기록된바와 같다. 한편 막래왕다음의 왕은 그와 대응시켜놓은 대무신왕의 아들 모본왕의 딴이름 해애루(해는 성씨라고 한다)에서 찾아내여 애루왕이였다고 볼수 있고 그다음 애루왕의 아들인 류리왕의 아버지는 역시 《삼국사기》에 동명왕의 또하나의 딴이름인 중해라고 한것을 보아 중해왕이였다고 볼수 있다.

이렇게 다섯명의 왕명들은 《삼국사기》자체에서 찾아낼수

있다. 그런데 제5대 막래(대주류)왕까지의 력사적사실들의 년대를 류리왕기, 대무신왕기에 재위년에 따라 기입해놓았다고 보면(여률왕은 그에 대응하는 왕이 없으므로 좀 조절해보기로 하고) 막래왕의 즉위년은 동명왕건국이후 55년만인 기원전 223년으로 될것이다. 이해로부터 류리왕 즉위년(기원전 19년)까지는 205년이 된다.

이 205년동안에 막래, 애루, 중해의 세 왕만이 있었다고 보면 그 재위기간이 너무 길어지는 감이 있다.(평균 68년) 그러므로 《고구려사》(1)에서는 그사이에 형제로서 왕이 된 인물이 두어명 더 있었을수도 있다고 보았다.

그렇게 되면 고구려의 왕세계, 왕대는 완결되지 못한채 남아있게 된다. 또 현존하는 모든 사서들에서 루락된 5세대에 해당하는 왕이름들을 더 찾아낼수 있는 가능성도 거의나 없다. 이것은 실지로 그 기간에 5명의 왕만이 있었다고 볼수도 있게 한다. 3세대, 3명 205년이 다소 길기는 하지만 3명의 왕들이 다 장수하였고 여러 아들가운데서 먼저 난 아들들은 다 일찍 죽고 막내아들이 왕위를 이었다든지 또는 장년기까지는 딸들을 낳았고 로년기에 들어서서 아들을 보았다고 한다면 3명의 왕들이 205년간 나라를 통치한다는것은 불가능한 일은 아니다.

고구려왕들가운데는 태조대왕(궁)(47~165년 119살, 재위년간 53~146년 94년간), 장수왕(거련)(394~491년 98살, 재위년간 412~491년 80년간) 같은 장수자들도 있었고 또 국상 명림답부(67~179년, 113살)와 같이 106살에 전투마당에 나가 싸운자도 있었다.*

* 가령 대주류왕이 99살(기원전 236년~기원전 138년)을 살았고

애루왕이 **80**살을 살았고 **46**년간 통치하였으며 중해왕이 **96**살을 살았고 **75**년간 통치하였다고 보면 모두해서 **205**년간이 될수 있다.

그러므로 현재 알려져있는 기록들에 따라 고구려초기 왕세계표를 다음과 같이 작성하려고 한다.

① 동명왕　　② 유류왕　　③여률왕　　④ 대주류왕
（전 277～전 259）（전 259～<u>전 236</u>）（전 236～전 223）（전 223～<u>전 138</u>）

⑤ 애루왕　　⑥ 중해왕　　⑦류리명왕
（<u>전 138</u>～<u>전 93</u>）（<u>전 93</u>～전 19）（전 19～후 18）

※ —을 친것은 추정한 년대

— 초기왕들을 포함한 일부 왕들의 실재를 부인하는 견해에 대한 비판

고구려왕세계와 관련해서는 ① 전설왕계(동명왕～모본왕), ② 대왕왕계(태조대왕～신대왕), ③ 환도～국내왕계(고국천왕～광개토왕), ④ 평양왕계(장수왕～보장왕)로 나누어보면서 고구려의 일부 왕들의 실재를 부인하는 견해가 있다. 이것은 일제사가들인 이께우찌 히로시, 쯔다 소끼찌를 비롯하여 여러 학자들에 의하여 감행된 력사위조, 말살행위였으며 오늘날까지도 일부 일본사가들이 답습하고있는 견해이다. 다께다 유끼오의 글 《고구려왕세계성립의 제단계》는 이에 대하여 전면적으로 고찰한 글이다.*

*《고구려사와 동아시아》, 281～313페지

그가 《삼국사기》 고구려본기의 첫 5 대 왕들이 전설적인 왕들로서 그 실재를 인정할수 없다고 보는 《근거》는 첫째로, 민중왕까지는 중국사서들에 나타나지 않으니 믿을수 없다는것이고

둘째로, 《위서》에 보이는 초기왕세계(주몽―려달(시려해)―여률―막래)를 《삼국사기》 초기왕들의 이름과 중복된다고 보면서 량자간에 대응관계로 볼 때 그 순서도 다르고 글자도 틀려서 잘 맞지 않으니 믿을수 없다는것이다. 그리하여 그는 초기 《5대 왕》은 4세기말쯤에 만들어낸 전설적인 존재들이라고 보고있다. 이것은 다 부당한 론리이다.

중국사서에 보이지 않으니 실재를 인정할수 없다는 론리는 성립될수 없다. 세계력사에는 다른 나라 력사책 지어는 자기 나라 력사책에도 씌여져있지 않는 고대, 중세, 국가들이 수많이 있었으며 그 국가명칭, 건국자, 력대 왕이름, 왕세계, 건국년대를 알지 못하는 나라도 적지 않은것이다. 그렇다고 그 나라들의 존재를 부정할수는 없다.

또 《위서》와 《삼국사기》의 통치자들사이에 차이가 나는것은 《삼국사기》에 초기 5 세대왕들을 삭제하고 그중 일부 왕들의 이름은 초기 왕들의 딴이름으로 만들어놓았기때문에 생긴 현상이다. 이것을 알지 못하고 더우기 자의적으로 대응관계를 추측해놓고 잘 맞지 않으니 전설적인 인물이라고 보는것은 매우 잘못된 견해이다.

다음으로 그는 태조대왕, 차대왕, 신대왕은 소위 《대왕왕계》로서 중국사서에 보이는 궁, 수성, 백고를 6세기이후에 와서 태조대왕 등의 대왕칭호를 붙여서 만들어낸것이라고 하였으며 일제학자 이께우찌의 설을 따라 산상왕이후의 고구려사람들은 그들의 존재에 대하여 잘 모르고있었다는 엉뚱한 소리까지 하였다.*

    * 이께우찌 히로시: 《만선사연구(상세편)》(일문) 쇼고꾸사, 1989년, 234～235페지

그의 이러한 견해는 조선의 력사책인 《삼국사기》를 전혀 무시하고 믿을수 없다고 보면서 《해동고기》라는 책의 내용을 제멋대로 추측하여 태조대왕, 차대왕, 신대왕의 이름은 《해동고기》의 편찬자가 중국책을 보고 만들어내였다고 본데서 나온것이다. 이것은 고구려 국초에 벌써 《류기》라는 100 권짜리 큰 력사책이 있었다는것도 몰각한데서 나온 엉터리없는 가상이다. 더우기 《삼국사기》의 편찬자들이 발기의 왕위계승을 둘러싼 《삼국지》 고구려전의 기사를 정확히 고증하지 못하고 그것을 고국천왕즉위년조와 산상왕즉위년조에 다 써놓은 잘못을 악용하여 고국천왕은 실재하지 않은 인물인데 《덧붙여놓은》(가상 <加上>한) 왕이라고 론단하고 또 태조대왕도 《환도-국내왕계》의 시조로 만들어낸 왕으로서 실재한 인물이 아니라고 주장한것은 자의적인 해석에 지나지 않는다.

《삼국사기》는 《해동고기》뿐아니라 12 세기초엽까지 전해오던 우리 나라의 여러 고기류와 중국책들을 다 참고하여 지은 책이며 거기에 나오는 고구려왕의 이름들은 고구려사람들이 지었고 전해온 이름이다. 또 《삼국사기》에는 바로 태조대왕에 대해서도 중국의 《후한서》와는 다르게 실려있는것이다. 즉 태조대왕(궁)의 나이를 적어놓은 《해동고기》의 기록에 의거하여 태조대왕의 나이가 100 살이 된 해(통치년간 94 년)까지 재위하였다고 하였으며 또 《후한서》에는 수성(차대왕)이 그의 아들로 되여있지만 《해동고기》에는 차대왕(수성)이 그의 아우(한배아우)로 되여있는것이다. 그러므로 《해동고기》가 중국책만을 참고하였고 태조대왕, 차대왕, 신대왕을 책상우에서 만들어냈다고 보는것은 순전한 가상이다.

그는 이렇게 두명의 왕을 후세에 추가된것으로 처리함으로써 광개토왕릉비에 보이는 《17세손》이란 광개토왕이 시조 동명왕부터 계산하여 제17대손자가 된다는 뜻이라고 우기기까지 하였다.

이것이 잘못이라는것은 이미 우에서 본바와 같다.

그는 또한 고구려왕들은 그 장지에 따라《비류왕계》,《환도-국내왕계》,《평양왕계》로 구분된다고 보면서《비류왕계》에는 동명왕부터 신대왕까지가 이에 속하고《환도-국내왕계》에는 고국천왕(실지는 부인)부터 광개토왕까지가 이에 속하며 그후는《평양왕계》에 속한다고 하였다.

그러나 그의 이러한 론단은 근본적으로 잘못된것이다. 왜냐하면 고구려가 국내성으로 수도를 옮긴것은 류리왕 22년(기원 3년)이였고 환도성을 림시수도, 부수도로 삼은것은 산상왕 13년(209년)이였으며 환도성은 집안의 산성자산성이 아니라 거기서부터 110키로메터가량 떨어진 환인현쪽에 있었기때문이다.(이에 대해서는 앞으로 자세히 보게 된다.) 그것은 또한 고구려왕들의 장지가 수도부근에만 있었던것이 아니라 부수도부근에도 있었기때문이다. 례컨대 고국원왕릉은 기본수도 국내성부근이 아니라 부수도 남평양성부근(오늘의 황해남도 안악군 오국리)에 있었으며 또 서천왕무덤은 296년 당시 부수도가 있었던 환도성부근인《고국원》(오늘의 환인부근)에 있었던것이다. 그리고 장지명은 따로 밝히지 않았으나 후기의 왕들인 안원왕, 평원왕, 양원왕 등도 다 장지명을 따서 지은 이름들이다.

이상에서 본바와 같이 고구려왕세계와 관련해서는《삼국사기》가 루락시킨 5세대의 왕들을 도로 찾아내는 문제를 비롯하여 일본사가들이 제멋대로 후세에 가상(加上)했다고 보는 태조대왕과 고국천왕을 실재한 인물로 확고히 자리잡게 하는 문제, 태조대왕, 차대왕, 신대왕이 고구려에서 2세기부터 있었던 왕호라는것을 부정한 견해를 비판, 시정하는 문제 등 많은 문제들이 있다. (대왕칭호문제는 앞으로 고구려의 사회, 정치제도에서 구체적으로 보기로 한다.)

※ 《고구려 왕세계와 왕호에 대한 외곡을 비판함》(1), (2), 《력사과학》주체 85(1996)년 1호, 32~37페지, 2호, 39~42페지 참조

8. 초기년표정리

고구려건국년대를 새로이 확정하고 초기왕세계를 재작성하는 문제와 관련하여 현《삼국사기》의 기년가운데서 동명왕과 그와 같은 시대에 활동한 인물들에 관한 기사는 240년만큼 우로 올라가게 되며 그밖에도 명문은 없지만 고구려초기 기원전 3세기의 사실로 볼수밖에 없는 일부 기사들을 역시 그만큼 올려보게 된다. 새로 편년하는 사건, 사실들을 표로 작성하면 아래와 같다.

새로 비정한 년대		《삼국사기》 년대		력사적사실 (○안의 수자는 월, ◎은 그해)
서력	왕년	서력	왕년	
전 298				④ 주몽 출생(4월 1일=양력 5월 14일)
전 279				◎ 주몽이 오이, 마리, 협보 등과 함께 졸본땅으로 옴 ◎ 연타발의 딸 소서노와 결혼 ◎ 비류국왕 송양을 만남
전 278				◎ 《말갈》부락을 침 ◎ 주몽이 과루부(계루부)대인으로 됨

새로 비정한 년대		《삼국사기》 년대		력사적사실 (○안의 수자는 월, ◎은 그해)
서력	왕년	서력	왕년	
전 277	동명 1	전 37	동명 1	◎ 주몽이 구려(졸본부여)의 왕녀와 결혼하고 왕위를 이음(22 살)
전 276	2	전 36	2	⑥ 비류국왕 송양이 투항, 그를 다물후로 삼음
전 274	4	전 34	4	⑦ 졸본성을 쌓고 궁실을 지음
전 272	6	전 32	6	⑩ 오이, 부분노를 시켜 행인국을 통합하여 성읍으로 만듦
전 268	10	전 28	10	⑪ 부위염을 시켜 북옥저를 통합하여 성읍으로 만듦
전 264	14	전 24	14	⑧ 동명왕의 어머니 류화가 부여에서 죽음 ⑩ 사신을 부여에 보냄
전 259	19 유류 1	전 19	19 류리 1	④ 왕자 유류가 부여에서 와서 태자로 됨 ⑨ 동명왕이 죽음(40 살), 유류왕이 즉위
전 258	2	전 18	2	⑩ 백제(소국)시조 온조가 남쪽으로 감
전 249	11	전 9	11	④ 부분노가 선비국을 쳐서 투항시키고 속국으로 만듦
전 246	14	전 6	14	① 부여왕 대소가 볼모교환을 제기, 고구려 태자 도절이 볼모로 가는것을 거절
전 240	20	후 1	20	① 태자 도절이 사망
전 238	22	후 3	22	⑫ 대보 협보가 남한으로 감
전 236	24 여률 1			◎ 유류왕 사망, 여률왕이 즉위
전 232	5	후 9	28	⑧ 부여왕 대소가 사대할것을 요구, 왕자 막래가 이를 반대
전 231	6	후 10	29	⑥ 모천에서 검은 개구리가 붉은 개구리와 싸워 진것을 북부여멸망의 징조라고 함
전 227	10	후 4	33	⑧ 오이, 마리가 2 만명의 군사로 량맥국을 멸망시킴
전 223	14 대주류 1	후 18	대무신 37	◎ 여률왕이 죽고 대주류왕(막래)이 섬
전 221	3	후 20	3	③ 동명왕묘(사당)를 세움 ⑨ 골구천에서 사냥하다가 신기한 말을 얻음 ⑩ 부여왕 대소가 붉은 까마귀를 보내옴

새로 비정한 년대		《삼국사기》 년대		력사적사실 (○안의 수자는 월, ◎은 그해)
서력	왕년	서력	왕년	
전 220	4	후 21	4	⑫ 왕이 부여를 침. 북명사람 괴유와 적곡 사람 마로가 따라옴
전 219	5	후 22	5	② 부여의 대소왕 사망 ◎ 부여를 속국으로 만듦 ④ 갈사국이 섬 ⑦ 대소왕의 4촌아우가 투항해옴. 그를 왕으로 삼고 연나부에서 살게 함 ⑩ 괴유 사망
전 215	9	후 25	9	⑩ 개마국을 통합하여 군현으로 삼음 ⑫ 구다국왕이 투항해옴. 이로부터 고구려가 더욱더 령토를 넓힘
전 209	15	후 31	15	③ 동명왕의 옛 신하인 대신 구도, 일구, 분구가 남의 처첩, 우마, 재물을 강탈하므로 그들을 서인으로 삼고 남부사자 추발소를 비류부장으로 임명. 추발소에게 대실씨의 성을 줌
전 203	21			⑧ 고구려기병이 중국 한나라편을 지원하여 초나라를 치는 전투에 참가

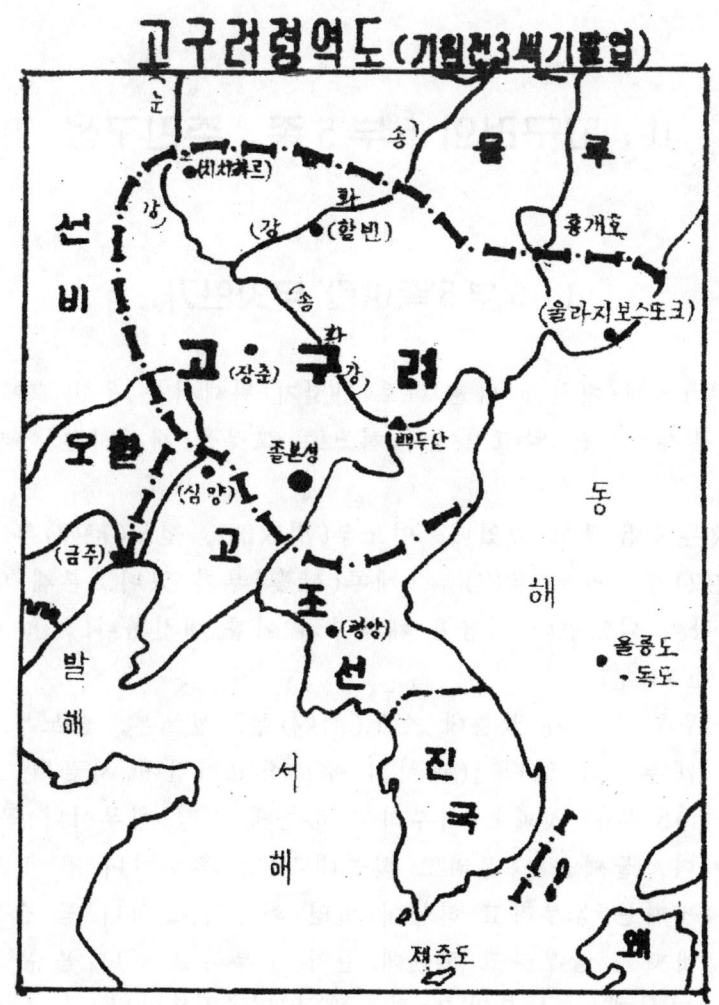

Ⅱ. 고구려의 5부5족, 주민구성

1. 5부5족이란 무엇인가

5부5족에 대한 리해를 바로 가지기 위해서는 우선 그에 관한 기본자료들을 알고있어야 하므로 그것을 제시하면 아래와 같다.

•《본래 5족이 있었다. 연노부(涓奴部), 절노(絶奴)부, 순노(順奴)부, 관노(灌奴)부, 계루(桂婁)부가 있다. 본래 연노부가 왕이 되였는데 지금은 계루부가 이를 대신한다.》《삼국지》권30, 고구려전)

•《무릇 5부가 있는데 소노(消奴)부, 절노부, 순노부, 관노부, 계루부가 있다. [(리현의 주) 상고하건대 지금의 고리(고구려) 5부는 첫째는 내부라고 하는데 일명 황부이니 곧 계루부이다. 둘째는 북부라고 하는데 일명 후부이니 곧 절노부이다. 셋째는 동부라고 하는데 일명 좌부라고 하니 곧 순노부이다. 넷째는 남부라고 하는데 일명 전부라고 하니 곧 관노부이다. 다섯째는 서부라고 하는데 일명 우부이니 곧 소노부이다.] 본래 소노부가 왕이 되였는데 차츰 미약해져서 후에는 계루부가 이를 대신하였다.》《후한서》권 115, 고구려전)

부는 5개의 종(宗. 마루가 되는 성씨, 족속)을 귀중히 여긴다. 〔…5부는 모두 귀인(貴人)의 족(族)이다. 첫째는 내부이니 곧 《후한서》의 계루부이다. 딴이름은 황(黃)부이고 또 딴이름은 황(중<中>?)부이다. 둘째는 곧 절노부이니…딴이름은 후(後)부이고 또 딴이름은 흑(黑)부이다. 셋째는 동부 곧 순노부이니 딴이름은 좌(左)부이고 또 딴이름은 상(上)부, 청(靑)부이다. 넷째는 남부 곧 관노부이니 딴이름인 전(前)부이고 또 딴이름은 적(赤)부이다. 다섯째는 서부 곧 소노(消奴)이니 딴이름은 우(右)부이다. …내부의 성은 고씨이니 곧 왕족이다. 고구려에서 부를 때 성이 없는자는 모두 내부이다. 또 내부는 비록 왕종(왕의 일족)이지만 반렬은 동부아래에 있다. 그 나라에서 일이 있을 때 동쪽을 첫머리로 삼기에 동부가 웃자리에 있는것이다.〕(《한원》권 30)

• 《고려국은 옛적(그전)에는 5부로 갈라져있었고 성 176, 호 69만 7천이 있었다.》(《구당서》권 199 상, 고려전)

• (당나라가)《무릇 5부, 176성, 69만호를 거두었다.》(《신당서》권 220, 고려전)

• 《삼국사기》에는 《5부》, 연나부(椽那部), 제나(提那)부, 환나(桓那)부, 관나(貫那)부, 동부, 상부, 서부, 하부, 남부, 북부 등이 나오고 이밖에 고구려 금석문들에는 과루개(卦婁盖)부, 전(前)부, 하후(下後)부 등이 나온다.

5부 5족은 고구려건국초기에 그 주민의 기본구성부분을 이루었던 사람들의 집단이며 5부는 곧 5족의 명칭이기도 하고 또 그들의 거주지역을 가리키는 말로도 쓰였다. 고구려의 5부 5족은 혈연적으로 가까운 집단이였다. 그런 의미에서는 흉노, 선비, 거란, 돌궐 등 중국북방에 있던 족속들이 이루었던

《부》,《부족》과는 차이가 난다. 즉 이들은 령역을 넓힌 이후에는 여러 다른 종족, 다른 민족도 포괄하여 다 《부》,《부족》으로 불리웠으나 고구려에서는 그런 일은 없었다.

고구려의 5부 5족은 후기까지도 유지되였으나 그 구성성분에서는 시대에 따라 다소의 변동이 있었으므로 력사적으로 변화발전하는것으로 보아야 할것이다.

5부 5족은 선행국가인 구려때부터 구려국의 중심적인 구성부분을 이루고있었으며 그 연원을 따져올라가면 원시시대말기에 있었던 5개의 족속집단에까지 소급될것이다. 즉 본래 하나의 씨족-대씨족이 커지면서 5개의 종족집단을 이루게 된것이 기본이 되여 계급사회에 들어선 다음에도 자기의 전통을 그대로 유지해왔던것으로 인정되는것이다. 구려국가는 5개의 집단이 하나의 종족련합체를 이루고있을 때 단군조선(전조선)안에서 한개 후국으로 되였고 그후 독립하여 독자적인 고대국가로 된것으로 볼수 있다. 계급사회로 되면서 5부 5족안에는 다른 종족출신 지어는 이민족출신의 포로, 노비, 이주민 등도 포함하게 되였다.

구려국시기이후 5부5족은 단순한 원시적혈연집단이 아니라 그 내부에 지배계급과 피지배계급이 갈라져있었고 그들안에서도 여러 계층들이 생겨났으며 혈연이 멀거나 다른 일부 사람들도 섞여살게 되였던것이다. 고구려건국초기이후에도 사태는 마찬가지였다.

이러한 발전과정은 인류사회발전과정에 일반적으로 볼수 있는것이다. 구려-고구려의 경우 씨족적뉴대가 비교적 강하게 남아있어서 5부 5족의 상층은 귀족문벌을 형성하고 오래동안 해당 부안에서 지배적이며 주도적인 지위와 역할을 차지하고

있었다. 그리하여 5부는 지배적귀족문벌인 5족의 상층이 자기의 출신을 표시하는 명칭으로 오래동안 사용되였다.

5부5족의 지배층들은 저들끼리 통혼하였기때문에 오래동안 혈연적친등관계를 유지하였으며 그것은 고구려말기까지도 계속되였다.

본래는 같은 공동체성원이였으나 귀족문벌에 속하지 못하게 된 사람들은 평민으로 되였고 귀족집단에서 배제되게 된 사람들에 의하여 평민집단은 부단히 보충되였다. 한편 채무나 범죄에 의하여 평민의 일부가 천민, 노비로 전락되는 과정은 계속되였고 다른 나라, 다른 고장에서 살다가 여러가지 요인으로 류랑해온 사람들, 소국통합과정이나 다른 나라와의 전쟁과정에 포로된 사람들가운데는 천민계층이나 노비로 되는 사람들도 있었다.

이밖에도 지배계급반렬에는 통합된 소국정치세력의 상층이 편입되기도 하였다.

구려의 경우 그 말기 령역은 기본적으로 5부로 구성되여있었으나 고구려의 경우는 건국이후 10년 이내에 벌써 비류국, 행인국, 북옥저 등이 통합되면서 5부 지역은 왕기로 전환되였다.

고구려건국초기에 이미 국내에 여러 계급과 계층이 있었다는것은 다음의 자료들이 뚜렷이 보여준다. 즉 건국설화에도 왕, 하백, 여러 신하들, 어사(물고기잡이군), 남녀 노비가 나오고 또 건국초기기록에는 부용(후왕)이 나오며 속국이니 볼모(인질)이니 하는 말들이 나온다.

또 기원전 219년에 부여를 친 전쟁직후에는 부여왕의 종제를 왕으로 봉하고 연나부에 안치하였으며 기원전 215년에는 죄를 지은 대신들을 서민으로 신분을 떨구었다는 이야기 등이 나온다.

고구려가 기원전 3000년기중엽이후 계급사회로 된 구려지역에서 건국된 나라인것만큼 이러한 각이한 계급과 계층이 처음부터 그 내부에 있었다는것은 너무나도 당연한 사실이다.

구려국 당시 5부는 각각 하나의 반독립적인 소국들을 이루고있었고 그중에서 가장 유력한 연나부에서 국왕이 나왔다. 고주몽에 의한 고구려건국이후에 왕권은 과루부로 넘어갔으나 초기에는 5부가 여전히 소국처럼 되여있었다. 그후 왕권이 강화되고 령역이 확대되면서 5부는 왕기(경기) 5부로 점차 전화되여갔으며 그것은 하나의 지역행정단위의 성격을 보다 농후하게 띠게 되였다. 5부의 이 성격은 시간이 감에 따라 더욱 강화되였다. 그러나 고구려말기까지도 5부안에서는 5개의 귀족문벌이 정치, 경제적으로 남다른 특권을 차지하고있었다.*

* 이렇게 볼수 있는것은 7세기에 편찬된 《한원》에 《부는 5종(마루로 되는 집안)을 귀히 여긴다.》, 《5부는 모두 귀인(귀족층)의 족이다.》, 《내부(계루부)는 성이 고씨이니 곧 왕족이다.》 등의 기록이 있는것으로 보아 이때까지도 5부가 5개의 귀족문벌을 표시하는 말로 되고있었다고 인정되기때문이다.

고구려중엽이후 귀족들이 자기의 문벌(부)출신에 대하여 그 전처럼 강조하지 않게 된것은 그들의 거주, 활동 범위가 넓어져서 자기 출신부에만 국한되지 않았던것 또 5부출신이외의 고위급귀족관료들도 적지 않게 생겨난것과 관련된것으로 보인다.

지난 시기 5부 5족자료들에 대한 리해는 각이하였으며 그와 관련하여 각이한 학설들이 제기되였다. 례컨대 일제사가 나까 미찌요는 5부는 5개의 방위로 구분되는 5개의 부족들이라고만 하고 그 행정지역단위로서의 성격은 무시하였다. 그런가 하면 시라도리 구라끼찌는 5부를 순전한 행정구획이였다고 하였다. 이마니시는 초기는 5족인데 그것들은 서로 다른 시기에 성립되여 련합된것으로 보았고 3세기 당시의 5부는 부족이고 후기의 5부는 행정구획인 동시에 귀인(귀족)의 부별(部別)이라고 하였다. 그는 계루부가 륭성해진 다음에 수도안을 5부로 나누었고 그에 따라 귀족들을 부별로 나누어 관직, 인명 앞에 부이름을 붙이게 하였다는 식으로 해석하였다.

이께우찌 히로시는 5부는 부여에서 따라온 여러 씨족들가운데서 특별히 현저한 씨족단체들이였다느니, 5부는 건국이후에도 고정되여있지 않았다느니 하면서 3세기까지의 5부는 씨족단체이고 후기의 5부는 지방행정구역이라고 하였으며 또 수도안에도 따로 5부가 있었다고 해석하였다.

일본사가 야자와 도시히꼬는 3세기의 5부는 방위를 나타내는 족적(族的)(혈연)집단이였으나 혈연집단으로서는 이미 붕피과정에 있었고 그 이후 재편성된 5부는 혈연관계가 박약해진 전투집단이라고 해석하였다.

그들은 고구려를 원시사회로부터 곧바로 계급사회로 넘어간 나라로 오인하고있으며 또 5부의 구성이 시기에 따라 달랐다고 보고 또 혈연집단, 행정단위를 시기에 따라 그 실체-본질이 달라졌다고 보기도 하고 고구려 전국이 5부로 갈라져있기도 한것으로 보기도 하였다.*

* 이상 《조선사입문》(일문) 조선사연구회, 1966년, 156~160페지 참조

그러나 고구려는 오랜 계급사회를 거쳐온 지역에서 성립된 나라이기때문에 그 주민들은 그 어느 한때도 단순한 혈연집단 (족적집단)이 아니였고 또 5부 5족은 고구려건국당시에 다른 곳에서 옮겨온 사람들도 아니였으며 5부의 구성은 국초이래 시종일관 변함이 없었다. 또한 5부는 국초의 한두해동안만 전국 5부였을뿐 비류국통합이후부터는 벌써 전국 5부가 아니였고 얼마후에는 왕기(경리) 5부로 되였으며 그후 다시는 전국 5부로 된적이 없었다.* 5부가 전투집단이였다고 보는것은 고구려말기에 《5부병사》라는것이 나오는데서 착상한것 같으나 《한원》의 기록은 그것을 전적으로 부정하는것이다. 우에서 든 일본사가들의 견해는 다 5부 5족에 관한 일부 자료들만을 편중시하면서 내린 피상적인 견해라고 할수 있다.

* 5부가 전국을 5개 지역으로 구분한 행정군사적단위였다고 보는 설이 성립될수 없다는것은 우선 시기에 따라 고구려의 령역은 동으로, 남으로, 북으로 서로 수백수천리씩 확장되였으니 그때마다 5부 지역을 개편할수도 없고 늘어난 방향에 따라 새 령역을 해당 방위의 부에 소속시킬수도 없었겠기때문이다. 다음으로 그것은 전국 5부라면 5부의 장관인 녹살과 지방의 대성(주급) 장관인 녹살의 판직명칭이 같을수 없기때문이기도 하다. 그리고 앞에서도 본바와 같이 《한원》에 의하면 5부는 《귀인의 족》을 가리키는 명칭이기때문이다.

고구려의 왕위가 산상왕(197~227년 재위)때부터 계루부로 옮겼다(미시나 아끼하데)고 하는것도 동명왕이후 왕권이 교체된 일이 없다는 《삼국사기》의 기사를 제멋대로 무시한데서 나온 망단이다.

2. 5부명칭의 유래와 변천

《후한서》(권 115) 고구려전에 대한 리현의 주석, 《한원》등에는 고구려 5부의 별칭(방위, 위치 또는 그와 결부된 색에 의한)들을 들고있다. 《삼국사기》, 《삼국지》까지 더 참고하여 고구려 5부의 명칭들을 표시하면 아래와 같다.

번호	고유명칭	방위에 의한 명칭	위치에 의한 명칭	방위와 관련시킨 색에 의한 명칭
1	파루(개)(계루)부	[중부]	내부	황부
2	환나(순노)부	동부	좌부, 상부	청부
3	연나(연노)부	서부	우부, 하부	[백부]
4	관나(관노)부	남부	전부	적부
5	제나(절노)부	북부	후부	흑부

※ [ ]은 비정한것

파루부는 《삼국사기》에는 나오지 않으며 중국사서들에는 계루부로 나온다. 그러나 평양성돌에는 《파루개부》로 나오며 또 《일본서기》에는 《파루모절》(卦婁毛切)로 나오는데 절은 부(部)의 략자를 오인한것으로, 모(毛)는 개(盖)자의 웃머리를 리용한 표기가 잘못 쓰인것으로 볼수 있다. 지금까지도 평양시 모란봉구역에 《가루개고개》라는 지명이 있는것은 《파루개》부명칭이 남아 전하는것으로 볼수 있다.

환나부는 중국기록들에는 순노부(신노부)로 나오지만 《삼국사기》에는 환(桓)나부로 되여있다. 그것은 본래 환(洹)자로 쓴것을 잘못 베껴서 順, 桓으로 기록된것으로 볼수 있다.

연나부는 《후한서》에는 소노부(消奴部)로 나오나 《삼국사기》에는 연나(掾那)부, 《삼국지》에는 연노(涓奴)부로 되여있으므로 연나부가 옳다고 본다.

5부의 고유명칭이 가지는 뜻이 무엇인가에 대하여 《나》는 《땅》, 《벌》을 가리키는 말로 보는것이 일반적이다. 그런데 《연》, 《환》(순), 《관》, 《제》에 대해서는 지난날 혹 방위를 가리키는 조선말이라고 보면서 실례로 동부(순노부로 보고) 동쪽을 의미하는 《새》(새바람 등)와 결부시키기도 하였으나 똑똑치 않다. 왜냐하면 새(동), 마(앞)(남), 뒤(북), 하늬(서북) 등 방위를 표시하는 현대 조선말과는 잘 대응되지 않기때문이다. 더우기 동부는 순노부가 아니라 환나(노)부이므로 《새》와 관련시켜 볼수 없다. 파루(가루)에 대해서는 후세에 《가로》로 보면서 한자로 《병》(並, 幷)으로 쓴 일도 있으나 이 역시 명백치 못하다.

또한 5부의 고유명칭은 졸본성에 수도가 있었을 당시부터 있었던 이름이였던만큼 그 당시에는 연나부를 중심으로 한 방위이름이 달리 설정되였을수 있다. 동, 서, 남, 북 등 방위와 관련시킨 5부명칭은 집안 국내성으로 수도가 옮겨진 이후 또 한문을 쓰는 일이 상당히 보급된 이후시기에 생겨났을것이다. 《삼국사기》에 대무신왕 15년조의 《남부》를 제외하면 2세기말 고국천왕때에 와서 비로소 4부, 동부 등의 표현이 나오는것도 우연한것이 아니라 대략 2세기중엽경부터 동, 서, 남, 북부라는 방위에 따른 5부명칭을 쓰는것이 관례로까지 되였다고 추측하게 한다.

전부, 후부, 좌부, 우부는 남쪽을 앞이라 하고 북쪽을 뒤라고 하는 등 언어생활의 습관과 관련하여 나온 이름일것이다.

상부, 하부는 원래 고구려사람들속에서 동쪽을 중시하는 민속 신앙상 습관, 관념이 있었기때문일것이다.

색에 의한 구분-명칭은 고대이래로 동방세계에서 보급된 음양 5 행사상에 따라 생겨난것으로 볼수 있다. 고구려초기에 벌써 북쪽에 있는 부여는 검은색으로, 남쪽에 있는 고구려는 붉은색으로 보는 사상관점이 있었다는것은 《삼국사기》고구려 본기에 두어차례 나온다.*

* 《삼국사기》권 13 고구려본기 류리명왕 29 년 6 월, 권 14 대무신왕 3 년 10 월, 방위, 위치, 색갈과 관련시킨 5 부명칭이 나온 이후에도 고유명칭 5 부는 계속 사용되였다.

3. 초기 5 부의 포괄범위

5 부명칭이 방위, 위치로써 표현되게 된것은 5 부가 각각 고구려왕도를 기준으로 하여 볼 때 그러한 방위들에 자리잡고있었기때문이다.

기원 3 년부터 427 년까지 국내성이 기본수도로 되여있었던 것만큼 당시의 5 부의 위치는 초기령역의 범위, 방위와 자연지리적조건, 성곽유적 등으로 미루어 대체로 다음과 같이 비정해볼수 있다.

· 과루부는 오늘의 집안시일대, 통화시 남부일대.
· 환나부는 오늘의 자강도 강계시를 중심으로 한 자강도 동부, 북부 일대.
· 관나부는 오늘의 위원일대를 중심으로 한 자강도의 서부,

남부.
- 제나부는 오늘의 류하현일대를 중심으로 한 지역.
- 연나부는 오늘의 환인현일대와 그 서북부 신빈현, 청원현의 많은 지역.

지난 시기 일부 력사가들은 연나부(掾那部)의 연자가 전(椽)으로도 쓰인것을 보고 전나부는 곧 절노부라고 보기도 하였고 또 전나부를 견노부(涓奴部)와 음운상 공통점이 있다고 보기도 하였으며 그것을 동부로 비정하기도 하였다.

그러나 연나부(연노부)는 연(掾, 涓)으로 쓰인곳이 많으며 그 위치는 5부가운데 제일 서쪽에 있었다. 그것은 2세기중엽에 폭군 차대왕을 처단하고 국상이 된 연나부출신의 명림답부가 172년에 좌원전투에서 크게 승리한 공로로 좌원, 질산 땅을 식읍으로 받았고 179년에 죽은후에는 바로 그 질산에 묻히였던 사실로써도 추측할수 있다. 그가 도망가는 후한침략군을 추격, 섬멸한곳인 좌원은 고구려령토의 서북국경 가까운 지대에 있었을것이고 그가 받은 식읍들 그리고 그의 무덤도 서부지역, 자기의 출신부에 속한 지역에 있었다고 보는것이 어느모로 보나 합리적이다.

190~191년에 왕후친척인 좌가려 등이 4연나(4명의 연나부 귀족)와 공모하여 반란을 일으킨것도 명림답부가 옹립한 신대왕의 왕후가 연나부출신이였다고 볼수 있게 한다. 연나부 귀족세력이 너무 강화되는것을 우려한 고국천왕은 제나부 귀족 우소의 딸을 왕후로 삼았다. 그러나 그가 죽은후 아우 발기는 왕위계승전과 관련하여 연노가(연나부귀족)와 협력하여 산상왕을 반대하여 나섰다가 실패하였던것을 보면 발기의 어머니(신대왕후)는 연나부(서부)출신이였다고 볼수 있는것이다.

좌가려사건후 연나부귀족들의 세력은 한풀 꺾이였으나 공손세력의 침습을 물리치는 투쟁의 필요상 고구려가 다시 서진하여 환도성을 쌓고 림시 수도로 삼게 된것은 연나부귀족들과의 결합-련계를 보다 강화하지 않을수 없게 하였다.

249년(중천왕 1년)에 연씨를 왕후로 삼았고 256년에는 연나 명림홀도를 부마도위(왕의 사위)로 삼았으며 271년(서천왕 2년)에 서부대사가 우수의 딸을 왕후로 삼은것도 환인부근의 환도성을 림시수도로 삼은것과 중요한 관련이 있었다고 보인다. 다시말하면 그것은 연나부(서부)귀족과 왕권사이의 뉴대를 더 강화하기 위한 조치였을것이다.

이러한 사실들은 연나부(서부)가 본래 구려국왕을 내던 유력한 부로서 고구려건국이후에도 홀시할수 없는 큰 세력으로 되여있었다는것을 말해준다.

고구려말기의 명장인 연개소문도 동부출신이 아니라 서부출신이였다. 《일본서기》에 그의 이름을 《이리가수미》(伊利柯須彌)라고 하면서 스스로 물속에서 나왔으므로 그런 이름을 붙였다고 쓴것도 《이리》, 《어을》(물)이 《연》과 통하고 연나부에서 그 머리글자를 따와서 《연》을 성씨처럼 썼기때문이라고 짐작된다.*

> * 당나라로 투항해간 연남생의 성씨를 당고조의 이름 연(리연)을 기휘하여 《천(泉)》으로 고친것도 물과 관련된 글자를 택했기때문이였다. 참고로 천정군(덕천일대)의 고구려때 지명은 어을매(於乙買)였다.

고구려후기의 수도 평양성부근에 설치된 5부, 부수도에 설치되기도 한 5부와 그 지역적범위에 대해서는 해당 개소에서 보기로 한다.

4. 왕기(경기) 5부와 수도, 부수도 5부

고구려의 5부에는 이미 우에서 본 왕기(경기) 5부이외에 왕기안의 중심지역인 과루부의 중심부를 5개 구획으로 구분하여 설정한 수도 5부가 있었다. 이밖에도 필요에 따라 수도의 역할을 담당하게 되는 부수도들에도 5부가 있었다.

수도 5부가 생기는것은 어느 정도 불가피한 일이였다. 그것은 국왕을 중심으로 하는 봉건적중앙집권적체제가 수립되여가면서 중앙정권안의 요직들을 차지한 5부 출신귀족들이 수도로 이주하여 살게 되고 그들이 대체로 일정한 지구에 모여살게 되였기때문이다.*

> * 후에 가서는 일부 다른 부에서 살게 되는 현상도 생겨났다고 보인다. 례컨대 고씨는 왕성이고 과루부에 살고있었으나 평원왕 (재위 559~590년)때 《상부 고씨》가 나오는것을 보면 고씨가 반드시 과루부에서만 살았다고 볼수 없다. 물론 이 《고씨》는 고자(高慈)일문처럼 사성(賜姓)에 의하여 생겨난 《고씨》일수도 있겠으나 신라수도에서 진골출신만이 받을수 있는 이찬(제 2 벼슬등급)이 한기부를 비롯한 6부에 다 살고있었던것을 보아서는 (《삼국사기》권 1 신라본기, 파사니사금 23년 8월, 지마니사금 즉위년조) 고구려에서도 자기의 부가 아닌곳에서는 살수 없다는 절대적인 제한이 있었다고 단언할수 없다.

국내성이 있었던 오늘의 집안시 중심지역의 지형지세를 볼 때 수도 5부는 꼭 방위별로 구획되기는 어려웠을것이다.

수도 5부는 졸본성이 수도였을 당시에는 국가의 중앙집권체제가 강하게 수립되지 못한 시기였으므로 아직 형성되지 않았다고 보이며 이것이 별도로 된 이후에도 국왕이 장기적으로 나가 있었던곳이 아니므로 부수도 5부가 형성되지 않았다고 보인다.

586년에 새 평양(장안)성으로 수도 중심부가 옮겨진 다음에는 새 평양성의 성곽내부지역은 파루부의 한 부분이였으나 다시 5개의 부로 구획되여있었다고 인정된다. 그것은 고려나 리조 시기에도 서경, 평양에 왕기(경기) 5부(4부)가 있었을뿐아니라 성안에 롱덕(룡덕)부, 룡흥부, 대흥부, 천덕부, 흥토부가 따로 있었다는것을 보아서 알수 있다. 이 성안 5부 가운데 어느것이 각각 고구려때의 5부에 해당하는지 알수 없으나 성안의 지대를 보아서 역시 여기에도 동, 서, 남, 북, 중의 방위별로 되는 구획은 불가능하였을것이다.

247, 343년에 각각 림시수도(부수도)로 되였을 때에도 부수도 5부가 있었던것으로 짐작된다. 그것은 4세기중말엽에 건설된 부수도 남평양(후의 한성)에도 《한성 하후부(下後部)》가 있었다는 평양글자새긴성돌의 명문에 의해서도 알수 있다. 209년 림시수도로 되였던 환도성(환인부근)이나 4세기말 5세기초에 오늘의 봉황성(봉성)에 설치되였던 또하나의 부수도로서의 환도성에도 부수도 5부가 있었는지는 잘 알수 없으나 있었다고 하여도 그 규모는 크지 않았을것이다.

427년에 기본수도로 된 대성산아래 안학궁을 중심으로 한 지대에도 왕기 5부와 함께 수도 5부가 설치되였을것이지만 그 위치-령역은 586년 이후와는 달랐을것이다.

요컨대 고구려의 5부는 5개 귀족문벌집단이 각각 그안에서 지배적지위를 차지하고있는 지역이였지만 5부안에는 처음부터 각이한 계급, 계층의 주민들이 살고있었다는 점에서 결코 단순한 혈연집단을 의미하는 말이 아니였다.

5. 고구려의 주민구성

위대한 수령 **김일성**동지께서는 다음과 같이 교시하시였다.

《조선민족은 한피줄을 이어받으면서 하나의 문화와 하나의 언어를 가지고 몇천년동안 한강토우에서 살아온 단일민족입니다.》(《김일성저작집》 38권, 105페지)

위대한 령도자 **김정일**동지께서는 다음과 같이 지적하시였다.

《세계에는 나라와 민족이 많지만 조선민족과 같이 일찍부터 한강토우에서 단일민족으로 유구한 력사와 찬란한 문화를 창조한 민족은 없습니다.》

고구려는 전국당시 그에 선행한 고대국가 구려의 령역을 이어받았으며 기원전 3세기말까지 오늘의 량강도, 함경북도, 중국 길림성의 중심지역과 연변자치주지역을 차지한 큰 나라로 되였다. 그리고 기원전후시기까지에는 서쪽과 서남쪽으로 진출하여 동족의 나라 고조선의 옛 지역을 적지 않게 차지하였고 남쪽으로는 강원도 북부지대도 자기의 령역으로 삼았다. 그러므로 그 주민들은 구려-고구려사람들이외에도 조선, 부여, 옥저, 예 사람들을 포괄하였다.

이들은 다 조선옛류형사람들의 후손으로서 전조선(단군조선)시기에 그 령역안에서 살았으며 전조선말기까지에는 이미 하나의 민족을 이루게 되였다.

기원전 14세기를 전후한 시기에 부여, 구려와 《한》소국들이 고조선에서 떨어져나가면서 서로 다른 고대국가안에서 살게 되였으나 그 주민들은 여전히 하나의 민족-조선민족의 구성부분이였다.

그러나 옛 기록들에는 고구려사람들을 《맥》(《후한서》, 《삼국지》)으로 묘사하기도 하였고 부여사람들은 《예》, 《예맥》(《삼국지》)으로, 고조선사람들은 《예》(《삼국지》 등), 《발》, 《박》(《관자》, 《일주서》, 《사기》 등)으로 묘사하기도 하였다. 그리고 강원도 북부의 주민들을 《예》, 《예맥》, 《맥》(《삼국지》, 《삼국사기》 등)으로, 중부조선이남지역주민들은 《한》, 《한예》, 《마한》, 《진한》, 《변한》(《삼국지》, 《삼국사기》 등)으로 쓰기도 하였다. 그런가 하면 《예맥》과 《조선》, 《예맥》과 부여, 《예, 맥》과 고구려를 서로 갈라서 부르기도 하였다.

이밖에도 고구려를 《고이》, 락랑지방주민을 《량이》(《일주서》)라고도 하고 《맥》은 《북이》, 《동북이》로, 전체 고대조선주민들을 《동이》, 《이》(《후한서》, 《삼국지》 등)라고도 불렀다.*

* 고대중국인들은 주변의 이족들을 통털어 《만이》, 《만맥》, 《사이》로 부르기도 하고 중국 북방과 동북방의 이족들은 《호》, 《호맥》, 《맥》으로 부르기도 하였다. 그중에는 조선사람들도 포함되여있는 경우가 있다.

옛 기록들에 보이는 《예》, 《맥》, 《예맥》관계자료들은 고조선, 부여, 고구려사람들을 《맥족》, 《예족》으로 갈라보기 어렵다는것을 말해준다.

원래 《맥(貊)》의 음은 《박》(白, 亳)이며 그것은 고조선, 고조선사람들을 《발(發)조선》, 《발인》으로 쓴 기록과도 서로 통한다. 그것은 단군조선의 《단》(박달)과도 통한다.

또한 옛 기록들에는 고구려와 부여, 동옥저, 예는 서로 언

— 51 —

어와 문화, 풍습 관례가 같은 사람들이라고 하였다. 따라서 그들이 한 족속이라는것은 명백하며 그들사이에는 언어와 풍습에서 지방적차이밖에 없었다.

조선반도 중남부지역의 주민인 《한》도 중국사람들은 그 족속갈래를 잘 몰랐으나 신라, 백제가 고구려와 언어, 풍습이 같다는 기록을 남기고있다. 이로 보아 그들 역시 같은 겨레에 속하는 사람들이였다.

그러므로 고구려의 주민구성에서는 후에 들어온 말갈족, 거란족 등 변방의 이족들을 제외하고 부여지역이남, 고조선지역 이동의 주민들은 다 같은 조선민족의 구성원들이였다. 중국사람들이 《예》, 《맥》, 《한》, 《부여》, 《옥저》 등으로 구분하여 부른것이 매 지방에 력사적으로 일정한 독자적인 정치세력—소국, 국가들이 있었고 매 지방 사람들사이에 서로 구별되는 일정한 특성이 있다는것을 보고 서로 달리 불렀을뿐이다. 그러므로 옛날 중국사람들이 《예》, 《맥》, 《한》 등으로 부른 사람들은 다 같은 조선민족의 지방별 호칭으로 즉 오늘날 평안도사람, 전라도사람, 함경도사람이라고 부르는것처럼 부여사람, 고구려사람, 옥저사람, 한사람 등으로 불러야 할것이다. 그들을 서로 다른 《족》으로 취급하는것은 혼란을 일으킬뿐아니라 조선민족의 형성을 훨씬 후세인 고려시기로 내려잡는 그릇된 견해를 산생시키는 결과를 초래할수 있다.

지난날 일제사가들은 조선민족의 단일성을 부정하면서 신라—남한사람들은 조선민족의 조상이고 부여—고구려—발해사람들은 퉁구스족—만주족이라고 외곡하였다.*

* 이마니시 류: 《백제사연구》(일문) 찌까자와서점, 1930년, 64~65페지

이나바 이와끼찌: 《조선사》(일문) 헤이본샤, 1939년. 70페지: 《시라도리 구라끼찌전집》(일문) 5권, 이와나미서점, 1970년, 465페지)

그러나 인류학적연구성과에 의하면 조선민족은 그에 선행한 조선옛류형사람들때부터 혈연적으로 매우 가까운 사람들의 집단이였고 단군조선의 성립과 발전 과정에 하나의 고대국가안에서 더 긴밀한 련계를 가지게 됨으로써 하나의 민족을 이루게 되였다. 조선력사에서는 고조선, 고구려, 발해와 같은 강대한 나라가 대륙에서 오는 외적의 침략을 막아주는 성새-방패의 역할을 수행하였기때문에 혈연적단일성을 고스란히 유지하고 더욱 강화할수 있었고 또 언어와 문화의 공통성도 갈수록 강화될수 있었다.

※ 《고구려사》(1), 57～62페지

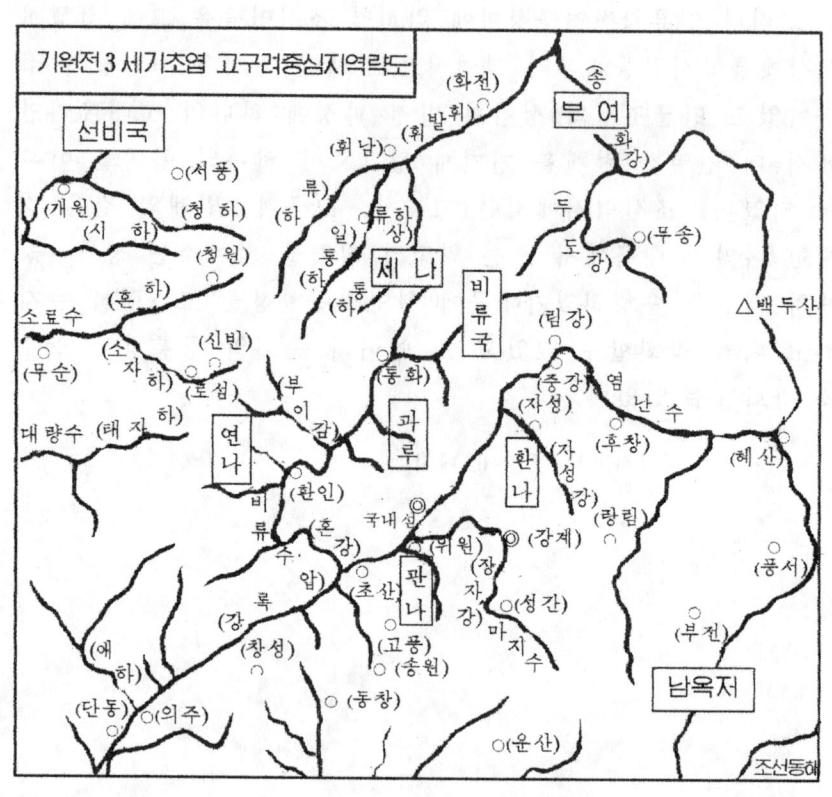

Ⅲ. 고구려의 국토통합 및 령토완정 과정

위대한 령도자 **김정일**동지께서는 다음과 같이 지적하시였다.

《지난날 우리 나라 력사에서 우리 민족이 제일 강하였던 시기는 고구려시기였습니다. 고구려는 동아세아의 넓은 령토와 많은 주민을 차지한 강대국이였습니다.》

고구려가 넓은 령토와 많은 주민을 가진 강대한 나라로 된것은 고구려가 건국초기부터 7세기에 이르는 장구한 력사적기간에 동족의 나라와 지역들을 통합하려는 원대한 구상을 가지고 안팎의 반대세력을 물리치면서 줄기차게 투쟁해온 결과였다.

1. 기원전 3세기초중엽의 소국통합

고구려는 건국이후 반세기 남짓한 기간에 이웃한 동족의 나라들, 지방정치세력들을 많이 통합함으로써 기원전 3세기말에는 동서, 남북 각각 2,000 리나 되는 넓은 령토를 차지한 큰 나라로 장성하였다.

지난날 고구려의 건국년대를 극상해야 기원전 37년경으로 보았고 고구려가 실지로 독자적인 나라로 된것은 1세기이후라고 보았던 일제사가들은 고구려가 건국초기에 넓은 령역을 가진 대국으로 되였다는것을 전혀 인정하지 않았다. 그런것만큼 고구려가 그 건국초기에 벌린 국토통합을 위한 활동, 그 구체적인 대상지역 등에 대하여 보다 선명한 표상을 가지고 리해할수 있게 하는것은 고구려사의 발전과정을 옳게 리해하는데서 선차적의의를 가지는 중요한 문제의 하나로 된다.

― 비류국의 통합

고구려는 건국직후 이웃에 있던 비류국을 통합하였다.

《삼국사기》고구려본기 시조 동명성왕 즉위년조 《동명왕편》 등에는 동명왕(고주몽)이 부여땅에서 남하하여 졸본천가에 이르러 미처 궁실을 지을 사이도 없이 풀판우에 앉아서 함께 온 사람들과의 사이에 임금과 신하의 질서를 규정하고 나라를 세운것으로 되여있다. 그러나 국가의 창건이 그렇게 간단하게 이루어질수는 없다. 실지로 고구려국을 세운것은 고주몽이 자기의 지반을 꾸리고 구려국(졸본부여) 왕의 사위로 된것으로 하여 왕위를 넘겨받을수 있는 조건이 성숙된 다음이라야 한다. 《삼국사기》의 고구려본기, 백제본기, 구《삼국사》의 기록들을 종합하여보면 고주몽은 구려국의 파루부의 북변지역 졸본천 (비류수)가에 와서 부근의 큰 지방정치세력자의 딸인 과부 소서노와 결혼하고 그의 지원밑에 정치군사적지반을 닦았으며 그 지방을 소란케 하던 이웃지역의 《말갈》세력을 군사적방법으로 제압, 복종시키고 파루부의 대인으로까지 선출되였으며 또 비류국왕 송양과의 무술겨룸에서도 승리하고 연나부출신인 구려왕의 둘째딸과 결혼하여 합법적으로 왕위계승자로 됨으로써 왕위를 평화적으로 이어받았다. 그러나 그는 원래 새 제도 수립을 지향하였던만큼 새 나라 고구려국가를 창건할수 있었다.

일부 견해에서는 비류국(부)은 곧 5부의 하나였다고 하나 그것은 잘못이다.

이 비류국의 위치는 어데인가. 《삼국사기》, 《동명왕편》등에 의하면 고주몽은 비류수(졸본천)의 상류로 사냥하러 올라가다가 비류국왕 송양을 만났는데 송양왕이 《선인의 후손》이라고 자칭하면서 나라를 세운지 얼마 안되는 고주몽더러 《부용》(속국)이 되는것이 좋겠다고 한데 대하여 고주몽은 《나는 천제의 아들》이고 《서쪽나라의 왕》이라고 대답하면서 도리여 송양더러 복종하라고 요구하였다 한다. 비류수(혼강)의 흐름새와 제나부(북부)의 위치, 과루부와 환나부의 위치 등을 아울러 고려한다면 비류국은 오늘의 통화현 동쪽 팔도강을 포함한 림강현일대로 되지 않을수 없다.

고구려는 건국이후 곧 자기 주변에 있던 소국-지방정치세력들을 통합하는데 큰 힘을 넣게 되였다. 그것은 령역을 넓히고 주민을 늘여야 생산을 발전시키고 군사력도 늘여 국력을 강화하고 새로운 제도와 질서를 세워나갈수 있기때문이였다.

동명왕의 이 지향과 정책을 잘 알고있었던 비류국왕 송양은 고구려와 맞서보아야 유익한 일이 없다는것을 알고 고구려건국의 이듬해(기원전 276년) 여름에 스스로 제후국이 되겠다고 제기하였다. 동명왕은 그를 《다물후》(다물국왕이라고 쓴곳도 있다.)로 삼고 그 나라를 통치하도록 위임하였다.

그러나 이것은 오래가지 못하였다. 그것은 약 70년후인 기원전 209년에 동명왕의 옛 신하로서 대신으로 되여있던 구도,

일구, 분구 등 3명의 비법행위를 처벌하여 그들을 서민(평민) 으로 만들었을 때 남부사자 추발소를 비류부장으로 대신 임명 하였다는 사실에 의하여 알수 있다. 즉 이때에 와서는 비류국 은 해체되고 비류부로 되여있었던것이다. 고구려본기에 5부이 외의 부로서는 잠우(지)락부의 대가 대승 등이 47년에 락랑군 에 투항하였다는것이 보일뿐이다. 그러나 5부 이외에도 초기 에는 몇개의 《부》가 더 있었다고 보인다. 비류부는 비류나부 로도 불리웠으며 그 통치계층이 고구려왕실과도 통혼하였으므 로 고구려사회에서 상당한 우대를 받았다고 인정된다. 132년 (태조대왕 90년), 147년(차대왕 2년)조에 비류나 조의 양신 (陽神) 등이 보이는것만큼 2세기중엽까지는 비류(나)부귀족도 5부귀족과 비슷하게 우대를 받았을것이다. 그러나 그후 오래 지 않아 중앙집권력이 더 강화되면서 5부 귀족들만이 《부》출 신임을 밝힐수 있게 되였다고 보인다.

비류국의 통합은 고구려에 의한 이웃소국의 첫 통합이고 또 평화적으로 통합이 진행된것으로 하여 그것이 주변소국세력들 에 미친 영향이 컸으리라고 생각된다. 기록에는 남지 못하였 으나 그밖에도 주변지역의 일부 군소정치세력들이 몇해사이에 자진하여 고구려에 통합되였다고 볼수 있다. 그것은 5년후의 행인국통합사건이 시사해준다. 태백산(백두산)동남에 있던 행 인국으로 고구려군이 진출하려면 비류국의 동쪽, 환나부의 동 쪽 압록강류역의 일부 지역이 고구려땅으로 되여있어야 하겠 기때문이다.

– 행인국과 북옥저의 통합

기원전 272년(동명왕 6년) 고구려는 장수 오이, 부분노를 시켜 태백산동남에 있는 행인국을 쳐서 통합하고 그 땅을 성음으로 만들었다. 또 기원전 268년에는 부위염을 시켜 북옥저를 멸망시키고 그 땅을 성읍으로 만들었다.

행인국은 크게 볼 때 백두산의 동남방에 있었으나 그 령역은 서쪽으로는 백두산서남방 일부 지역, 동쪽으로는 무산부근까지, 오늘의 량강도의 동부와 함경북도의 서북부를 차지하고 있었다고 인정된다. 또 북옥저는 오늘의 중국 길림성 연변자치주의 많은 부분과 흑룡강성 남부, 로씨야령 연해주의 남부, 우리 나라 함경북도 해안지역을 차지하고있었다. 즉 행인국의 동쪽, 동북쪽의 넓은 지역, 북으로는 홍개호남쪽일대에까지 미치고있었다. 북옥저의 통합으로 고구려는 동서 2,000 리나 되는 비교적 큰 나라로 되였다.

행인국과 북옥저의 통합과 그 직할지-성읍(고을)으로의 개편은 고구려가 처음부터 중앙집권적체제를 수립할것을 지향하고있었다는것을 뚜렷이 보여주고있다.

― 선비국과 량맥국의 통합

기원전 249년(유류왕 11년)에 부분노 등의 계략으로 선비국군대를 격파하고 그들을 투항시켰다. 중국 력사책들에는 기원전 3세기말 흉노 묵특선우에 의한 동호의 멸망이후 그 나머지 무리들이 북쪽으로 달아나서 선비, 오환이 되였다고 쓰고 있으나 실지로는 선비족은 그 이전시기부터 부여의 서쪽에서 살고있었다고 볼수 있다. 왜냐하면 불과 100~200년내에 선비, 오환의 큰 집단이 형성되여 흉노대신에 중국의 북방을 위협하는 세력으로 될수는 없기때문이다.

고구려에 투항하여 속국으로 된 《선비국》은 선비족의 일부가 부여의 서남, 고구려의 서북방면에 형성하였던 나라라고 본다.*

* 옛날에는 이종족, 이민족의 여러가지 리유로 산간지대나 사람이 적게 사는 지역에 옮겨와서 소국을 이루고 사는 현상이 더러 있었다. 례하면 선비, 돌궐, 거란, 몽골족의 일부가 먼 다른 지방으로 가서 나라를 세운 일이 있었다. 고구려가 기원전 3세기에 속국으로 삼은 선비국은 선비족의 기본거주지역에서 떨어져나와 료동지방에 와서 세운 소국이였다고 인정된다.

선비국의 속국화는 고구려의 북변의 안정을 도모하는데서 중요한 의의가 있었다.

기원전 227년(여률왕 10년)에 고구려의 장수 오이, 마리는 2만명의 병력으로 오늘의 태자하상류 지역에 있던 량맥국을 멸망시켰다.

《삼국사기》에는 량맥국공멸사건이 류리왕 33년(기원 14년)에 있었던 일로 기록되여있으나 그것은 그보다 240년전에 있었던 사실을 잘못 정리해놓은것이다.

오이, 마리는 동명왕과 함께 부여에서 떠나온 사람인것만큼 그 당시 20살 안팎의 청년이였다고 하더라도 여률왕 10년(기원전 227년)에는 70살 안팎의 로인이 되였을것이다. 그러므로 량맥을 친 시기는 현《삼국사기》의 년대보다도 240년 소급되여야 마땅하다.

량맥국은 고구려의 서변에 있으면서 그 통치층이 잘 복종하지 않으므로 국토통합정책의 일환으로서 그에 대한 정토, 통합 사업이 있게 된것이며 이것은 고구려 서변의 안전을 보다 믿음직하게 보장할수 있게 하였다.

2. 부여국의 멸망과 그 남부지역의 통합, 부여 각지 소국들의 속국화, 후부여의 성립

《북사》 고구려전에는 동명왕(고주몽)의 아들 려달, 손자 여률, 중손자 막래의 계승관계를 쓴 다음 한무제의 동방침략이 전인 막래왕때에 부여와 싸워 부여를 통속시켰다고 밝혔다. 부여멸망당시 그 왕인 대소가 전사하였는데 대소는 동명왕보다도 오히려 나이가 우였다. 그러므로 고구려에 의한 부여의 통속사변은 분명히 고구려건국후 오래지 않은 때 즉 수십년이내에 있었던 사변이 되지 않을수 없다. 앞에서도 본바와 같이 그때는 동명왕즉위후 59년만인 기원전 219년이 되지 않을수 없다.

부여통치자들은 고구려의 건국자 동명왕이 본래 자기들의 박대를 반대하여 남으로 와서 나라를 세웠던것만큼 처음부터 고구려의 강화에 대하여 좋지 않게 생각하고 더우기 고구려가 자기 영향하에 있던 북옥저땅을 차지하고 또 기원전 249년에는 선비국까지도 종속시키게 되자 동남과 서남에서 고구려의 압력을 받게 되였다. 그리하여 그들은 고구려가 더 커지기전에 눌러놓으려고 책동하였다.

기원전 246년(유류왕 14년)에 부여왕 대소는 고구려에 볼모를 교환할것을 제기하여왔다. 이것은 사실상 고구려가 부여에 대하여 사대할것을 요구하는것이나 다름없었으며 고구려가 이에 응하지 않자 그해 11월에 대소왕은 5만의 큰 병력으로 고구려를 침공하여왔다. 때마침 큰 눈이 와서 많은 군사들이 얼어죽자 부여군은 철수하였다.

기원전 232년(여률왕 5년경)에 부여왕 대소는 다시 사신을 보내여 사대할것을 요구하였으며 기원전 221년에는 머리는 하나인데 몸은 둘인 붉은 까마귀를 얻게 되자 그것을 부여가 고구려를 병탄하는 징조라고 하면서 고구려에 보내여왔다.

이러한 형편에서 고구려도 부여와의 대전이 불가피하다는것을 알고 전쟁준비를 하였으며 기원전 220년(대주류왕 4년)에는 드디여 부여에 대한 원정작전을 개시하였다. 이듬해 2월에 부여의 수도 남쪽에 도착한 고구려군이 수렁이 많은 평지에서 휴식하고있을 때 대소왕의 지휘하에 부여의 대군이 공격하여옴으로써 결전이 벌어지게 되였다.

《삼국사기》에 의하면 고구려와의 전투에서 부여의 대소왕은 죽었으나 고구려군은 부여의 수도를 함락시키지 못한채 철수하였다. 그러나 대소왕이 죽은후 부여안에서도 전국을 수습, 통치할만한 인물이 없었다. 아마도 왕위계승문제를 놓고 여러 왕자들사이에 다툼이 벌어진것일것이다. 이런 기회를 리용하여 고구려가 부여의 남부 넓은 지역을 차지하였으며 또 부여 각지에 형성된 소국들을 자기에게 복속시킨것으로 보인다.

기원전 219년 4월에 대소왕의 막내동생이 갈사수(송화강, 목단강상류부근)가에서 갈사국을 세운것과 7월에 부여왕의 4촌아우가 《우리 선왕(대소왕)은 자신은 죽고 나라는 멸망하여 백성들이 의지할데가 없고 왕의 아우는 달아나서 갈사에 도읍하였으며 나도 못난 사람이라 나라를 다시 세울 도리가 없다.》고 하면서 1만여명의 백성들을 데리고 고구려에 투항해왔다는것을 보면 대체로 당시에 조성된 형편을 짐작할수 있다.

부여왕의 막내아우가 세운 갈사국도 고구려의 한 속국으로 되였다고 인정된다. 대무신왕의 둘째 왕비가 갈사국왕의 손녀였다는 사실을 통해서도 고구려-갈사국사이의 관계를 짐작할수 있다.

고대국가 부여는 그 말기에 심각한 자체 내부모순에 의하여 4분5렬 되여 한때 고구려에 종속되였다. 그러나 원래 오랜 대국이였던만큼 그후 오래지 않아서 봉건제도수립을 지향한 진보적세력에 의하여 다시 자기 력량을 수습, 통합하여 고구려로부터 독립하게 되였다고 인정된다.(후부여의 성립) 그 시기는 대체로 기원전 2세기초엽에 해당할것이다. 그것은 《삼국지》 읍루전 등에 읍루가 한나라때(전한때)에 부여에 복속하였다고 한것으로 보아서 그리고 전한시기에 연(후국)과 현도군의 북쪽에 부여국이 있었던것으로 되여있는것을 보아서 그렇게 볼수 있다.

후부여의 성립으로 하여 고구려의·북방령역은 줄어들었으나 부여남부지역을 차지한것으로 하여 이전보다는 북방에서도 고구려의 령역은 현저히 확대되였다.

그것은 태조대왕 69년(121년)에 왕이 부여에 가서 태후묘(사당)에 제사지내고 그 일대의 백성들에게 물품들도 나누어주었으며 또 거기서 숙신(읍루)의 사신을 만난 사실로 보아 태후묘가 있었던 옛 부여의 수도(길림)일대까지 고구려의 직속지로 되여있었다고 보이기때문이다. 그렇게 될수 있는 계기는 기원전 219년 전쟁전후시기였거나 기원 13년의 고구려와의 충돌이 있었던 때에 있었을것이다.

3. 개마국, 구다국의 통합

기원전 215년(막래왕 9년) 10월에 왕은 직접 군사를 거느리고 개마국을 정벌하여 그 왕을 죽이고 백성들을 돌보아주었으며 그 땅을 군현(고을)으로 삼았다. 또 12월에는 구다국왕이 개마국멸망소식을 듣고 자기에게도 그런 운명이 차례질가봐 두려워하면서 나라를 들어 항복해왔으며 이로부터 더욱 많은 지역을 개척하게 되였다.

개마국은 개마대산(오늘의 량강도 남부일대)에 있었던 나라였다. 개마국의 멸망은 《삼국사기》에 대무신왕 9년(기원 26년)의 일로 되여있으나 고구려의 바로 이웃에 있던 나라이고 고구려가 령역을 확장하던 과정으로 볼 때 고대부여를 친 다음 오래지 않은 시기에 있었던 사실로 볼수 있다. 그것은 고구려가 다시 그 남쪽에 있던 동옥저를 복속시킨것이 기원전 1세기에 있었던 사실인것으로 보아서도 명백하다.

구다국의 위치는 잘 알수 없으나 역시 오늘의 량강도 남부지역의 일부를 차지하였던 나라였다고 보인다. 구다국은 자진해서 투항해왔으므로 고을로 만들지 않고 당분간 후국으로 남겨두었다고 볼수 있다.

개마국, 구다국의 통합이 있은후 고구려가 개척한 땅이 점점 넓어졌다고 한것을 보면 기원전 3세기말 2세기초에 고구려는 주변에 있던 여러 소국, 정치세력들을 더많이 통합해나갔다는것을 알수 있다.

4. 동옥저의 복속과 그 직할지로의 개편

동옥저(남옥저)는 오늘의 함경남도와 함경북도 남부(김책시, 화대군 일대)지역에 있었고 후조선당시 그에 속한 진반소국을 이루고있었다고 인정된다. 그러다가 만조선이 성립되자 처음에는 림둔과 함께 독자적인 나라를 이루고있다가 만조선이 강화되자 다시 그 속국으로 되였다.(진반의 위치문제에 대해서는 《한4군》의 위치문제를 론하면서 다시 언급하기로 한다.)

고조선왕조가 멸망한후 압록강류역이남, 고구려이남의 고조선땅에서는 황룡국, 락랑국, 예맥소국들이 자립하였다. 이때 진반소국은 해체되여 옥저사람들이 통일된 나라를 이루지 못하고 《읍락》별로 나뉘여 살고있었다. 《후한서》에 의하면 동옥저(남옥저)는 고구려에 소속된이래 고구려에서는 대가(大加)를 보내여 조세 등을 바치라고 독촉했을뿐이고 옥저사람들가운데서 우두머리를 《사자》로 삼아 서로 통제하게 하였다고 한다.

기원 56년에 고구려는 동옥저가 자기의 조세, 공물 납부의무를 잘 수행하지 않는 조건에서 중앙집권체제를 보다 강화하는 방책의 하나로서 동옥저에 대한 정벌을 함으로써 그 지역에 군현(고을)들을 설치하였다. 그러므로 《삼국지》에 보이는 동옥저의 형편은 그 이전시기 속령으로 있었던 당시의 형편을 전한것이라고 볼수 있다.

동옥저가 고구려의 속령으로 된 시기는 《예》(강원도 북부)지방이 기원전후시기에 이미 고구려의 속령, 속국으로 된것으로 미루어 그보다 앞선 기원전 1세기중엽경이였다고 생각된다.

5. 기원전후시기 《예맥》지방의 통합

고구려는 기원전 1세기말, 기원 1세기초에 동남방, 오늘의 강원도북부일대에 있던 《예》, 《맥》의 소국들을 통합하여 속국,

속령으로 삼았다. 《삼국유사》(권 1) 《제 2 남해왕》조에는 기원 18년에 고구려의 《비속 7 국》이 신라(당시 진한)편에 넘어갔다는 기사가 있다. 당시 진한의 북변은 기껏해서 강릉일대에 있었다. 그러므로 이 《비속 7 국》은 대략 강원도 북부지역에 있었던 7개의 소국들이였다고 볼수 있다.

이 나라들이 고구려를 배반하고 진한편에 가붙은 사태를 고구려는 앉아서 보고만 있을수 없었다. 그리하여 고구려는 얼마후에 일부 군사들을 내보내여 이 나라들을 치고 다시 복속시켰으며 그 여세를 몰아 42년에는 신라의 북변을 들이쳤다.
[《삼국유사》 권 1, 제 3 노례(유리)왕조]

한편 기원 19년에 백제의 한수(한강) 동북부에 기근이 들어 백제백성 1,000여호가 고구려에 투항하여왔다. 그리하여 《패대(浿帶)》사이에 주민이 텅 비다싶이 되였다고 한다. 당시 백제의 동북방이 주양(춘천)부근이였다고 하는만큼 이 사실은 패(례성강), 대(림진강) 중상류, 소양강상류일대 즉 오늘의 경기도 동북부, 강원도(북)남부지역은 대체로 고구려에 소속되여있었다는것을 말해준다. 40년(신라 유리니사금 17년)에 화려, 불내 2현(2국의 잘못)사람들이 공모하여 신라북변에 침입했을 때 《맥국》거수(우두머리)가 이를 격파하였으므로 신라가 맥국과 좋은 관계를 맺었다고 하였다. 이것은 42년에 고구려의 군사행동과 함께 고찰할 때 화려(오늘의 강원도 문천군 화라로동자구), 불내[오늘의 함경남도 고원 부래산(벌라산)일대]는 《예》소국들로서 고구려에 다시 소속되여있었다고 볼수 있게 한다. 《맥국》은 오늘의 회양군, 금강군 등지에 있었던 소국이였을것이다.

《삼국사기》와 《삼국유사》의 이와 관련한 기사들을 종합해보면 기원전후시기 고구려는 조선반도 중부 산간지대일대에서도 현저히 남진하였다고 말할수 있다. 이 지방에는 일부 마한의 잔여세력도 있었을것이며 고구려는 그들도 속국, 속령의 형태로 종속시키고있었다고 보인다. 121년 후한과의 전쟁에 나오는 《마한》, 《예맥》 군사들은 오늘의 강원도지방에 있었던 사람들로 조직된 군대였을 가능성이 많다.

6. 1세기초 황룡국, 안평국의 통합

황룡국은 고조선멸망후 그 옛 땅의 일부인 압록강하류좌우, 대체로 오늘의 평안북도 북부, 오늘의 중국 료녕성 관전현의 일부 지역에 고조선유민들이 세웠던 나라였다.

안평국은 황룡국의 서남방, 압록강하구에 가까운 지방에 있었던 나라로 볼수 있다. 애하 하구에 있는 애하첨성유적에서 《안평락미앙(安平樂未央)》이라고 새긴 기와막새가 출토되였다고 하여 다른 나라 학계에서는 그곳이 한 료동군 서안평현소재지였다*고 보고있으나 그것은 잘못이다. 왜냐하면 《후한서》에 인용된 《위씨춘추》(《삼국지》에는 대문으로 됨.)에는 서안평현 북쪽에 작은 강이 있는데 남으로 흘러 바다로 들어간다고 하였기때문이다. 애하는 남동으로 흘러 압록강으로 들어가는 강이다. 서안평현은 《안평의 서쪽》에 있는 현으로서 오늘의 동구현 조씨구나 소자하(대양하)가 이 현을 흐르는 작은 강으로 될수 있을것이다. 개마국의 서쪽에 서개마현을 둘것을 예견한것과 같이 안평국의 서쪽에 서안평현을 두었다고 보아야 할것이다. 236년에 오나라의 사신이 도착한 곳도 안평구(安

平口)였다.*

* 《중국동북사》길림문사출판사, 1987년, 372~373페지

황룡국은 고구려서남방에 있던 비교적 큰 나라로서 고구려는 기원 1세기초 국내성천도 당시 그와의 좋은 관계를 맺으려고 하였다. 그런데 기원 8년에 고구려태자 해명은 별도(졸본성)를 지키면서 황룡국왕이 보내온 강궁(센 활)을 꺾어버림으로써 황룡국측의 불만을 샀다. 고구려의 류리왕은 태자가 아버지의 뜻을 받들지 않고 이웃나라와의 화단을 일으킬짓을 하였다고 하면서 태자에게 자결하도록 강박하였다. 그후 기원 11~12년에 신나라와 싸우게 된 고구려는 신나라 현도군을 장새(새원)안으로 몰아넣게 되면서 그렇게 하는데서 걸림돌로 되고있던 황룡국과 안평국을 통합할 필요성이 제기되였다. 그리하여 대략 20년대중엽경까지 고구려는 두 나라 땅을 타고앉았다고 인정된다. 그 결과 후한의 현도군과 료동군은 그 동쪽 전지역에서 고구려의 공격을 받게 되였으며 료동군의 무차현(봉성부근)을 포기하고 서안평현을 서북방으로 옮기지 않을수 없게 되였다. 바로 이것으로 하여 후한은 수만대군으로 28년에 고구려내지 깊이 침입하여 위나암성을 포위하였던것이라고 인정된다.

황룡국과 안평국 땅을 차지함으로써 고구려는 압록강하구지방을 통제하게 되였으며 오늘의 평안북도의 대부분지역까지도 자기 령역으로 삼게 되였다.

7. 1세기 30년대 락랑국 북부의 통합과 《조선후국》의 성립

1세기초엽에 이르러 고구려의 국토통합정책추진에서 제일 큰 장애로 나선것은 서남방, 오늘의 서북조선에 있었던 락랑국이였다.

락랑국은 기원전 108년 고조선왕조멸망이후 오래지 않아서 옛 수도 평양부근에 있었던 지방세력인 최씨에 의하여 수립된 나라였고 그 령역은 오늘의 평안북도 남부지역과 평안남도, 황해남도, 황해북도 지역을 포괄하고있었으며 그 국력이 강화되였을 때에는 오늘의 강원도 북부 령서지방의 많은 부분을 차지하고있었다. 락랑국은 고조선유민이 세운 소국들가운데 가장 큰 나라였을뿐아니라 경제와 문화가 가장 발전된 나라였으므로 그 군사력도 만만치 않았다.

게다가 고구려의 령토가 확대되여 락랑국의 북변과 동변을 에워싸다싶이 되자 락랑국의 지배층은 위협을 느끼고 중국대륙의 한나라와의 외교무역관계를 더 발전시키면서 한나라가 후방에서 고구려를 견제해줄것을 기대하였다. 당시 고구려는 료동반도쪽으로도 진출하려고 하였으므로 한나라통치배들도 락랑국과 손잡고 고구려의 후방을 견제하려 하였다.

이러한 정세에서 고구려는 당면하여 락랑국을 통합하여 남방에서의 자기의 국토통합과정을 전진시켜야 하였다.

고구려의 대무신왕은 기원 32년에 락랑왕실과의 혼인관계를 맺았으며 락랑국의 방비태세가 완화된 틈을 타서 불의에 쳐들어감으로써 락랑국왕의 항복을 받아내였다. 그러나 락랑국왕 최리는 그후에도 은밀히 고구려의 통제에서 벗어나려고 하였다. 그러므로 5년후인 37년에 고구려는 락랑국의 수도를 함락시키고 최리를 처단하였다. 락랑국지배층의 일부는 남쪽으로 나가서 나라의 명맥을 유지하였으나 살수(오늘의 황주천-소매천)이북지역은 고구려땅으로 되였다.

고구려는 락랑국의 옛 귀족지배층 인물을 내세워 살수이북지역 대체로 오늘의 평안남도지역에 《조선후국》을 세우도록 하였다. 그렇게 하는것이 직할지로 만드는것보다 그 지방토호세력들을 복종시키는데서 더 유리하다고 보았기때문이였다. 《조선》이란 명칭은 평양지방이 고조선의 수도였기때문에 붙인 이름이다.

고구려남쪽에 《조선》이라는 세력이 있었다는것은 《후한서》, 《삼국지》의 고구려전에 《남으로는 조선, 예맥과 접했다.》고 한데서 알수 있다. 《후한서》는 기원 25~220년사이의 단대사이기때문에 력사적사실을 정확히 기술하였다고 볼수 있다.

지난 시기 일부 학자들은 고구려의 남쪽에 락랑군이 있었다고 본데로부터 고구려의 《조선후국》이 있었다는것은 생각조차 하지 못하였다. 그러나 락랑군이 있었다면 《남으로 락랑과 접했다.》고 써야 마땅하지 그 중심지역의 한개 현인 《조선과 접했다.》고는 쓰지 않았을것이다.

락랑국만이 있었다고 하면 역시 《락랑과 접했다.》고 썼을것이다. 그러나 《조선》이라는 후국이나 속국이 있었기때문에 《조선과 접했다.》고 쓴것이다. 《후한서》나 《삼국지》에 고구려는 동쪽으로 옥저와 접했다고 하였는데 그것은 옥저가 독립국가였기때문이 아니라 고구려에 속한 지역이지만 그 주민들이 력사적으로 고구려본토사람들과는 풍속, 언어상의 일정한 차이가 있었기때문에 구분하여 따로 렬전을 써놓은것이였다.

《조선》도 역시 같은 관점에서 당시의 고구려본토와 구분하여 그렇게 써놓은것이다. 《삼국지》에 《남으로 조선과 접했다.》고 쓴것은 《조선후국》이 없어진 다음에도 그 지방주민들이 고조선의 유민들로서 고구려본토주민들과는 구분된다는 립장에서 그렇게 써놓은것으로 볼수 있다.

고구려는 조선후국에 대한 통제를 위하여 일부 군사력과 주민을 평양부근에 배치하여 살도록 하였다. 승호구역 만달리, 대성산아래에 고구려의 돌각무덤들이 있으며 은산군 남옥리에서 초기돌칸흙무덤―돌곽흙무덤이 있고 거기서 1세기유물인 일광경이 나온 사실, 평양일대에서 나온 일부 질그릇이 당시 고구려본토의 그것과 공통하다는것 등은 이에 대한 증거로 된다. 또한 락랑구역에서 발견된 고구려의 돌칸흙무덤가운데 일부는 이른바 락랑고분인 귀틀무덤, 벽돌무덤의 우 또는 사이에 있는데 이것은 2~3세기에 락랑구역에도 고구려사람들이 살고있었다는것을 말해준다고 볼수 있다. 또 강서, 룡강 등지에는 환인부근에서 발견된 형식의 서로 련달린 돌각무덤들이 분포되여있다.

그러나 아직도 고구려사람들이 이 지방에 대량적으로 이주하지는 않았다. 그러므로 조선후국안에서는 여전히 고조선말기이래로 그 부근 일대에서 주류를 차지하던 묘제가 계속 씌였으며 고유문화가 계속 유지보존되고 지어 발전되기까지 하였다.

8. 1세기중엽 갈사국, 조나국, 주나국의 통합

68년(태조왕 10년)에 갈사국왕의 손자 도두(都頭)가 나라를 들어 항복하여왔다. 이것은 기원전 218년에 형성되였던 갈사국이 근 300년동안 고구려의 속국으로서 존속하다가 이때에 와서 왕이 죽고 그 후계자로 될 도두가 더는 독립된 나라를 유지할 형편이 못되여 아주 고구려에 편입되여 그 직할지로 만들어줄것을 요청한것과 관련된다.

고구려에서는 그에게 우태라는 비교적 높은 벼슬등급을 주어 귀족대렬에 받아들였다.

72년에는 관나부의 패자 달가가 조나국을 쳐서 그 국왕을 사로잡았고 74년에는 환나부의 패자 설유가 주나국을 쳐서 그 왕자 을음(乙音)을 사로잡아서 고추가로 삼았다.

조나국은 관나부(남부) 패자가, 주나국은 환나부(동부) 패자가 각각 지휘관이 되여 정벌한것으로 보아 조나국은 고구려 남쪽, 주나국은 고구려동쪽에 각각 있었던 나라였다고 생각된다. 주나국은 비교적 큰 소국이였으며 또 저항이 강하지 않았으므로 그 왕자를 우대하여 왕족과 같이 높은 대우를 하는 고추가반렬에 속하게 한것으로 보인다.

1세기중말엽 갈사국, 조나국, 주나국의 통합으로 고구려에 의한 주변 소국들의 통합사업은 기본적으로 끝났다고 볼수 있다.

고구려는 주변 소국, 정치세력들을 통합하는데서 될수록 평화적인 방법을 적용하여 리해관계를 잘 따져보고 주변세력들이 스스로 복속하도록 하였으며 그러한 경우에는 흔히 그 지배층을 고구려의 귀족으로 편입시키든가, 본래의 거주지에 있으면서 제후왕으로 되게 하였다. 그리고 순종하지 않는 세력에 대하여서는 무력적방법으로 통합하되 심히 저항하는자는 처단하고 그렇지 않은자는 너그럽게 대하고 역시 귀족반렬에 흡수하기도 하였다. 그리고 인민들에 대해서는 그들의 생명재산을 보호해주도록 하였다. 이 모든것은 동족의 나라들사이에서의 통합과정에서 될수록 인명, 재산 피해를 막고 앞으로의 사회발전에 리로운 조건을 마련하려는데서 취해진 조치였다.

일부 소국들은 고구려의 속국, 후국으로 전환되였으나 오래지 않아서 속국은 후국으로 또 속국, 후국은 직할지(고을)로 개편되여나갔다. 그것은 원래 국토통합사업자체가 전국에 중앙집권적통치체제를 세울것을 목적으로 하여 진행된 사업이였기때문이다.

9. 락랑국의 재건과 대방국의 분리, 두 나라의 변천과 고구려에 의한 통합

지난 시기 락랑국, 대방국의 존재에 대해서는 3 세기이후 락랑군, 대방군이 유명무실해지고 중국과는 련계가 끊어져서 지방세력자들이 분수없이 제멋대로 나라를 자칭한것이라고 보거나*[1] 일제사가들처럼 이 나라들의 존재자체를 부인하였다.*[2]

 *[1] 《증보문헌비고》 권 13, 여지고 한 4 군, 한 2 부조
 *[2] 이마니시 류: 《조선사의 간》(일문), 82~84 페지 등

이러한 견해들은 다 《한 4 군》 그중에서도 락랑군의 위치를 잘못 비정한데서 생겨난 그릇된 견해들이다. 이미 본바와 같

이 락랑국은 조선반도안에 있었으며 기원 1세기 30년대에 고구려에 의하여 일단 멸망되였으나 그 잔여세력은 남쪽—자비령산줄기이남지역에서 락랑국을 다시 세웠다. 그것은 300년경까지 계속 위축의 일로를 걸었으나 소국으로 남아있었다.

37년에 락랑국왕 최리가 죽고 락랑국이 일단 멸망하였기때문에 그 지배층의 일부는 신라로 망명해갔으나 일부 지배층은 남쪽으로 나가서 옛 락랑국의 남부지역에 있으면서 락랑국을 재건하였다. 재건한 주도세력이 누구였는지 알수 없으나 피신하여간 귀족들가운데 유력한자가 왕으로 되였으며 점차 자기의 통치체제를 세워나갔다고 볼수 있다. 그러나 그 지방의 토착귀족들은 락랑국의 새 왕조에 잘 순종하지 않았다.

기원 44년에 후한 광무제가 사신을 보내여 락랑국이 그 땅을 거두어 고을로 삼은 사실을 축하하고 후한과의 외교무역관계를 다시 가지게 된것으로 보아* 락랑국의 재건과정은 몇해동안의 진통을 겪었다고 인정된다.

> *《삼국유사》(권 1) 락랑국조에는 《無恤王二十七年(44년)光虎帝遣使伐樂浪取其地爲郡縣 薩水已南屬漢》이라는 기사가 있다.

《삼국유사》 기사를 두고 지난 시기에는 후한 광무제가 군사를 보내여 락랑을 치고 그 땅을 군현으로 만들었기때문에 살수(청천강)이남이 다시 한나라에 소속되였다라고 읽는 경우가 많았다. 《삼국사기》에는 이때 후한이 군사들을 바다건너로 파견한것으로 써놓았다.

그러나 서북조선에는 한나라 군현이 있어본적이 없다.

《벌(伐)》은 보통 《정벌》의 뜻으로 리해하지만 이 글자는 《아름답게 여긴다.》, 《공로를 칭찬한다.》라고 해석되기도 한다. 또 필사, 관각상의 오유가 있었다고 보면 《伐》은 본래 佐(쌀)자였을수도 있다.

후한은 또한 자체 내부에 복잡한 사변들이 많아서 (웰남지방침략, 태자페립사건, 북방 흉노의 침공 등등) 조선에 출병할만한 힘이 없었고 《후한서》에는 그런 기록도 없다.

또 후한이 자기의 락랑군을 치고 새롭게 군, 현을 둘수도 없다. 료동지방의 락랑군땅에 출병하려면 바로 그 북쪽의 료동군에서 군사를 내보내면 될것이고 바다를 건너갈 필요도 없었을것이며 도대체 당시 락랑군안에서 그 어떤 반란세력이 있었다는 자료도 없다.

그러므로 《삼국유사》의 기사는 우와 같이 읽는것이 옳다고 본다. 후한이 그렇게 한것은 락랑국이 원래 제철제강업이 발전된 나라여서 중국에 우수한 제품을 수출하였는데 락랑국의 멸망, 재건과 관련하여 철제품무역이 두절된것과 관련이 있다. 살수는 청천강이 아니라 황주천이며 그 이남이 《한에 속했다.》는것은 《왜, 한이 대방에 속했다.》는것과 같이 외교무역관계를 가지게 된 사실을 외곡하여 쓴것이다.

락랑국에 군현이 있었다는것은 최근 신천부근에서 《서군(西郡)태수》새김글이 있는 벽돌이 나온것을 보아도 알수 있다. 조선이나 중국에는 력대로 《서군》이 이곳을 제외하고는 없었기때문이다.

그러나 그후 남쪽지방세력은 계속 분리운동을 하여 대체로 1세기말경에는 대방국을 형성하였다. 《후한서》에는 마한의 북쪽에 《락랑》이 있다고 하였으나 《삼국지》에는 《대방》이 있다고 한것은 락랑국이 분렬되여 남쪽에 대방국이 생겨났기때문이다. 이 대방국은 204년경에 료동반도 남단에 설치된 대방군과는 전혀 다른것이다.

락랑국, 대방국의 지배층들은 고구려의 통합정책을 반대하였다. 240년에 있은 고구려-위전쟁에서 유주자사 관구검의 무력은 북쪽으로 쳐들어왔고 위나라 락랑, 대방 태수들은 조선반도 중부에 무력을 끌고 들어와 《한》세력, 《예맥》세력과 싸웠다. 이것은 위나라가 락랑국, 대방국의 승인밑에 조선반도 중부로 해서 남쪽으로부터도 고구려를 침공하려던 전략을 썼기때문이다. 그러나 고구려군의 용감한 투쟁에 의하여 위나라 군대는 참패하고 제소굴로 쫓겨갔으며 위나라와 협력하였던 락랑, 대방 두 나라의 북변과 동변은 고구려군에게 점령당하였다.* 오늘의 과일군, 신천군, 봉산군, 서흥군 등지는 이때에 고구려땅으로 되였으며 락랑국, 대방국의 령역은 크게 축소되였고 더는 고구려에 맞설만한 힘이 없는 보잘것없는 세력으로 되였다. 이때 고구려가 두 나라를 완전통합하지 못한것은 관구검의 침입으로 인한 피해도 컸고 료동지방에 더 많은 병력을 내보내야 했던 사정과 관련되였을것이다.

* 3세기중엽(248년)의 무덤인 왕경무덤(신천부근)에 고구려돌무덤의 영향이 보이는것, 4세기초엽의 고구려벽화무덤들이 안악부근에 있는것은 이 지역이 4세기초가 아니라 그보다 훨씬 이전 246~247년경에 이미 고구려땅으로 되였기때문이라고 볼수 있다. 그리고 247년에 고구려가 부수도(림시수도) 평양을 두게 된것도 그 남쪽에 더는 고구려를 반대할만한 큰 세력이 없고 평양이남의 넓은 땅이 고구려땅으로 되여있어서 남방의 안전이 확고히 담보되였기때문이다.

그후 286년, 300년에 고구려는 락랑국, 대방국에 대한 통합전쟁을 계속 벌려 마침내 그 지역들을 다 차지하고 백제와 례성강하류, 림진강중류를 계선으로 국경을 접하게 되였다.

286년에 고구려는 대방국과 싸웠는데 이때 백제의 책계왕은 대방국왕의 사위로서 대방국을 지지하여 병력을 내보냈기 때문에 고구려의 통합정책은 종결되지 못하였다. 《삼국유사》(권 1) 북대방조에 의하면 《신라 노례왕(유례니사금을 가리킴) 4년(287년)에 대방사람과 락랑사람들이 신라에 투항하였다.》 이것을 보면 286년전쟁때 락랑국도 고구려와 싸웠다는것을 알수 있다.

300년(신라 기림니사금 3년)에 이르러 락랑국, 대방국이 신라에 《귀복》하였다고 한것은 두 나라가 최종적으로 고구려에 통합되였던 사실을 말해준다. 이때 두 나라의 일부 지배층은 백제에도 망명하였다. *

* 《속일본기》권 38 연력 4년 6월 계유;

《일본후기》권 21 홍인 2년 5월 병진조 등에는 대방국에서 살다가 백제로 간 사람들이 있었다고 지적하고있다.

지난 시기 일부 사가들은 두 나라의 멸망과 관련하여 백제도 그 남부지역을 차지한것으로 보았는데 그것은 369년의 치양전투가 배천에서 진행되였고 371년 평양성전투가 오늘의 평양에서 진행되였다고 잘못 보았던것과 관련된다.

※《고조선력사개관》사회과학출판사, 주체 87(1998)년 《부록》;《고구려사》(1), 150～155페지

10. 285년 동부여의 분립과 후부여중심지역의 통합

 기원전 2세기에 고대부여를 계승하여 성립된 후부여봉건국가는 농안 또는 회덕(농안 서남)지방을 중심으로 고대부여의 대부분지역과 읍루(숙신)지역을 령역으로 하는 나라였다. 후부여는 고구려와는 때로는 손잡고 때로는 적대적으로 나오기도 하였다.

 3세기말에 료동지방에서 모용선비족이 강화되자 그 추장 모용외는 고구려와 후부여에 대한 침범, 략탈 행위를 자주 반복하였다.

 285년에 모용외가 불의에 후부여수도로 침공하자 그왕 의려는 자살하고 주민 1만여명이 랍치되여갔다.

 이때 부여왕실(자제)의 한사람이 옥저(북옥저)땅, 오늘의 목단강중류류역에 가서 나라를 세웠다. 이것이 광개토왕릉비에 보이는 동부여이다. 동부여는 강대한 이웃나라 고구려에 대하여 조공하는 관계에 놓이게 되였다.

 또 부여왕자 의라는 동진의 방조로 그 이듬해에 후부여국가를 재건하였다.

 이에 앞서 280년에 고구려는 변방에 자주 침입해오던 숙신족에 대한 정벌작전을 벌려 그 본거지인 단로성을 함락시키고 6~7개 부락을 부용(속령)으로 삼았다.

 후부여에서 큰 사변이 발생하여 그 세력이 크게 약화, 분산된 기회에 고구려는 본래의 후부여의 중심지역인 북류송화강 중하류류역을 차지하였다. 후부여가 록산(鹿山)부근에 있다가 백제(고구려의 잘못)의 압력을 받아 서쪽으로 연나라에 가까운곳으로 옮겼다는것은 이 시기 3세기말 4세기초의 일이였다. 이무렵에 후부여는 그 수도를 사평시 부근으로 옮겼다고 인정되고있다. 이렇게 됨으로써 고구려의 북방령역은 현저히 전진하게 되였다.

11. 4세기초 락랑군, 대방군, 현도군 지역의 통합

고구려는 기원전 2세기말 한무제의 고조선침공때부터 고구려의 서북변경에까기 쳐들어온 침략군을 물리치며 더 나아가서는 동족의 나라 고조선의 옛 땅을 되찾기 위하여 세기적인 반침략투쟁을 계속하였다. 그 과정에 기원전 82~75년사이에 현도군세력을 서쪽으로 적지 않게 밀어냈으며 1세기초에는 료동군 동남부를 쳐서 압록강하구일대를 차지하였다. 49~55년사이에는 중국본토에 대한 원정타격도 주었고 료서지방에 10개 성을 쌓기도 하였다. 그러나 고구려의 료서진출은 그리 오래 가지는 못한것 같다.

105년에 고구려는 현도군, 료동군을 크게 들이쳤으며 그 결과 현도군 소재지를 무순부근으로부터 심양부근으로 이동하지 않을수 없게 하였다.

그후도 후한, 공손연, 조위(삼국 위), 서진 및 동진, 전연과의 투쟁은 여러차례 있었고 일시적인 실패도 있었으나 크게 볼 때 고구려는 자기의 서부령역을 적지 않게 확대하였으며 료동반도 동남부에 대한 영향력도 강화되였다.

특히 서진(265~316년)의 료동지방에 대한 통제력이 거의

미치지 못하게 된 4세기초에 이르러 고구려는 료동반도에 남아있던 외래침략세력의 거점들에 대한 공세를 더욱 강화하였다. 그리하여 302년에는 현도군을 쳐서 8,000명을 포로하여 평양으로 보냈으며 313년에는 락랑군지역을 완전히 점령하였고 314년에는 다시 그 남방에 있던 대방군까지도 점령하였다.

315년에는 현도성을 공파하고 적군을 수많이 살상포로하였다. 그리하여 료동반도의 대부분지방을 차지하였고 락랑, 대방, 현도의 서진잔여세력은 모용선비족(전연)에게 의탁해가서 료서지방에 설치된 작은 군들로 개편되였으며 료동군 하나만이 양평(료양)을 중심으로 크지 않은 지역을 차지하고있었다.

319년에 료동군에 있던 진나라 평주자사 최비가 고구려, 우문선비 등과 련합하여 모용선비를 치려다가 실패하고 고구려로 도망온후 신흥세력인 모용선비가 료동군지역을 차지하게 됨으로써 료동지방을 완전히 수복하려던 고구려의 기도는 좌절되였다.

12. 346년 후부여의 종말과 그 옛 땅의 수복

286년 재건된 후부여는 얼마후 서쪽으로 그 중심지를 옮겼으나 똑똑한 인물이 없었던탓으로 자기의 국력을 강화하지 못하고있었으며 전연(337~370년)의 침공이 일시 완화되였다고 하여 경각성을 늦추고있다가 346년에 전연의 대규모침공으로 나라가 망하고 5만여명의 인구가 강제련행당하고 부여는 전연 땅안에서 한때 보잘것없는 후국으로 남아있었다.

이 사건을 계기로 후부여의 옛 땅에는 주민이 없는 무인지대가 생겨났고 그냥 내버려두면 전연이나 다른 침략세력이 침입해올 위험이 조성되였다. 고구려는 이 기회에 료하이동의 후부여지역을 통합함으로써 국토통합과정을 한걸음 더 전진시켰다. 일부 부여주민들은 고구려를 적대시하면서 북으로 눈강을 건너가서 《북부여》를 세웠다.

13. 370년대 대릉하하류이동 료동지역의 수복

근 1세기에 걸쳐 모용선비(전연)의 침략을 받았고 특히 342년전쟁때 고국원왕의 실수로 하여 왕모까지 랍치당하여 불리한 형편에 처해있던 고구려는 오래동안 정치군사적, 경제적 력량을 키워오다가 370년말 전연이 전진과 동진의 공격으로 멸망의 위기에 처했을 때 대거하여 전연침략세력을 소탕하는 전쟁을 벌리고 멀리 유주(베이징지방)까지 진출하였다가 376년초경에 주동적으로 철수하였다. 그러나 대릉하하류—의무려산줄기부근을 서쪽경계선으로 삼았다.

이곳은 기원전 2세기 만조선의 서부경계선이였으므로 이로써 고조선 옛 땅에 대한 수복사업은 기본적으로 끝났다고 할 수 있다.(물론 후조선당시에 란하중상류계선까지 나갔던 일이 있으나 기원전 3세기초이후 그곳은 고조선의 령역으로 되지 못하였다.)

376년이후 고구려의 서변이 대릉하하류—의무려산계선이였다는것은 400년에 후연왕 모용희가 남소성까지 700리 땅을 처들어왔던 사실로 보아서 알수 있다. 즉 남소성(혼하, 소자하의 합류지점)까지 700 리를 들어오자면 후연군의 출발점은 의무려산서쪽 오늘의 부신부근으로 되지 않을수 없기때문이다.

※ 제 3 편 반침략투쟁 참조

14. 4 세기말 5 세기초 광개토왕시기의 령역 확대와 완정

광개토왕(통치년간 391~412 년)시기 고구려는 남쪽으로는 백제를 쳐서 오늘의 경기도 동북부, 충청북도 북부와 동부 지역을 더 많이 차지하였고 동남으로 소백산줄기계선에서 신라와 접하게 되였다. 또 동북쪽으로는 숙신을 쳐서 숙신족거주지역의 많은 부분을 속령으로 삼았다. 410 년에는 동부여가 조공하지 않으므로 국왕이 직접 군대를 이끌고 침으로써 그 항복을 받아내고 동부여를 속국화하였다. 서북쪽으로는 395 년에 거란족의 일부인 비려부를 쳐서 3 부락 6~700 영을 격파하고 오늘의 서료하일대를 속령으로 만들었다. 그리고 새로 점령한 지역의 질서를 세움으로써 고구려의 령토를 크게 확장하였다.

대릉하하류이서에 있던 후연과도 몇차례 싸워 그 침략기도를 타파하였으며 서북변방의 방어를 강화하였다. 이처럼 고구려는 단순히 령역을 확장하였을뿐아니라 점령지역에 대한 지배와 통제를 강화함으로써 국토완정을 기하였다. (이에 대해서는 Ⅳ 8, Ⅶ 13 참조)

광개도왕시기(391~412년)령도확장도

알아보기
- 광개도왕시기 새로 확장된 경계
- 광개도왕이전 경계
- ◉ 수도
- ○ 중요중심지

북부여

숙신

(송화)
(할빈)

고

동부여

비려

(장춘)(길림)

송화강

구

(성양)

(금주)

국내성

조선동해

련

평양성

해신라

(훈성)
신라
(경주)

제 가야

조선
남해

조선서해

15. 북부여의 변천과 고구려에 의한 그 옛 땅의 통합

4세기중엽 후부여(서쪽)의 종말과 관련하여 고구려가 곧 그 옛 땅을 수습, 통합하기 위한 대책을 세우고있을 때 후부여의 일부 주민들은 북으로 나하(那河, 눈강과 동류송화강의 서쪽부분을 가리킨 강이름)를 건너가서 그 지방주민들과 합세하여 부여국을 유지하였다. 이것이 《위서》, 《신당서》 등에 두막루(달말루)국의 전신이라고 한 북부여이다.

이 나라에 대한 기사내용은 《삼국지》, 《후한서》 부여전에 보이는 내용을 간략하게 써놓은것으로 보아서 즉 동으로 바다에까지 가며 령토의 넓이가 2,000 리나 되고 가장 평탄한 들판을 차지하고있다는 점, 주민들의 문화, 풍습도 부여와 같다는 점 등으로 보아서 부여의 후신인것은 틀림없다. 따라서 그 지배계급과 서부령역의 주민은 본래의 부여사람들이 기본이였다고 볼수 있다.

본래 고대부여이래로 오늘의 눈강중류이남 동류송화강상류지역의 문화는 백금보문화를 비롯한 부여의 고유문화였으며 북부여와 그것을 계승한 달말루(대막로)국이나 달말루(대막로)국의 일부인 오락후국의 문화도 기본적으로 그 문화의 계승발전이였다고 보인다. 다만 눈강류역의 일부에는 실위, 말갈 계통사람들이 와서 살고있었다고 인정된다.

그러나 이 북부여국은 그리 오래 가지 못하고 대략 460년대까지 존속되다가 왕국교체가 일어나고 여러 나라로 분렬된것 같다. 그것은 《위서》물길전에 의하면 5세기 70년대에 물길의 이웃에 대막로국이 있고 흥안령산줄기 동남 눈강류역에는 반독립적인 오락후국이 있었기때문이다. 물길의 동향으로 보아 그 세력이 강화된것이 북부여붕괴의 중요요인의 하나였다고 볼수 있다.

두막루(대막로, 달말루)국은 부여사람들을 기본주민으로 하는 나라로서 그 중심지역은 대체로 오늘의 하르빈부근-호란하(呼蘭河)류역이였다.*

* 발해때의 철리부지역에 해당한다.

오락후국은 후에 《오라혼》, 《오라호》 등으로 불리웠는데 《신당서》 흑수말갈전에 보이는 《월희》말갈과 어음상 공통성을 가지고있다. 그 위치는 도아하이북, 대흥안령산줄기동남지역에 해당한다.

오락후국사람들을 선비족의 한부분으로 보기도 하나 그것은 맞지 않는다고 본다. 후세에 실위, 돌궐, 말갈 등이 강화되여 그 영향하에 있게 된 이 지방의 주민구성에서는 상당히 많은 변화가 있었다고 인정되나 오락후국당시에 그 기본주민은 부여계주민이였다.

고구려가 강성하였을 때 실위족이 고구려의 철기를 수입해서 썼다고 하는것은 오락후(오라혼)지역까지도 고구려가 차지하였기때문에 가능하였다. 이것은 고구려가 대체로 6세기초중엽경까지에는 북으로 더 진출하여 구 북부여의 서북부지역까지도 다 자기의 령역으로 삼았다는것을 말하여준다.

오락후국, 두막루국 등이 5세기~6세기초경까지 중국 왕조들과 무역거래를 하다가 그후 소식이 중국측에 잘 알려지지 않게 된것은 고구려가 그 지역을 통합하였거나 그 왕래통로를 차단한것과 관련된것으로 볼수 있다. (Ⅷ 8 참고)

16. 고구려에 의한 삼국통일의 완성단계
(5세기말~6세기초엽)

위대한 령도자 **김정일**동지께서는 다음과 같이 지적하시였다.

《고구려는 **끊임없이** 밀려드는 외세의 침공을 물리치고 나라와 민족의 자주권을 굳건히 고수하였으며 삼국의 통일을 거의 완성단계에 올려세우고 광대한 령토를 차지하였습니다.》

고구려는 겨레와 강토를 하나로 만들기 위한 원대한 지향을 가지고 그것을 나라의 중요한 정책으로 내세우고 정력적으로 추진시켜왔다. 4세기중엽이후에도 조선반도 중남부에 있는 백제, 신라 등을 조만간에 통합하기 위한 남방진출을 계속하여 광개토왕통치시기에는 현저히 남으로 령역을 확대하였고 신라를 보호국으로 삼았으며 백제도 굴복시켰다.

5세기중엽에 와서 고구려의 남진에 위협을 느낀 신라는 고구려에 대한 의존정책을 바꾸게 되였으며 백제와의 관계를 개선하고 때로는 공동행동을 취하기도 하였다. 특히 백제는 고구려와 첨예하게 대립하면서 오래동안 교전상태에 있었다.

475년에 고구려의 장수왕은 백제에 대한 또 한차례의 타격을 주기 위하여 3만명의 병력으로 백제수도를 포위공격하여 함락시키고 개로왕을 죽이였다. 이때 신라는 백제를 지원하려고 하였으나 백제수도는 이미 함락된 다음이였으므로 신라군은 되돌아가고말았다.

지난 시기에는 475년의 백제수도성 함락사건과 관련하여 고구려가 아산만계선까지 크게 남진한것으로 오인하는 경향이 많았다.*

> * 오다 쇼고:《조선사대계, 상세사》(일문), 90페지
> 다께다 유끼오:《조선사》(세계각국사 17)(일문), 46~47페지
> 《조선전사》(3) 과학, 백과사전출판사, 주체 68(1979)년, 191~193페지 등

그러나《삼국사기》백제본기에는 고구려군은 비록 물러갔으나 수도가 파괴되여 다시 제구실을 할수 없으므로 웅진(공주)으로 옮긴것으로 되여있다. 또 그후 482년, 499년에도 백제 한산, 한(산)성에 대한 기사가 나오며 6세기초에도 한성관계 기사들이 나온다. 이로 보아 475년전쟁이 있은후 고구려는 한강이북의 대부분지역을 차지하였을뿐임을 알수 있다.

전쟁후 백제는 사태를 수습하고 다시 국력을 강화하여 488년과 490년에는 위나라의 수십만대군을 격파하였으며 503년에는 백제군이 수곡성(신계군 침교리)까지 다시 진출하였다. 이러한 형편에서 고구려는 신라와 백제를 각개격파하는 전략을 쓰게 되였다.

481년에 고구려는 먼저 지난날의 우호관계를 배반하고 백제를 적극 지원한 신라에 대한 응징작전을 진행하여 멀리 미질부성(경상북도 흥해)까지 진격하였다. 또 중부산간지대에서는 494년에 살수벌(충청북도 괴산군 청천면)에서 신라군을 격파하고 견아성(소백산줄기계선)을 포위하였다가 백제군이 래원하였으므로 철수하였다. 그러나 5세기말에 신라에 대한 징

벌작전은 크게 성공하여 고구려는 동해안지역과 중부산악지대에서 현저히 전진하였다.

그후에도 고구려는 백제, 신라와 여러차례 싸웠으나 큰 성과가 없었을뿐아니라 6세기초에는 백제가 더 북쪽으로 침입하는 사태까지 조성되였다. 이러한 정세에서 고구려는 신라와의 관계를 개선하고 신라로 하여금 중립을 지키도록 하면서 백제를 제압하는 정책을 쓰게 되였다. 그리하여 대략 504년경에 고구려는 동남방에서 삼척이북까지 철수하였으며 그 기회에 신라는 505년에 실직주(삼척)를 설치할수 있었다.

507년에 고구려는 백제의 한성을 공격하려고 출전하였고 512년에는 가불성과 원산성(충남 금산군 추부면 마전리)을 함락시켰는데 백제군의 반격으로 철수하였다. 523년에도 패수(례성강)계선에서 비교적 큰 전투를 벌렸으나 큰 성과는 없었다.

529년에 이르러 고구려는 백제에 대한 결정적공세를 이행하였다.

529년 10월에 고구려는 수군으로 백제의 혈성(강화도)를 함락시켰다. 쌍방이 미리 전쟁준비를 하고있던 참이라 백제의 좌평 연모는 도리여 3만의 병력으로 오곡벌(서흥지방)로 나와서 고구려군과 일대 조우전을 벌렸다. 그러나 백제군은 크게 패전하고 무질서하게 퇴각하였다. 고구려군은 오늘의 경기도 동부계선, 충청북도의 서쪽계선에서 여러 지점을 돌파하여 백제군의 퇴로를 차단하였으며 그 기회에 아산만계선까지 단숨에 진출하였다. 백제군은 미처 대오도 수습하지 못하였으며 전면적으로 무너졌다. 그리하여 고구려는 오늘의 아산—천안—청원—소백산줄기—삼척계선까지 진출함으로써 남쪽으로 최대 판도를 차지하였다. 이것은 고구려가 삼국통일위업을 거의 완성단계에까지 올려세웠다는것을 의미하였다.

※《고구려사》(1), 368~382페지

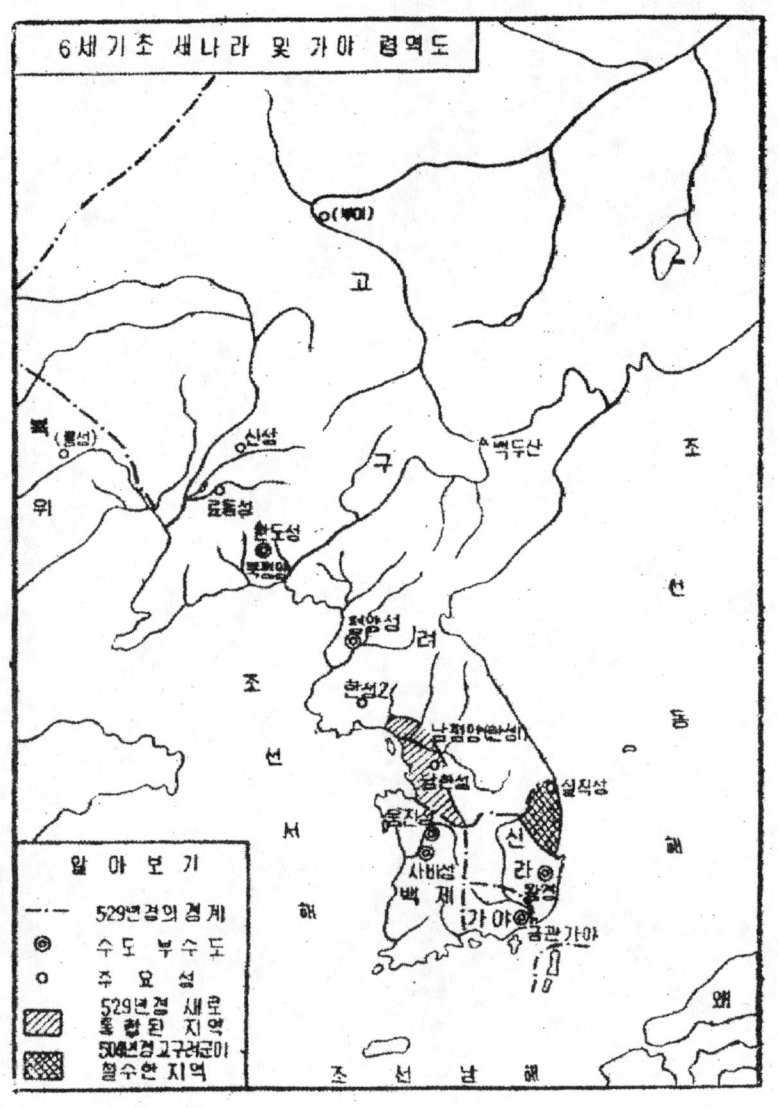

17. 6세기중엽 고구려 남부 및 동부 지역 정세의 변화

529년의 대승리이후 고구려는 새로 차지한 지역들에 통치질서를 세우면서 앞으로 통일위업을 완수해나갈 준비사업을 다그쳤다. 그러나 그후 고구려의 대내외정세는 복잡해졌다. 이상기후현상으로 보기 드문 큰물이 나고 전염병이 돌았으며 왕가물이 들고 흉년이 드는 일이 반복되였으며 통치계급내부의 권력쟁탈싸움도 있었고 북쪽에서는 돌궐이 강화되여 침습하기도 하였다.

백제는 이러한 기회를 리용하여 고구려의 남부지방에 침입하여 한때 한강이북 독산성(獨山城)을 차지하였다. 고구려는 548년에 독산성을 공격하였으나 신라군이 지원하러 왔으므로 목적을 이루지 못하였다. 그동안 신라는 백제의 영향하에 있던 가야나라들의 일부를 통합하였고 이것은 백제와의 관계를 긴장하게 하였으나 백제는 고구려를 반대하는데 힘을 넣으면서 신라와는 타협하고 제휴하는 정책을 계속 썼다.

550년초에 백제가 고구려의 도살성(충북 괴산군 도안면)을 함락시키고 고구려는 백제의 금현성(진천?)을 함락시켰을 때 신라는 두 나라의 군대가 다 피로해진 틈을 타서 군사들을 내보내여 이 두 성을 점령하였다. 그런데도 백제는 크게 문제시하지 않고 계속 신라와 손잡고 고구려를 반대하여 싸웠다.

이듬해에 고구려가 돌궐과의 싸움에 힘을 돌리고있는 틈을 리용하여 백제와 신라는 련합하여 고구려의 남부지방으로 쳐들어와서 백제는 한성(서울)을 포함한 6개 군 땅을, 신라는 고현(강원도 철령)까지의 10개 군 땅을 점령하였다. 그리하여 고구려는 남쪽에서 수백리를 후퇴하게 되였다. 신라는 553년 가을에 백제가 차지한 한강하류지역을 배신적으로 가로채여 신주를 설치하고도 고구려에 대해서는 더 침범하지 않겠다고 함으로써 고구려의 환심을 사려고 하였으며 554년에는 고구려군이 신라통제지역을 통과하여 백제의 웅진성을 칠수 있게 하였다. 그러나 이 전투에서 고구려군이 성과없이 돌아서고 또 신라의 배신행위에 분격한 백제의 성왕이 대가야와 합세하여 신라를 치다가 전사하자 신라는 더욱 기승을 부리면서 고구려에 대한 침공을 계속하였다. 그리하여 556년에는 고구려의 비렬홀(안변)을 차지하고 그후 동해안쪽으로 북상하여 리원지방까지 왔다. 신라의 진흥왕은 568년에 황초령과 마운령에 각각 순수비를 세웠다. 신라가 이처럼 동해안방면으로 깊이 쳐들어 온것은 고구려의 통일위업수행에 큰 난관을 조성하였다.

※ 《고구려사》(2) 과학백과사전종합출판사, 주체 86(1997)년, 117～122폐지

18. 6세기말엽～7세기중엽 국토 통일위업의 계속 추진

6세기중엽 신라, 백제의 북상으로 고구려는 남부의 적지 않은 령역을 잃었으나 새 평양(장안)성건설이 일정하게 진척되자 고구려는 다시 남쪽전선에 힘을 돌리게 되였으며 국토통

일위업을 계속 추진시키기 위하여 노력을 아끼지 않았다. 그것은 7세기중엽까지 고구려가 불리한 정세속에서도 여러차례 남진을 거듭하여 오늘의 청원-소백산줄기계선까지 나갔던 사실을 통하여 알수 있다.

지난 시기에는 550~560년대 신라의 북상이후 6세기후반기 지어는 7세기전반기까지도 신라가 오늘의 함경남도 리원계선까지 차지하고있었던것으로 잘못 리해하고있었다.*

* 다께다 유끼오:《조선사》(세계각국사 17)(일문), 77페지 지도 등

– 제 1 차 남진

《삼국사기》등에는 고구려가 언제 공세를 취하였는지 밝히지 못하고있으나 568년 10월에 신라가 북한산주(오늘의 서울)를 페지하고 남천주(리천)를 두었으며 또 비렬홀주를 페지하고 달홀주(고성)를 둔것은 고구려의 반격이 개시되여 북한산과 비렬홀이 너무 전선지대 가까이에 있게 되였기때문에 주소재지들을 보다 안전한 후방으로 후퇴시킨것을 말해준다. 또 572년에 전사한 군사들을 위하여 7일동안이나 절간에서 위령제행사를 벌린것은 10년 가까이 백제와의 전쟁이 없었던 조건에서 고구려와의 싸움에서 죽은자들을 《위안》하기 위한것이였다고 볼수 있다. 이러한 사실들은 560년대말에 고구려가 다시 오늘의 강원도북부계선까지의 지역을 수복하였다고 볼수 있게 한다.

– 제 2 차 남진

598년 고구려-수전쟁당시 백제는 수나라편을 들어 고구려의 동정을 살펴서 통보해주었다. 이에 격분한 고구려는 607년에 수군으로 백제의 송산성과 석두성(충청남도 당진군 송악면

한진리)를 공격하여 석두성을 함락시켰다. 또 신라통치배들이 608년(고구려 영양왕 19년, 신라 진평왕 30년)에 수나라에 고구려를 쳐줄것을 요청하는 국서를 보내는 망동을 부린것과 관련하여 신라북변의 우명산성 등을 쳤다.

이때 고구려의 온달장군은 아단성(을아단, 충청북도 단양군 영춘면)에까지 진격하였다가 눈먼 화살에 맞아 전사하였다. 이것으로 보아 2차 작전에서는 고구려군이 다시 수백리를 남하하였다는것을 알수 있다.

― 제 3 차 남진

612년 고구려―수전쟁이 일어나자 백제는 정세를 관망하면서 움직이지는 않았으나 신라통치배들은 다시 많은 무력을 내보내여 500리 땅을 차지하였다.

수나라의 침략을 물리친 다음 고구려는 다시 신라를 치고 잃은 땅을 되찾기 위한 군사행동을 벌리였다. 대략 620년대전반기에 고구려는 수차 신라에 대한 보복작전들을 벌리였다. 이 시기 고구려는 다시 랑비성(충청북도 청원군 북이면 부연리)일대까지 진출하였다. 바빠난 신라통치배들은 당나라에 구원을 요청하였으며 당나라통치배들은 주자사를 보내와서 신라를 치지 말것을 《권고》하였다. 당나라의 내정간섭을 반대하여 고구려의 영류왕은 강하게 반대하지 못하였고 신라를 치는것을 중단하였으나 중부산간지대에서는 소백산줄기에서 멀지 않은 지역까지 차지하고있었다. 그것은 629년에 신라군이 고구려의 랑비성을 함락시킨 사실을 통해서 알수 있다.

― 제 4 차 남진

631년부터 고구려는 서북방의 방어를 강화하기 위하여 료하동쪽제선에 천리장성을 축조하는 큰 공사를 벌리였으므로 얼마동안 남쪽방어에 큰 힘을 돌리지 못하고있었다. 이런 기회를 탄 신라는 다시 북상하여 637년에 우수주(춘천)를 설치하였다. (《삼국사기》 지리지)

이것은 남부지방에서 고구려가 그전에 쟁취하였던 전취물을 거의 다 잃어버렸다는것을 의미하였다. 이러한 사태를 그대로 방치해둘수 없었던 고구려는 638년에 새로운 공세를 취하였다.

638년에 동해안쪽에서 고구려는 비렬홀(안변)지역을 탈환하였다.(671년 설인귀에게 보낸 문무왕의 편지 참조)

같은해 10월에는 고구려군이 칠중성(경기도 파주군 적성면)을 공격하였다. 칠중성공격은 성공하지 못하였으나 이것은 서해안쪽으로도 고구려의 공세가 시작되였음을 의미한다.

639년에 신라가 하실라주를 북소경으로 개편한것은 동해안지역에 대한 통치를 강화하려는 목적을 추구한것이였으나 그것은 동시에 고구려의 남진에 대처한 방어책의 하나였다고 볼수 있다.

642년 겨울 연개소문의 정변이 있은 다음 고구려는 대당강경정책으로 넘어가면서 후방의 안전을 확보하기 위한 남방진출정책, 신라에 대한 억제정책을 강화하게 되였다. 또한 이와 관련하여 백제와 손잡고 신라에 대한 공동전선을 펴려고 노력하게 되였다.

642년 가을 백제의 공격으로 40여성을 빼앗긴 신라는 너무 급한 나머지 고구려에 후원을 요청하였으나 연개소문은 죽령이북의 땅을 다 내놓지 않으면 신라를 도와줄수 없다고 하였으며 신라사신으로 왔던 김춘추가 거짓말을 하고 귀국하는것을 추격하여 신라군과 싸웠고 또 백제와 련합하여 당항성(경기도 화성군 남양면)을 치려다가 중지하였다.

643년에 연개소문은 직접 군사를 거느리고 출전하여 오늘의 금강계선에 진출하였다. 충청북도 청원군 부용면 부강리에 개소문성이 있다는 사실은 그가 이무렵에 이 계선까지 진출하였던 사실의 반영으로 볼수 있다.

644년초에 당나라사신 상리현장이 와서 신라와의 전쟁을 중지할것을 《권고》하였을 때 연개소문은 전선에서 돌아와서 고구려의 단호한 립장 즉 신라가 차지한 500리 땅(죽령이북)을 다 내놓기전에 절대로 군사행동을 중지할수 없다는 립장을 다시 천명하였다.

― 제 5 차 남진

645년에 고구려―당전쟁이 벌어지자 신라는 백제의 공격으로 어려움을 겪고있었지만 당나라의 출전요구에 따라 3만명의 군사를 내보내여 고구려의 수구성 등지를 침공하였다. 647년 (진덕왕 원년) 2월에 신라가 우수주군주를 임명한것을 보면 중부지대에서도 신라가 다시 일정하게 북상하였다고 볼수 있다.

648년 당나라의 제 3 차 침공을 물리친 다음 645~655년에 고구려는 다시 신라에 대한 정벌작전을 벌렸다. 이듬해초까지 고구려는 백제와 합세하여 신라북방의 33성을 공격, 함락시켰다.

658년 3월에 신라가 하실라(강릉)는 지경이 《말갈》과 가까와서 사람들이 편안치 못하다 하여 경(북소경)을 페지하고 다시 주(도독)를 두었고 그 남쪽인 실직(삼척)을 북진(북방의 군사적거점)으로 삼은것은 고구려가 오늘의 고성, 양양일대까지 남하하였다는것을 중시하고있다.

660년 11월에 고구려가 칠중성을 공격하였고 이듬해 5월에는 술천성과 북한산성을 공격한것은 백제인민들의 투쟁을 지원한다는 목적도 있었으나 국토통일위업의 수행도 변함없는 중요한 목적으로 되고있었음을 말해준다.

이처럼 고구려는 국토통일위업을 이룩하기 위하여 6세기중엽이후에도 계속 완강히 투쟁하였으며 때로는 큰 성과를 거두기도 하였으나 안팎의 사정으로 하여 종시 그 위업을 실현하지 못하고말았다. 그것은 강대한 외래침략세력인 수, 당 침략자들의 계속되는 침공이 있었으며 그들과 련합한 신라통치배들의 배족적책동이 계속되였을뿐아니라 고구려국내에서도 통치층내부의 권력싸움으로 하여 나라의 방위체계, 통수체계가 마비되여 결국 망국의 비운을 겪게 되였기때문이였다.

※ 《고구려사》(2), 119~139 페지

19. 6세기 말갈족의 복속, 북방의 최대판도

고구려의 국토통일정책은 같은 겨레의 나라들을 하나로 통일하기 위한 정책이였으므로 북쪽으로도 부여의 옛 땅을 다 수복하는것이 기본과업이였다. 말갈(물길)족은 그 전신인 《숙신》, 《읍루》때부터 부여의 속령주민으로 되여있었으므로 부여 옛땅의 수복은 자연히 말갈족과의 관계를 제기하였을뿐아니라 후부여의 약화와 관련하여 말갈의 세력이 확대되고 고구려에 대한 침공행위도 자주 있게 되였으므로 고구려로서는 불가불 말갈족도 복속시키거나 침공하지 못하게 제압하지 않으면 국토완정과업을 수행할수가 없었다.

5세기중엽이후 동부여의 동북방에 있던 말갈족들은 점차 남쪽으로 이동하면서 동부여의 령역 깊이 들어오게 되였다. 504년에 북위에 갔던 고구려사신이 황금은 부여땅에서 나는것인데 지금은 물길에게 쫓기우는바가 되였다고 한것은 5세기중엽이후 말갈의 침공으로 부여(동부여)가 유명한 사금 산지들인 목단강하류류역 등지를 잃었던 사실을 보여준다. 말갈의 침공이 강화되자 자기 힘만으로써는 막을수 없게 된 동부여왕은 드디여 494년에 고구려에 나라를 바치고말았다. 이것은 동북방에서 고구려의 령역-직할지가 현저히 확대된 사실을 말해준다.

말갈족들은 동류송화강류역에서도 세력을 확대하였고 460년대에는 고구려의 10개 부락을 파괴하였다. 5세기 70년대에 북위에 간 말갈추장 을력지는 백제와의 협동으로 고구려를 치려는 비밀음모를 가지고있었으며 위나라도 거기에 합세해줄것을 요청하였으나 북위의 반대로 실현하지 못하였다. 당시 을력지가 떠난곳은 태로수(오늘의 도아하, 눈강지류)에서 동북으로 18일 로정이며 너비 3리(약 1,500메터)되는 속말수(동류송화강)가 있는곳이였으므로 오늘의 의란(삼강)부근이였다고 볼수 있다.

《수서》 등에 《말갈 7부》로서 속말부, 백돌부, 안거골부, 불녈부, 호실부, 흑수부, 백산부를 들고있으나 이것은 당나라 통치배들이 발해를 《말갈》로 외곡묘사하면서 말갈족이 아닌것도 포함시킨것이고 실지로는 고구려령역밖에 있었던 말갈족은 아직도 돌활촉을 쓰던 불녈부와 그 이동의 호실부, 흑수부 등이였을뿐이다. 이 불녈의 위치가 바로 목단강이동지역이며 그 서쪽은 본래의 부여국의 직할지였고 고구려땅으로 되였던것인데 여기에도 일부 말갈이 침입하게 된것이였다고 인정된다.

고구려는 479년에 연연과 협력하여 거란의 서북에 있던 지두우를 치려고 하였는데 이것은 북위로 가는 말갈의 통로를 차단하려는 목적도 추구한것이였다. 고구려는 또한 오락후국, 두막루국 등을 복속시킴으로써 물길의 서진을 막으려고 하였다.

그러나 그후에도 말갈(물길)사신이 거란과 싸우면서 거란의 서쪽지역을 우회하여 위나라로 갔다는것을 보면 말갈족의 일부는 눈강하류지역에까지도 옮겨와있었다고 볼수 있다. 이것이 이른바 《속말말갈》 등으로 불리웠던 말갈족들이였다.

이것은 고구려가 5세기후반기 6세기에 주로 남부전선에 힘을 넣고 북부에 대한 경략에 힘을 돌릴 사이가 없었던것과 관련되여 일어난 사태였다.

이러한 사태를 고구려의 서북방, 북방 변경지대가 말갈족으로 하여 안정되지 못하고있었음을 보여준다. 고구려는 말갈족의 침습을 물리치고 그들을 완전히 복속시키기 위한 결정적인 대책을 세우지 않을수 없었다. 사료의 부족으로 하여 고구려에 의한 말갈족의 구축, 복속 과정에 대하여 자세한것을 알수 없으나 6세기말까지 고구려는 여러차례 말갈족과 싸워 승리하였고 속말말갈추장 도지계(돌지계)는 1,000여가호를 데리고 수나라에 가서 투항하고 류성(조양)부근에서 살게 되였다.*

* 《수서》권 81 말갈전, 《구당서》권 199 하 말갈전, 고구려-수전쟁, 고구려-당전쟁 때 수, 당편에 서서 참전하였고 6세기말이후에 수, 당 나라에 조공하였다는 말갈은 바로 이 투항해간자들과 그 후손들이였다.

고구려에 의한 말갈족의 복속과정은 여러 단계를 거친것으로 생각된다. 그러나 가장 북쪽에 있던 흑수말갈의 북부(오늘의 흑룡강이북지방)까지도 통합한것은 대체로 6세기말경이였다고 볼수 있다. 그것은 590년대 이후로는 송화강류역이동의 말갈족이 중국 왕조들과 교통하지 못한 사실을 통하여 그리고 645년 고구려-당전쟁때 안시성전투에 참가한 북부흑수말갈출신 군대가 3,300명이상이 되였다는 사실을 통하여 알수 있다. 고구려가 598년에 료서에 진격할 때 말갈족군사 1만여명을 거느리고갔다는 사실은 이 시기 이전에 말갈족의 대부분을 복속시키고있었다는것을 보여주며 그 당시 또는 좀더 뒤에 흑룡강이북지역의 말갈족까지도 복종시켜 군사로 징모하였다는것을 보여주는것이다.

이상에서 본것처럼 고구려는 북방에서도 흑룡강중하류지역까지 자기의 령토로 삼았으며 북방령토를 완정하고 수, 당 침략을 반대하는 투쟁과 삼국통일을 위한 투쟁에 유리한 환경을 조성하였다.

지난 시기 일부 다른 나라 학자들은 고구려가 최대한 오늘의 장춘-농안-부여-북류송화강서쪽부근을 련결하는 계선이남만을 자기의 령역으로 삼고있은듯이 묘사하였다.* 이것은 우와 같이 력사적사실을 바로 보지 못한데서 생겨난 그릇된 견해이다.

* 《중국력사지도집》(4) 지도출판사, 1982년, 제23, 24도(진, 제두 시기)

20. 6～7세기 거란족의 복속, 서북방의 최대판도

지난 시기 일부 다른 나라 학자들은 고구려가 마지막시기까지 서북방으로는 기껏해서 료하하류계선까지만을 차지하고있은듯이 보았다.*

　　* 《중국력사지도집》(4) 제 23, 24 도

그러나 《통전》(권 186)에 의하면 고구려의 령역은 동서 6,000 리에 달하였으며 또 《북사》(권 94) 고구려전에 의하면 서쪽으로 료수를 건너 2,000 리의 땅을 차지하고있었다. 이것은 고구려가 6～7세기에 흑룡강하구로부터 대흥안령산줄기계선, 시라무렌강상류류역까지도 차지하고있었다는것을 말하여준다.

4세기말 광개토왕의 거란 비려부(필혈부)정벌이후 거란족의 일부는 고구려에 복속하였다. 479년에 고구려가 지두우를 치려고 한것을 보면 5세기말엽에도 오늘의 서료하, 신개하류역의 일부는 고구려의 속령으로 되여있었음을 알수 있다. 또 이무렵에 거란족의 일부가 차 3,000 대, 1만여명의 인구를 데리고 북위에 가붙어서 백랑수(대릉하)가에서 살게 된것은 고구려의 세력이 거란족들의 거주지들에 더 강하게 미치였음을 말해준다.

6세기초까지 대릉하하류북안인 만불당석굴은 북위의 땅이였다. 그러므로 5세기말 6세기초 고구려의 서북령역은 시라무렌강(하류), 교련하, 로합하류역의 일부까지 나갔다고 볼수 있다.

524년 이후 북위의 동북변에서는 농민폭동이 격렬하게 벌어지게 되고 만리장성이북의 북위의 주, 군, 현은 다 장성이남으로 쫓겨들어갔다. 이 시기 고구려는 대릉하하류류역에 진출하였다고 볼수 있다. 550년대에 돌궐의 세력이 급속히 강화되자 그 동쪽에 있던 거란족들은 고구려의 보호를 요청해왔다. 그들은 대체로 시라무렌강 중상류지방에 있었던 거란족의 일부 1만여가(호)였다.

6세기말 7세기초 고구려의 서북변은 오늘의 내몽고 호륜패이맹남부, 철리목맹, 소오달맹의 대부분지역에 이르고있었다. 동위(534~550년), 북제(550~579년)는 고구려와 대체로 좋은 관계를 맺고있었으므로 서북변방에서 큰 변화는 없었다.

557년에 성립된 북주(557~581년)는 577년에 북제를 멸망시키자 북제의 동북―오늘의 베이징북방, 료서지방에서 반항을 계속하던 고소의, 고보녕 등 북제의 잔여세력과 싸우면서 그들을 후원하는 립장에 있었던 고구려의 료서지방에도 침입하였다가 격퇴되였다.

581년에 성립된 수나라는 돌궐과 손잡고 583년에는 고보녕세력을 타도하자 고구려와 국경을 접하게 되였다. 수나라가 강해진것을 본 거란의 일부는 수나라와 무역관계를 맺게 되였다. 그러다가 589년에 수나라가 중국을 통일하자 590년대중엽에 거란의 별부 출복 등은 고구려를 배반하고 수나라에 가붙었으며 갈해나힐(대릉하상류)북쪽에서 살았다. 수나라는 당시 장성북쪽으로는 자그마한 지역밖에 가지고있지 않았으나 거란족이 래부하자 595년에 위충을 영주총관으로 임명하고 대릉하류역의 거란족에 대한 직접통치를 개시하였다.

이런 조건에서 고구려는 거란족들을 엄격히 통제하면서 수나라에 대한 강경정책을 실시하였고 598년에는 직접 군사들을 내보내여 수나라의 침략책동에 타격을 주었다.

이것을 구실로 수나라는 이해에 100만대군을 내보내여 고구려를 침공하였으나 참패당하였다.

605년에 수나라는 류성(조양)에서 고구려와 무역을 한다고 표방하고서 갑자기 그 서남방에 있던 거란족을 습격하여 4만명을 사로잡아 남자들은 다 죽이고 녀자들은 종으로 삼는 만행을 저질렀다.

612년전쟁전야까지 고구려는 거란족에 대한 통제를 강화하였다.

이런 점들로 보아 고구려의 서북변에서는 큰 변화가 없었다고 보인다.

다만 로합하류역에 있던 해족의 일부는 수나라와 고구려사이에서 동요하고있었고 시라무렌강상류의 거란족의 일부는 돌궐과 고구려사이에서 동요하고있었다.

612~614년 고구려-수전쟁 당시 수나라는 일시적으로 대릉하하류부근까지 차지하였으나 전후 고구려는 다시 서북변지대를 안정시켰다.

618년 당나라가 섰으나 당나라의 동북변도 수나라때와 큰 차이가 없었다.

그것은 644년에 당 태종이 고구려땅까지 2,000리 구간에는 당나라의 군현이 없었다고 한데서 알수 있다.(《구당서》권 79, 위정전)

당나라는 초기에 자기 내부사정으로 하여 고구려와 평화적관계를 맺고있었다.

그런데 오늘의 료서지방에는 거란족, 말갈족의 일부가 살고있었으며 이들은 당나라와도 래왕하면서 그 눈치를 보고있었다.

이 시기 고구려는 거란족, 해족 등의 거주지역에 《위락주》, 《사리주》, 《거단주》 등의 《기미주》형식의 속령들을 가지고있었다고 인정된다.*

> * 《신당서》지리지에 나오는 이 주들은 고구려의 옛 땅에 두려고 하였던 9 도독부의 일부인데 《위락주》는 해족이 살고있던 《요락수》류역에 둔것으로 보이며 또 《사리주》는 사리가 거란족의 벼슬이름이고 《거단주》는 거란의 표기가 《계단》이므로 이 두 주는 거란족거주지역에 두었던것으로 보인다.

물론 648 년에 거란, 해의 일부가 당나라에 가붙어서 당나라가 송막도독부, 요락도독부를 두었다고 하지만 650 년대의 고구려-당전쟁이 주로 토호진수(로합하)가에서 진행된것을 보아서 또 당나라가 고구려멸망후 그 옛 땅에 두려고 한 주이름들인것을 보아서 7 세기중엽까지도 이 지역은 기본적으로는 고구려의 속령이였다고 인정된다.

645 년 당나라가 고구려를 침공하였다가 참패하였을 때 연개소문장군은 만리장성을 넘어 유주(베이징)까지 당 태종을 추격하였다.

그러므로 이 시기 고구려는 만리장성부근까지의 지역을 통제하고있었다고 볼수 있다.

고구려말기까지 사라무렌강상류, 로합하중류일대가 고구려의 통제하에 있었다는것은 내몽고 림동현(파림좌익기)에 《고려성자》가 있었고 그 서쪽 소극사로(蘇克斜魯)산줄기에는 약 100 키로메터 길이의 《고려성》이, 다시 그 동북쪽 철리목맹 경계선에는 약 150 키로메터 길이의 《고려성》이 있으며 과이심우익중기(科尔心右翼中旗)의 돌천에도 《고려성》이 있었고 적봉 동남쪽에도 고구려 석성 3개소가 있었다는 사실 등으로 보아서 유적유물을 가지고서도 증명할수 있다.

그밖에도 료서지역에는 《고리》, 《고로》, 《귀루(구루-성)》 등 고구려와 관련된 지명이 적지 않다.

이것은 《통전》이나 《북사》의 기록이 결코 무근거한것이 아니라는것을 뚜렷이 확증해준다.

또 이것은 고구려가 멀리 서진하여 대륙으로부터 오는 침략위협을 미연에 막았다는것을 보여주고있다.

※ 《고구려사》(2) 99, 113~116, 135~138, 145~157, 187~200, 214~215, 325~329 페지 참조

Ⅳ. 고구려인민의 반침략투쟁

위대한 수령 **김일성**동지께서는 다음과 같이 교시하시였다.

《조선인민은 예로부터 침략자들이 쳐들어올 때마다 조국을 보위하는 성스러운 싸움에 한사람같이 일어나서 외래침략자들을 물리쳤으며 조국을 영웅적으로 방위하면서 반만년의 슬기로운 력사를 창조하였습니다.》(《김일성저작집》 1권, 228페지)

고구려인민들은 건국직후부터 주변에 있던 이족들의 침략을 물리쳤으며 특히 기원전 2세기말 고조선의 멸망이후 외래침략자들을 반대하는 투쟁을 줄기차게 벌려나감으로써 4세기 70년대에 이르러서는 고조선의 옛 땅을 수복하였고 그후 6~7세기에는 후조선때의 서부령역까지도 다 수복하였으며 그보다 더 서쪽으로 나가 침략세력이 고구려본토에 침입하지 못하도록 하였다. 북쪽에서도 동족의 나라 부여의 옛 땅을 통합하는 동시에 침략행위를 일삼던 말갈족을 복종시켰다. 그 과정에는 수십, 수백만의 침략자들을 물리치고 빛나는 승리를 거둔적도 한두번이 아니였다. 이렇게 함으로써 외적의 침습으로부터 나라와 민족의 안전을 튼튼히 보위하였다.

실로 고구려의 력사는 반침략조국보위의 투쟁의 력사로 일관되여있다.

지난 시기 봉건대국주의사가들은 중국 력대 국가들이 고조선, 고구려 등 우리 나라들을 침략한 사실은 《토벌》, 《정벌》 하였다고 쓰고 우리 인민의 정당한 방위전쟁, 해방전쟁을 두고 《침범》하였다느니 《적(도적)》이라느니 하면서 력사적사실을 외곡하였다. 그들은 또한 침략군이 패배한 사실을 될수록 감추고 쓰지 않거나 저들의 손실을 극력 줄여서 써놓았고 많은 무력을 내보내여 패배한것이 창피하다고 하여 침략무력의 규모도 줄여서 써놓았다.

조선의 봉건사대주의사가들도 중국사가들의 기록을 맹목적으로 옮겨 베껴놓는 일이 많았고 지어는 《침략》이니 《적》이니 하는 그릇된 용어들마저 무비판적으로 옮겨 베껴놓기까지 하였다.

일제어용사가들은 침략자들의 본성에 따라 조선민족을 렬등시하면서 중국봉건사가들의 용어를 그대로 답습하여 썼으며 중국측 기록만을 맹목적으로 믿으면서 력사적사실들을 전도하여 써놓았다.

조선인민의 반침략투쟁, 고국회복투쟁에 대한 력사외곡은 그들의 그릇된 관점과 립장에 의한 각종 외곡서술가운데서도 가장 엄중한 부류에 속한다.

오늘도 일부 다른 나라 학자들속에서는 고구려인민의 투쟁의 성격을 외곡하거나 낡은 봉건대국주의관점을 답습하는 현상들이 부분적으로 남아있다.

그러므로 고구려인민들의 정의의 반침략투쟁, 성스러운 조국보위투쟁을 력사적사실그대로 정확히 구명하고 바로 서술하는것은 여전히 중요한 과업으로 되고있다.

1. 전한의 침공을 반대한 투쟁
(기원전 2~1 세기)

　　기원전 109~108 년에 한나라(전한) 무제는 동방침략의 길에 나섰으며 먼저 고조선(만조선) 왕조를 멸망시키고 압록강류역 북쪽의 고조선땅을 강점하였으며 계속하여 고구려땅도 차지하여 현도군을 둘 목적으로 침략군을 내몰아 고구려의 서부지방으로 침입하였다. 그리하여 기원전 107 년에는 고구려의 서북지방 오늘의 료녕성 청원현, 신빈현의 일부 지방을 점령하고 현도군의 일부 현들을 두었다.(현도군을 비롯한《한 4 군》및 료동군의 위치 변동에 대해서는 Ⅷ 력사지리 참조)

　　전국후 2 백수십년이 되고 넓은 령토와 강한 무력을 가지고 있던 고구려가 전한의 침략을 제때에 반격하였으리라는것은 의심할바 없다. 기록이 남아있지 않으나 아마도 고구려는《고구려현》설치이후 오래지 않아서 그것을 서쪽 무순방면으로 쫓아버렸다고 보인다.*

　　　＊ 일부 연구자들은 신빈현 영릉가부근 등에 한식 토성이 있고 한식 토기, 기와 등이 보이므로 거기가 현도군 고구려현, 상은대현 또는 서개마현의 소재지였을것이라고 추측하고있으나 기와장이나 질그릇 몇개가 나왔다고 하여 현치로 되는것은 아니다. 고구려는 일찍부터 침략자들과 싸워 많은 한인포로들을 장악하고있었으므로 그들을 시켜서 그러한 물건들을 만든것이 남아있을수 있다. 대세로 보아서 한나라 군현이 고구려의 연나부, 제나부 등지로 깊이 들어올수는 없었을것이다.

　　그후 고구려는 고조선유민들의 반침략투쟁을 후원하면서 한

나라침략세력에 대하여 계속적인 타격을 가하였으며 기원전 82년에는 한나라로 하여금 진반, 림둔 2군을 《폐지》하지 않을수 없게 하였다. 기원전 76～75년에 한나라가 료동, 현도성을 쌓았다는것은 고조선유민들과 고구려인민들의 공격을 막기 위하여 오늘의 무순, 본계 동쪽의 산줄기를 리용한 새원방어시설을 쌓은것을 의미한다.

한나라 소제(기원전 86～74년)때 고취악기와 기인(악공)을 고구려에 보낸것은 고구려측의 공세를 약화시켜 보려는 유화정책의 표현이였을것이다.

※ 《고구려사》(1), 77～83페지

2. 신나라(9～23년)와의 전쟁

기원전 1세기후반기～기원 1세기초 고구려는 수도를 국내성으로 옮기는 등 자체내부에서 봉건적통치질서를 세우는데 주력하였으며 전한을 반대하는 투쟁은 일시 완화되였다고 보인다.

1세기초에 중국에서 외척인 왕망이 전한의 왕위를 찬탈하여 신나라를 세웠다. 기원 9년에 과대망상증에 걸린 왕망은 천하에는 한명의 왕만이 있을수 있다고 하면서 전한이 주변나라 통치자들에게 주었던 《왕새》(왕자가 새겨진 도장)를 회수하고 《후장》(후자가 새겨진 도장)을 그대신에 보내주는 놀음을 벌렸다.

고구려에는 신나라사신이 왔다는 기록이 아무데도 없다. 흉노 선우(통치자 칭호)는 왕망의 조치에 격분하여 신나라 북변지역을 들이쳤다. 왕망은 흉노와의 전쟁에 현도군안에 있던 구려사람들을 징발하려 하였으나 구려사람들은 이를 반대하여 새(새원)밖으로 나가 고구려땅으로 피신해왔으며 신나라 현도군을 들이쳤다. 신나라 일부 관리들이 그 책임을 고구려왕에게 넘겨씌우자 왕망은 고구려를 치라는 명령을 내렸다. 엄우를 비롯한 신나라 관리들은 그것이 사실이 아니라고 보고하였으나 왕망은 막무가내로 침공하라고 내리먹였다. 하는수 없게 된 엄우는 배신적방법으로 고구려장수 연비를 유인하여다가 그의 목을 베여 장안에 보냈더니 왕망은 크게 기뻐하면서 고구려왕을 《하구려후》로 부르도록 하라고 자기네 관료들에게 지시하였다. 이것은 고구려측의 반격을 더욱 크게 유발하는 결과를 가져왔다. 이 사실자체가 당시 고구려왕이 신나라의 도장을 받은 일도 없고 또 자기 왕호를 바꾼적도 없다는것을 증명해준다.

고구려는 기원 14년에 새원을 넘어 현도군《고구려현》을 쳐서 함락시켰으며 서남으로는 황룡국, 안평국을 통합하고 신나라 료동군 무차현 등지를 점령하였다. 《후한서》군국지에 무차현이 보이지 않는것은 후한초기이전에 이미 그것이 폐지되고 없었기때문이다.

사실이 이러함에도 불구하고 일제사가들은 고구려가 왕망때부터 현도군의 명령을 받들지 않았다느니 또는 그무렵부터 후국으로 되였다느니 하면서 사실을 외곡하였다.* 이것은 심한 력사위조행위이다.

  * 오다 쇼고: 《조선사대계·상세사》(일문), 64페지
  ※ 《고구려사》(1), 87~91페지

3. 고구려-후한전쟁(28～172년)

후한(23～220년)은 전한왕실출신의 류수가 왕망을 꺼꾸러뜨리고 세운 왕조이지만 고구려를 비롯한 동방에 대한 침략책동은 변함없이 추구하였다. 그리하여 후한침략세력을 반대한 투쟁은 계속되였으며 28년, 49년, 105년, 111년, 118년, 121～122년, 146년, 168～169년, 172년 등 여러차례에 걸쳐 후한과의 전쟁이 벌어지게 되였다.

이에 대해서도 지난 시기에는 고구려의 투쟁으로 묘사된 자료만을 인정하고 예맥으로 표기된것은 제외하기도 하고 선비와의 련합투쟁도 홀시하였으며 부여와의 관계가 시기에 따라 변동된 사실에 대하여서도 유기적인 련관속에서 보지 못하였다.

28년에 있은 후한 료동태수 지휘하의 수만명 대군의 침공과 위나암성 방어전투는 바로 그 이전 고구려가 현도군, 료동군의 동변에 쳐들어가 후한측에 큰 타격을 준데 대한 《보복》으로 후한이 벌린 싸움이였으나 그들은 아무런 《성과》도 없이 쫓겨갔다.

47년에 후한이 고구려의 잠지락부 대가 대승의 락랑군에로의 투항을 받아들인데 대한 보복으로 고구려는 49년에 선비와의 련합으로 일대 기동작전을 벌려 멀리 태원(산서성)까지 쳐들어갔고 55년에는 료서지방에 10개 성을 쌓아서 서변방위를 강화하였다.

이무렵 료동태수 채동은 선비족의 우두머리 편하에게 재물을 많이 주어 흉노와 오환을 치게 함으로써 평화를 보장하였다고 《후한서》에는 씌여있으나 그것은 과장에 불과하다.

일본사가들은 《후한서》에도 나오고 《삼국사기》에도 나오는 고구려군의 태원진격을 무시하고 인정조차 하지 않았다.* 이것은 그들이 얼마나 고구려의 지위와 역할을 내려깎으려고 광분하고있는가를 잘 보여준다.

* 이마니시 류: 《조선사의 간》, 86 페지
오다 쇼고: 《조선사대계·상세사》, 68 페지
다께다 유끼오: 《조선사》(세계각국사 17), 30 페지

그들은 중국책에 《맥인》으로 되였으니 고구려가 공격했다고는 볼수 없다는 구실을 대겠지만 이 시기 중국기록에 나오는 《맥》, 《예맥》은 틀림없는 고구려이다. 그것은 기원 12 년경과 105 년에 있은 고구려의 공격도 《맥인》의 공격으로 쓰기도 한데서도 명백한것이다.

105 년(태조대왕 53 년)에 고구려는 료동군의 6 개 현을 함락시키고 많은 사람과 물자를 빼앗아왔다. 중국 기록에는 료동태수 경기가 고구려군을 격파하고 그 장수를 죽였다고 하였으나 그것은 과장기사이다. 105년의 공격으로 하여 후한은 큰 타격을 받고 현도군 고구려현을 무순으로부터 심양북방으로 옮겼으며 다른 두 현도 후퇴시켰다. 또 106 년에는 료동군소속이던 고현, 후성, 료양의 3 개 현을 떼내여 현도군관할하에 넘겨주는 보강조치를 취하지 않을수 없었다.

74 년(태조대왕 25 년)경부터 고구려는 부여와의 관계를 개선하여 공동으로 후한의 침공에 대비하였으며 111 년에는 (후) 부여왕 시가 거느리는 군대를 고구려령역을 지나서 료동군 남쪽의 락랑군에 쳐들어가도록 방조하여주었다. 이것은 부여와의 반한공동행동이였다. 왜냐하면 그해에 고구려는 현도군을

들이쳤기때문이다.

118년에 고구려군이 《예맥》(조선반도중부에 있던 주민들) 군사들과 함께 현도군, 화려성(락랑군소속)을 들이치자 그에 대한 앙갚음으로 후한의 유주무력이 121년에 고구려를 침공하였다. 그러나 고구려는 적의 침공을 저지시켰을뿐아니라 거꾸로 료동, 현도 2군안으로 깊이 쳐들어갔다. 이때도 고구려는 선비족과의 협동작전을 벌렸다.

121년 겨울에 고구려군이 《마한》, 《예맥》 기병 1만여명으로 현도군을 공격했을 때 후부여는 갑자기 립장을 바꾸어 후한을 지원하였다. 이것은 그해에 고구려왕이 옛 부여중심지역에 가서 태후묘(고구려시조의 어머니 류화의 사당)에 제사지내고 숙신족의 공납을 받아들인것을 본 부여통치자들이 고구려의 지나친 강화가 자기에게 위험으로 된다고 본것과 관련이 있었다.

146년에 고구려는 료동군 서안평현을 공격하여 마침 그곳에 와있던 대방현령을 죽이고 락랑태수의 처자를 사로잡았다. 이 사건의 시기를 두고 《후한서》 등 중국사서들에는 질·환사이(146~167년)이라고 막연하게 표현하였으나 《삼국사기》에는 146년 8월이라고 찍어놓았다.

당시 서안평현은 압록강하구근처에 있었던것이 아니라 료양동남 마천령산줄기계선(오늘의 안평팡산부근)에 옮겨가있었던것으로 인정된다. 그것은 1세기초경에 벌써 고구려가 압록강하구일대까지 차지하였으며 236년에 오나라사신이 올 때에도 《안평구》를 통하여 왔기때문이다. 그사이에 어떤 군사행동도 있었다는 기록이 쌍방의 사서들에 보이지 않는 조건에서 달리는 해석할수 없는것이다. 지난 시기 락랑군이 조선반도안에 있었다고 보는 학자들은 락랑태수의 가족과 대방현령이 락랑군으로 가는 도중에 압록강구부근의 서안평현에 들렸다가 《봉변》을 당한것으로 보았으나 락랑군, 대방군이 료동반도서남에 있었던것만큼 그러한 견해는 잘못이다. 그들이 무슨 리유로 서안평현에 와있었는지 알수 없으나 서안평현에 일가친척이 있어서 방문하러 왔을수도 있기때문에 그것은 큰 문제로 될수 없다.

168～169년에 고구려는 후한을 반대하는 군사행동을 다시 한번 벌리였다. 《삼국사기》에는 168년조에 현도태수 경림이 침공하여 아군 수백명을 죽였으므로 고구려왕이 료동군에 《투항하여 소속》되였다고 써놓았다.* 이것은 《후한서》 고구려전에 169년에 있었다는 사건을 그대로 옮겨놓은것이다. 1년의 차이가 나는것은 《삼국사기》가 189년에 있은 공손도와의 협동작전을 잘못하여 20년전인 169년에 있었던 사건으로 정리해놓은것과 관련이 있다.

* 《삼국지》고구려전에는 료동군에 속했다고 하였으며 희평년간 (172～177년)에 다시 현도군에 속했다고 썼다. 이것은 《후한서》 고구려전에 169년에 현도군에 속했다고 쓴것을 시정한 기사이며 당시의 형세로 보아도 현도군과의 관계가 악화된 조건에서 료동군과의 무역관계를 맺게 된것은 있을수 있는 일로 된다.

사실은 168년에 고구려가 선비와 함께 유주, 병주(산서성)를 들이쳤기때문에 이듬해에 현도태수의 《보복》침공이 있었던것이고 또 료동군에 《항속》하였다는것은 료동군과의 화의가 성립되여 료동군을 통하여 무역을 하게 된것을 외곡하여 써놓은것이다. 수백명 정도의 인원이 죽었다해서 항복할 고구려가 아니며 따라서 필경 이것은 고구려측이 자기 필요에 의해서 료동군과의 관계를 개선하여 평화적관계를 수립했다는것을 대국주의적필법으로 써놓은것이다.

또한 여기서 중요한것은 고구려가 후한측의 침략, 강점이 계속되는 조건에서 49년에 그러했던것처럼 선비와 협력하여 멀리 하북성, 산서성 일대까지 큰 원정을 조직하여 타격을 주었다는것이다. 《삼국사기》가 기록이 간단하고 또 《예맥》으로 표현되였기때문에 그것을 고구려가 아닌것으로 간주하여 고구려사에서 빼놓은것은 잘못이다. 167년에 부여왕 부태가 현도군에 쳐들어갔으니 168년 《예맥》도 부여라고 생각할수 있으나 이 《예맥》은 분명히 고구려이다. 그것은 169년에 후한이 고구려를 침공한것으로 보아서 알수 있다.

고구려의 유, 병 2주 공격은 당시의 동북아시아력사에서 중요사변의 하나였다.

172년(신대왕 8년) 11월에 후한의 대군이 쳐들어왔다가 좌원에서 대참패를 당한 사실은 《삼국사기》에만 실려있고 후한측 기록에는 전혀 보이지 않는다. 이것을 구실로 하여 일본사가들은 172년전쟁을 근본적으로 인정조차 하지 않았다.[*1]

그러나 이것은 틀림없이 실제로 있었던 큰 사변이였다. 왜냐하면 《삼국사기》의 기록은 고구려 국상 명림답부가 활동한 사실을 상당히 자세히 써놓았기때문이다. 즉 전승후 그에게 좌원과 질산을 식읍으로 주었다는 사실과 함께 179년에 그가 죽어서 질산에 무덤을 크게 꾸리고 묘지기 20호를 두었던 사실도 명백히 기록함으로써 명림답부의 생애와 활동에 대하여 매우 구체적으로 쓰고있기때문이다.

이때 침입한 한나라군대는 아마도 료동태수휘하의 군대였을것이다. 204년에도 료동태수 공손강의 군대를 같은 좌원땅에서 크게 격파한 일이 있기때문에 그렇게 추측할수 있다. 또 172년이후에 고구려가 현도군과 다시 관계를 맺게 되였다고 한 《삼국지》고구려전의 기사를 보면 료동군과의 관계가 악화되였기때문에 다시 현도군과의 관계를 개선하게 되였다고도 볼수 있다.

172년 좌원전투에서 고구려가 승리한후 후한은 근 20년간 침략의 마수를 뻗치지 못하고있었는데 이것은 좌원전투승리의 중요한 성과였다고 말할수 있다.

이상 후한의 침공을 반대한 투쟁에서 고구려는 그때그때 능숙한 전략전술을 적용하고 후한 군현, 유주와의 관계를 주동적으로 조절하면서 그 침략기도를 매번 성과적으로 분쇄하고 서북변방에서 현저하게 령역을 확장하고 나라의 안전을 믿음직하게 지켰다.

지난 시기 일제사가들을 비롯한 부르죠아사가들이 168~169년전쟁, 172년전쟁을 외곡 또는 무시하고[2] 력사적사실을 있는 그대로 정확히 쓰지 못한것은 중국측 기록에 구애되여 고구려가 강대한 자주적인 국가라는것을 똑바로 인식하지 못한데 그 원인이 있었다.

    [1], [2] 이마니시: 전게서, 86~87 페지, 오다: 전게서, 65 페지, 다께다: 전게서, 30 페지

  ※ 고구려사(1) 1~96, 109~131 페지

4. 공손세력의 침공을 반대한 투쟁
    (2세기말 3세기초)

 2세기말엽 후한의 정치정세는 크게 혼란되였고 정권싸움이 계속되던 끝에 189년에 동탁이 권력을 장악하자 료동지방의 하급아전출신인 공손도는 추천을 받아 료동태수로 임명되였다. 공손도가 료동에 오자 그 지방의 유력한자들은 문벌이 낮은 그를 멸시하다가 100여호가 전멸을 당하였다. 공손도는 후한 내부정세가 어지러운 틈을 타서 료동지방을 가로타고앉아 반독립적인 세력으로 자라 전횡을 일삼았다.

 189년에 그는 부산(富山)에 거점을 둔 《적》을 치기 위하여 고구려와 협동할것을 제기해왔으므로 대가인 우거와 주부인 연인을 보내여 공동으로 《부산적》을 격파하였다.

 그후 197년(산상왕 1년)에 고국천왕이 죽은후 둘째아우 연우(이이모)가 왕위를 이은 사건이 발생하자 첫째아우 발기는 자신이 왕위를 차지하지 못한것을 분하게 여겨 공손도에게 가서 원조를 요청하였다. 본래 고구려를 침공할 기회를 엿보고있던 공손도는 이 기회에 3만명의 무력을 내보내여 고구려를 침공하게 하였다. 그러나 고국천왕의 셋째아우인 계수가 거느린 고구려군의 반격으로 크게 패하였고 조국을 반역하는 길에 들어섰던 발기는 계수의 규탄을 받자 부끄러운 나머지 배천가에서 자살하고말았다.

 이 발기사건은 《삼국사기》 산상왕 즉위년조에 자세히 기록되였다. 그런데 《삼국사기》의 편찬자는 무슨 착오를 일으켜 같은 발기사건을 179년(고국원왕 즉위년)조에도 2중으로 써놓았다.

그것은 《삼국지》에 발기를 백고(신대왕)의 맏아들로 써놓고 발기가 공손강(공손도의 아들)에게로 가서 원조를 요청하였으며 전쟁이후 발기는 비류수가에서 살고있었던것으로 써놓은것을 보고 2 중으로 기록해놓은것이다. 이 잘못은 189 년에 있은 공손도와의 공동작전을 20 년전인 169 년으로 또 204 년 공손강과 싸운 사실은 184 년으로 그릇되게 써놓은 원인으로 되였다고 생각된다. 사실은 그런것이 아니라 신대왕의 맏아들은 고국천왕이고 발기는 둘째아들로서 발기사건은 197 년에 일어났던것이다.

일제어용사가들은 다 《삼국지》의 기록을 맹목적으로 믿으면서 그 오유를 반복하였으며 2 세기말 3 세기초까지도 고구려의 수도는 비류수(혼강)가인 환인지방에 있었고 거기서 발기가 세력을 부식하고있었으므로 산상왕(연우―이이모)은 새 수도를 환도산아래(그들은 오늘의 집안시라고 본다)에 정했다고 하였다. 그것은 오늘날까지도 일본학계 등에서 심각한 후과를 남기고있다. 그들은 지어는 고국천왕은 실지로는 없었는데 후세에 만들어놓은 왕이라고까지 주장하고있다.*

  * 다께다 유끼오: 《고구려사와 동아시아》, 302 페지
  《조선사》(세계각국사 17), 30~31 페지

《삼국지》기록의 잘못은 공손강이 고구려를 공격하여 그 수도를 파괴하자 발기가 공손강에게로 가서 투항했으며 되돌아와서 비류수가에서 살다가 료동으로 가고 그의 아들 고추가 고구려국에 남아있었다, 또 그가 비류수가에 와서 살았기때문에 이이모(산상왕)는 다시 《신국》(새 수도)를 만들었는데 그곳이 지금(3 세기중엽) 고구려왕이 있는곳이다 라고 써놓은것

이다. 공손강은 204년에 료동태수로 되였고 그는 같은 해에 고구려를 침공하였으나 또다시 좌원땅에서 벌어진 격전끝에 수많은 주검을 내고 쫓기여갔다. [《삼국사기》고국천왕 6년 (184)조. 이 기사는 20년 앞당겨진것]

고국천왕은 179년에, 산상왕은 197년에 각각 즉위하였으니 발기사건은 공손강과는 관계가 없고 공손도가 료동태수로 있었던 때의 일이 되지 않을수 없다. 그러므로 그렇게 쓴 《삼국사기》 산상왕즉위년조의 기사가 옳으며 고국천왕조에 보이는 공손강 관계기사는 있을수 없는 거짓기사인것이다.

그리고 고구려는 이미 류리왕 22년(기원 3년)에 국내(집안)로 수도를 옮겼으며 위나암성(산성자산성)도 그때 이미 쌓았던것이며 고구려가 198년에 환도성을 쌓았고 209년에 거기로 수도를 옮긴것은 바로 발기 및 공손씨와 결탁한 연나부귀족들의 세력을 제압하고 또 공손세력을 반대하고 서북으로 더 한충 진출하기 위한 적극적인 대책으로 취한 조치였던것이다.

환도의 위치가 집안의 서쪽 110키로메터 지점이라는 사실 (Ⅷ 력사지리 참조) 하나만 보더라도 일본학자들의 견해가 무근거한 망단에 기초한것임을 알고도 남는다.

※ 《고구려사》(1), 131~143페지

5. 위나라(조위)의 침략을 반대한 고구려의 투쟁

지난 시기 일제어용사가들은 고구려-위전쟁의 기간(시기) 문제, 전쟁의 원인과 경과, 결과 문제에서 역시 중국측 기록을 맹목적으로 믿으면서 그릇된 결론을 도출하였다. 우선 전쟁의 원인에 대하여 그들은 고구려가 먼저 242년에 료동군 서안평현에 침입하였기때문에 전쟁이 일어났다고 보았고 전쟁경위에 대해서도 245년(정시 6년)에 관구검이 환도(집안으로 보고)를 함락시킨것으로, 그때 소위 《기공비》를 세운것으로 보았으며 고구려군의 전투승리에 대해서는 무시하고 패전만을 강조하였다. 또 고구려의 동천왕이 위나라 장수 왕기의 추격을 받아 멀리 북옥저-숙신계선까지 후퇴한것으로 썼으며 또 락랑, 대방 2군 태수가 오늘의 원산부근까지 쳐들어온것으로 묘사하는 등 허튼 소리들을 늘어놓았다.* 그 후파는 오늘날까지 일본을 비롯한 다른 나라 학계에서 적지 않게 계승되여 력사적사실을 심히 외곡하는 현상이 그치지 않고있다.

* 이마니시: 전게서, 88페지
　오다: 전게서, 72페지
　다께다: 《조선사》(세계각국사 17), 31페지

고구려-위전쟁의 원인은 238년 공손연에 대한 협동공격작전이후 위나라 통치배들이 배신적으로 전과를 독차지하고 고구려에 대해서는 아무것도 주지 않은데 대한 응징으로 고구려가 239년이후 위나라에 대한 공세를 벌린데 있다. 이것은 고조선의 옛 땅 수복을 중요정책으로 내세우고있던 고구려로서는 너무도 당연한 반격이였으며 정의의 해방전쟁이였다. 그러므로 고구려가 무도하게 먼저 공격했다는 식의 필법은 그 출발전제부터가 잘못된것이다.

전쟁은 239년부터 246년까지 여러 단계를 거쳐서 진행되였다.

239년부터 전쟁이 이미 시작되였다는것은 239년 6월과 240년 2월에 료동군 동답현, 문현, 북풍현의 관리들과 백성들이 바다건너 산동지방으로 피난하여갔다는 사실을 통하여 알수 있다. 이것은 양평성(료양)의 남쪽과 북쪽에서 고구려군이 공격하였다는것을 보여준다. 그것은 자연재해로 하여 관리들까지 피난간다는것은 있을수 없고 오직 전쟁란리를 피하는 경우에만 그런 현상이 있을수 있기때문이다.

242년의 서안평에 대한 공격은 일단 철수한 고구려군이 력량을 집중하여 서안평현을 점령하였음을 의미한다. 금석문에 의하면 244년에도 고구려는 료동군을 들이쳤다.

245년 5월에 위나라 유주자사 관구검은 부하들을 시켜 다시 고구려를 치게 하였는데 적군은 수도가까이까지 침공하였으나 격퇴되고말았다.

이렇게 되자 관구검은 246년 2월에 직접 대군을 이끌고 침입해왔고 고구려군의 방어로 오래동안 전진하지 못하다가 8월에야 비류수가에 도달하였다. 비류수가의 전투에서 3,000여명의 병력을 손실당한 위나라군은 퇴각하다가 량맥골짜기에서 또 3,000명을 잃었다. 이때 고구려의 동천왕은 적의 전투력을 과소평가하고 보병의 협동없이 기병 5,000명을 내보냈다가 위나라군의 방진전술에 걸려 실패하고 퇴각하였다. 이로 인하여 전황은 뒤바뀌고 동천왕은 압록원으로 후퇴하였으며 10월에는 환도성이 함락되였다. 그러고도 위나라군의 추격으로 왕은 옥저땅으로 후퇴하였으며 어려운 고비를 여러차례 겪게 되였다.

그러나 고구려군은 대오를 정비하고 세 방면으로 역습을 들이댐으로써 위나라 추격군이 부득불 락랑국 방면으로 퇴각하게 하였다. 그것은 위나라 2군 태수가 락랑국, 대방국 지역을 경유하여 동예를 치러 나왔기때문에 그들이 철령부근까지 와 있었고 그 소식을 안 불내후 등이 투항하였기에 락랑국쪽으로 도망칠수 있었기때문이다.

《삼국지》에는 이때 위나라군대가 옥저땅을 다 지나서 숙신지경에까지 추격한것으로 써놓았으나 위나라군은 서쪽으로 빠져달아났으므로 그런 일은 있을수 없다. 이것은 245년에 위나라장수 왕기가 부여로 가서 그 지원밑에 북쪽으로부터도 고구려를 공격하려고 했으나 천고밀림들을 헤매다가 되돌아간 사실을 결부시켜 써놓은것일따름이다. 유주자사 관구검은 《환도산을 깎고 글을 새겼으며 불내성벽에 글을 새겼다.》고 하였으나 그것은 일시적인 일이고 인차 고구려군의 반격으로 패퇴하였으며 조선반도중부로 침입했던 위나라군대도 쫓겨나고말았다. 이때 위나라편을 들었던 락랑국, 대방국은 그 령토의 적지 않은 부분을 상실하였다. 이 전쟁에서 전투인원의 손실은 위나라측이 훨씬 더 많았다.

결국 고구려—위전쟁은 일시적인 우여곡절은 있었으나 고구려의 큰 승리로 끝났던것이다. 그러므로 이 전쟁에서 고구려가 패했다고 보는 견해는 부당한것이다.

1906년에 집안 서쪽 소판차령에서 발견되였다는 석각 단편 (26.5×26 센치메터)은 얇은 석판으로서 그것을 복구하여도 얼마 크지 않은 석각이다. 이것을 《관구검의 기공비》라고 보는 사람들이 적지 않으며 그것이 집안부근에서 나왔으니 환도성도 산성자산성이라고 보기도 하나 그것은 관구검전에 나오는 《환도산을 깎았다.》는 말과 맞지 않는다. 이 석각은 245년에 침입하였던 관구검의 부하들이 만든것에 지나지 않는다.

위나라는 그후 259년에도 울지해의 지휘밑에 침범했다가 량맥골짜기에서 8,000명을 상실하는 참패를 당하고 쫓겨갔다. 이에 대해서도 일제사가들은 중국기록에 없다 하여 부정하였으나 그것은 그릇된 관점의 산물이다.

※ 《고구려사》(1), 147～151페지

6. 모용선비(전연)의 침략을 반대한 투쟁

3세기말부터 근 1세기동안 고구려의 국토통합투쟁에서 큰 장애물로 된것은 료하중류지방에서 새로 대두한 모용선비의 침략세력이였다.

모용선비족은 동족의 나라 후부여(서쪽부여)를 침공하여 결국 후부여를 멸망시켰으며 고구려에도 여러차례 침공하였고 또 동진을 대신하여 료동지방을 차지함으로써 고조선의 옛 땅을 수복하기 위한 고구려의 서진을 오래동안 방해하였다. 지난 시기 고구려-모용선비(전연)관계도 극히 소략하게 취급하였고 또 342년전쟁에 대해서도 고구려측의 피해만을 일방적으로 강조하였다.

그리고 당시의 수도위치문제에 대해서도 제멋대로 해석하여 342년의 환도성 이도기사, 평양동황성 이도기사도 부정하였다.*

* 오다 쇼고: 《조선사대계·상세사》, 75～76페지 등

그러므로 《삼국사기》를 비롯한 우리의 옛 기록이 정확하다는것을 확증할 필요가 있다. 285년에 선비추장 모용외는 후부여를 공격하여 그 수도를 파괴하였고 후부여왕실의 일부는 피

난하여 동부여를 세웠다. 293년에 모용외는 고구려의 서북변방에 침입하였다가 고구려의 신성재 고노자의 반격으로 쫓겨갔고 296년에는 고국원(환도성부근)으로 침입하여 서천왕릉을 도굴하다가 쫓겨갔다.

그후 고구려가 313년에 락랑군, 314년에 대방군, 315년에 현도군을 각각 공격하자 료동지방의 동진세력은 보잘것없는것으로 약화되였다.

그러나 319년에 있은 우문선비, 단선비와의 싸움에서 승리한 모용외는 료동군지역까지도 차지하였다. 이로써 고구려의 료동지역 수복계획은 좌절되였다.

이러한 정세에서 고구려는 후조(석조)와 손잡기 위하여 노력하기도 하고 모용선비의 내부분쟁으로 피신해온 동수, 곽충등을 받아들이기도 하였다. 333년에 집권한 모용황은 337년에는 정식으로 연왕을 자칭하였으며 339년에는 신성(무순)부근까지 침입해왔다.

전연의 침략에 대처하여 고구려는 342년 2월에 환도성과 국내성을 보수하였으며 8월에는 고국원왕이 환도성에 나가있었다.

이해에 모용황도 룡성(조양부근)으로 천도하면서 고구려에 대한 대규모침공을 감행하였다. 모용황은 1만 5,000명을 길이 평탄한 북도로 내보내고 자신은 4만명의 정예군을 거느리고 길이 험한 남도로 쳐들어왔다. 고구려의 고국원왕은 적의 기본력량이 북도로 들어오리라고 타산하여 정예로운 군사 5만명을 북도로 내보내고 자신은 전투력이 약한 군사들 1만여명을 거느리고 남도를 막았다. 이렇게 적군의 작전기도를 잘못 판단한 결과 북도에서는 적군 1만 5,000명을 전멸시켰으나 남도에서는 고구려군이 패배하여 림시수도 환도성이 함락되였다. 북도의 고구려군이 되돌아서게 되자 모용황은 비렬하게도 미천왕의 시신을 훔쳐갔고 왕의 어머니를 비롯한 인민들을 대량적으로 강제련행하여 달아났다.

고구려는 북도에서 승리한 5만명의 무력을 가지고 얼마든지 전연침략군을 추격할수 있었다.

그러나 봉건도덕상 부왕의 시신이 략탈당하고 어머니마저 랍치된 조건에서 그렇게 하지 못한 고국원왕은 자신을 낮추면서 모용황에게 요청하여 이듬해에 시신을 찾아왔다. 그러나 간악한 모용황은 그후에도 태후(왕모)를 10여년씩이나 붙들어두면서 고구려가 굽어들것을 요구하였다. 그리하여 그후 20여년간 고구려는 은인자중하면서 보복의 기회를 기다리지 않으면 안되였다.

※ 《고구려사》(1), 158～160, 166～172 페지

7. 전연과의 대결과 고구려의 유주진출
   (343～376년)

고구려는 전연에 대한 보복을 위하여 적극적인 준비를 갖추어나갔다. 343년에 국왕은 림시로 거처를 평양동황성(청암리성 동쪽 고방산성과 청호동토성 일대)으로 옮기고 남방의 경제문화발전을 다그쳐나감으로써 무기와 군수물자를 마련하였다. 4세기중엽이후 남평양건설을 추진시킨것은 그 중요한 표현이다. 그리고 대외적으로는 343년에 중국남쪽의 동진과 외교무역관

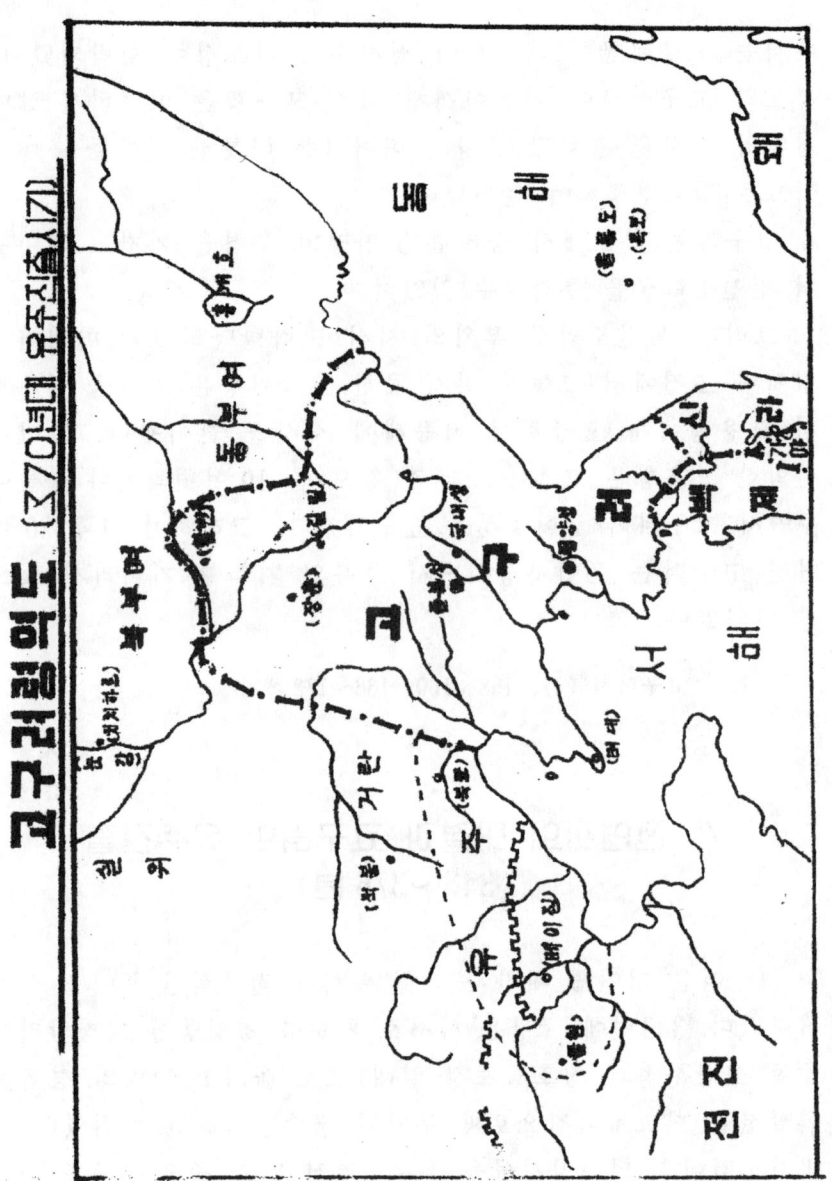

계를 맺음으로써 전연을 견제하려고 하였다. 또 344년에 모용황의 공격으로 북방 사막지대로 쫓겨갔던 우문선비의 추장 일두귀가 고구려로 망명한것을 받아들였다.

346년에는 전연의 공격으로 후부여(서쪽부여)가 멸망하자 곧 그 옛 땅을 차지하고 방비를 강화하였다. 또 4세기중엽에 료동지방과 서부조선 각지에 많은 성곽방위시설들을 보수하거나 새로 쌓았다.

전연은 고구려가 후방을 위협할 가능성이 없다고 타산하고 중국의 장성이남지역으로 공격의 예봉을 돌렸다. 352년에는 염위를 멸망시키고 357년에는 업성(하북성 림장현서북)을 수도로 삼았으며 365년에는 락양을 점령하였다. 그러나 전연통치배들은 사치와 향락을 일삼았으며 통치배내부에는 부패타락의 풍조가 휩쓸게 되였고 국력은 급속히 약화되였다. 이러한 때에 동남쪽에서는 동진(317~420년)이, 서쪽으로는 전진(351~394년)이 전연에 대한 공격을 강화하였으며 370년 1월에는 전진이 락양을 점령하였고 10월에는 위원(산서성, 하북성의 경계지방)전투에서 15만명의 전연군을 소멸하였다. 전연은 멸망의 위기에 처하였다. 전진과의 전쟁을 위하여 전연은 료동, 료서 지방의 병력까지 다 동원하여 그 지방의 방비는 약화되였다. 언제나 중국대륙의 정세의 변동을 주의깊이 살피고있었던 고구려는 이 기회에 전연침략세력에 대한 일대 보복작전을 벌리였다. 수만명의 고구려철기부대들은 전연의 료동군지역을 순식간에 제압하고 료서로 진격하여 그야말로 파죽지세로 료서를 석권하고 계속하여 장성이남지역으로 들어가 유주소재지(베이징)를 점령하였으며 대군, 범양국 지역까지 전과를 확대하였다. 11월 7일 전연수도 업성은 전진군에 의하여 점령되였고 도망가던 전연왕 모용위는 며칠후 고성(하북성 보정시동남)에서 전진군에게 포로되였으며 전연 태부 모용평은 고구려로 망명하려 했으나 진격하던 고구려군은 그도 붙잡아 전진으로 보내였다. 남진하던 고구려군은 용성(하북성)에서 전진군과 만났으나 서로 싸우지 않고 도리여 협력하여 전연의 잔여세력을 평정하였다. 그리하여 372년초에는 전연의 의도왕 모용황을 공동으로 격멸하였다.

고구려는 원래 전연땅을 차지할 목적으로 출병한것이 아니라 전연침략자들을 멸망시키고 그 잔여세력까지도 소탕함으로써 서방의 전쟁, 침략의 화근을 없애려고 하였다. 그러므로 전진파는 충돌할 필요가 없었고 전진도 동방의 강국 고구려와 맞설 힘도, 의향도 없었다.

고구려는 유주의 많은 부분을 점령한 기회에 자기의 유주관리들을 임명하고 전연잔여세력을 진압하였다. 고구려의 유주진출은 지난 시기 당나라 태종이 《진서》를 《편찬》할 때 직접 관여함으로써 력사책에서 다 삭제되고말았다. 그리하여 누구도 이 사실을 알지 못하던것을 주체 65(1976)년말에 덕흥리벽화무덤(오늘의 남포시 강서구역 덕흥동)에서 유주관계묵서들이 발견됨으로써 비로소 알게 되였으며 유관자료들을 깊이 검토한 결과 의심할바 없는 력사적사실이라는것이 확증되였다.

덕흥리벽화무덤 묵서에 보이는 주인공 진은 고구려의 밀운군(녕변) 신도현(가산) 도향 중감리에서 태여나 고구려의 관직을 력임하고 유주자사로 된 인물이며 중국에는 력대로 묵서에 보이는 13군 75현으로 구성된 유주가 없었다. 또 370년말~376년 10월까지의 사이에 유주산하 군국 태수, 내사들의 활동은 중국책들에 나오지 않는다. 범양군태수가 한번 나오지만 묵서에서는 범양국내사가 있다. 또 모용평의 송환기사를 따져보아도 그가 료하부근까지는 온 일이 없고 기껏해서 란하-장성계선까지밖에 오지 못했다 등등. 이상과 같은 여러가지 근거를 가지고 당시 유주가 고구려의 유주임을 립증할수 있다.(이에 대해서는 Ⅶ 참조)

비록 고구려유주는 전연침략세력을 소탕하기 위하여 일시적으로 두었다가 철수한것이지만 이 시기 고구려는 대릉하하류-의무려산줄기계선을 확보함으로써 고조선 고토를 기본적으로 수복하는 대업을 수행하였고 또 고구려의 위력을 널리 시위하였다.

일본을 비롯한 다른 나라 학계에서는 고구려의 유주진출을 부정하려고 횡설수설하고있으나* 그것은 다 고구려의 국력을 과소평가하는 중국 옛 기록을 맹신하는 그릇된 립장과 관점의 산물일뿐이다.

   * 다께다 유끼오:《고구려사와 동아시아》, 89~92 페지
   ※ 《고구려사》(1) 197~220 페지;《덕흥리벽화무덤의 피장자 망명인설에 대한 비판》(1), (2), 《력사과학》주체 80(1991)년, 1~2 호

8. 후연의 침공을 반대한 투쟁
(4 세기말 5 세기초)

후연은 전연왕 모용황의 서자 모용수가 전진에 가있다가 384년에 전진이 동진과의 싸움에서 크게 패한후 동북쪽 옛 전연땅에 와서 세운 나라였다.

후연의 건국은 고구려에 대한 침략세력의 부활을 의미하였다. 고구려는 후연의 세력이 커지기전에 눌러놓기 위하여 385년 6월에 4만명의 대군으로 후연의 료동, 현도 2군 소재지를 함락시키고 1만여명을 포로한 다음 철수하였다.

400년에 후연왕 모용성이 침공하여 신성을 지나 남소성까지 700리 지경을 뚫고들어왔다. 고구려는 즉시로 이를 격퇴하였다. 또 402년에는 고구려군이 후연에 대한 보복전으로 후연의 평주를 쳐서 숙군성을 함락시키니 평주자사 모용귀가 성을 버리고 도주하였다. 404년에는 고구려가 수군으로 후연의 연군(오늘의 하북성 옥전현지방)을 들이쳤다. 405년에는 후연왕 모용희가 고구려의 료동성을 포위공격하였고 406년에는 모용희가 거란을 치다가 갑자기 방향을 바꾸어 고구려로 침입하여 목저성까지 왔다가 쫓겨갔다. 이처럼 후연(384~407년)이 존속하던 기간 몇해사이에 다섯차례나 교전이 있었으니 후연과의 적대관계가 심각하였다고 볼수 있고 또 고구려가 강대한 나라였다는것도 알수 있다. 고구려는 400년의 신라구원작전을 비롯하여 이 시기 남방에 무력을 집결시키고있었기때문에 후연이 그 틈을 리용하여 침입했다가는 쫓겨가군하였고 또 고구려는 그 바쁜 사이에도 두차례나 후연내부깊이까지 쳐들어가서 큰 타격을 주었다.

고구려―후연관계를 놓고 몇가지 그릇된 견해들이 발표되였다. 즉 하나는 당시 고구려가 436년까지는 료동성(료양)을 차지하고있지 못했으니 405년의 료동성공격기사는 《삼국사기》의 편찬자가 576년에 있은 후제(북제)의 진주(晋州) 평양(平陽)성(후주땅) 공격기사를 보고 조작해놓았다고 하는것이고 다른 하나는 이와 관련하여 당시의 두 나라사이의 경계는 료하동쪽, 오늘의 무순부근에 있었다고 하는 설이다.*

* 《호태왕비연구》(중문) 길림인민출판사, 1984년, 144～146 페지

그러나 이것은 잘못된 견해이다. 왜냐면 광개토왕릉비에는 거란의 비려부를 쳤던 고구려왕이 양평도로 갈 때 력성, 북풍을 지났는데 이것은 료동지방이 이미 고구려땅으로 되여있었다는 증거이기때문이다. 또한 덕흥리벽화무덤에 보이는 료동군은 아래단그림에 다섯번째로 되는 제일 작은 군의 하나로 되여있고 이것은 료동군이 료하이동에 있었던 대군이 아님을 보여준다. 중요한것은 400년에 침입한 후연군이 700리를 와서 남소성에 도착했는데 남소성(소자하, 혼하의 합류지점의 《살이호산성》)에서 서쪽으로 700 리라면 의무려산줄기서쪽 부신부근이 후연군의 출발계선으로 된다는 사실이다.

405년의 료동성공격기사가 가공적이라는것도 말이 안된다. 그것은 중국의 《자치통감》, 《태평어람》, 《후연록》 등에 뚜렷이 명기되여있으며 결코 그 누구의 창작기사가 아닌것이다.

※《고구려사》(1) 309～310 페지

9. 수나라의 침략을 반대한 투쟁
（6세기말 7세기초）

6세기말 7세기초 수나라의 침략을 반대한 투쟁에 대해서는 지금까지 많은 연구가 진행되고 해명된것도 많다. 그러나 《조선전사》(3)[주체 80(1991)년도판]에 이르기까지도 일부 고증이 부족한 점이 있고 또 과거 봉건사가, 일제사가들의 외곡에 대

한 비판도 불충분하게 진행되였다. 그러므로 전쟁의 경과 등
에 대해서는 강조할 점만 언급하고 주로 부족점들을 보충하는
방향에서 보도록 하겠다.

- 전쟁전의 정세와 고구려의 대수(對隋)정책, 598년 고구
  려-수전쟁의 성격

581년 수 문제(양견)가 후주의 왕권을 빼앗은 이후 고구려
는 몇차례 사신을 보내여 그 동향을 알아보았다. 수나라는 처
음 돌궐과 돌궐의 후원을 받는 고보녕(북제의 잔여세력) 등이
자주 침공하였으므로 고구려와는 좋은 관계를 맺으려고 하
였다. 그러나 돌궐내부에 분렬이 생기고 고보녕까지 제거
된 다음에는 거란족들을 고구려의 영향하에서 떼내려고 책동
하였다. 고구려는 수나라의 침략기도가 명백한 조건에서 584~
590년 사이에는 국교를 단절하는 강경대응책을 썼다. 그러다
가 수나라가 진나라를 멸망시키고 중국을 통일하자 다시 591~
592년에 수나라에 사신을 보내여 그 동향을 알아보았다. 590
년대중엽에 거란의 별부 출복(出伏) 등이 고구려를 배반하자
수나라는 위충을 영주총관으로 임명하여 료서거란족들에 대한
직접통치를 개시하려고 하였다.

고구려는 597년에 다시 사신을 보내여 수나라의 침공여부
를 알아보게 하였다. 이때까지 국내정세가 좀 안정되자 수나
라는 고구려에 대한 본격적침공을 준비하고있었다. 그것은
597년에 수 문제가 보내온 국서(《조서》)내용에서 뚜렷이 표현
되였다. 거기에서 고구려가 《말갈을 강박하여 내몰았고 거란
을 굳이 금지하였다. 자주 기마병을 보내여 우리의 변방사람
들을 살해하였다.》고 한것은 고구려가 자위적조치를 취하여
수나라의 거란족거주지역(고구려의 속령)을 침범한데 대한 보

복방비대책을 세웠다는것을 보여준다.

국서에는 또한 고구려가 수나라사신들을 《빈 객관에 앉혀놓고 엄격한 수비를 함으로써 사신으로 하여금 눈으로 보지도, 귀로 듣지도 못하게 막았다.》고 하였는데 이것은 고구려의 자주적인 대수강경외교정책을 보여준다. 또한 국서에는 오만하게도 고구려왕을 내쫓고 다른 관리를 임명해보내겠다고 하는 망발을 하면서 고구려의 자주권을 무시하였으며 또 료수의 너비가 장강보다 더 넓다고 보느냐, 고구려인구가 진나라인구보다 많으냐고 하면서 위협공갈하였다. 그것은 한마디로 말하여 수나라측의 선전포고문이나 다름없었다.

고구려는 이 오만무례한 행동에 대하여 단호한 대응책을 취하지 않을수 없었다. 그리하여 영양왕은 598년초에 말갈인부대 1만여명을 거느리고 출전하여 수나라의 영주를 들이쳤다. 이것은 제 1차 고구려-수전쟁(598년)의 성격이 고구려측의 정의의 반침략전쟁이였음을 뚜렷이 보여준다. 지난날 중국봉건사가들과 일제어용사가들은 마치도 고구려가 먼저 수나라를 침략하였기때문에 수 문제가 《정벌》한것처럼 력사적사실을 외곡하였다.

598년 고구려-수전쟁의 경위에 대해서도 봉건사가, 일제사가들은 마치도 수나라가 수륙 30만명의 군사들을 내보내였으나 큰물로 군량수송이 안되고 전염병이 돌았으며 폭풍으로 하여 배들이 파손되였기때문에 되돌아간것처럼 분식하여놓았다. 그러나 실지로는 100만대군을 내보냈고 또 고구려군의 반격으로 크게 패하여 군사 열에 아홉이 죽는 비참한 운명에 놓였던것이다. 자연재해나 전염병은 교전쌍방에 다같이 작용한 불리한 조건이므로 그것이 패전의 근본요인이 될수는 없는것이다.

- 612년 고구려-수전쟁전야의 정세와 전쟁과정의 리해에서 중요한 문제들

599년이후 수나라 통치배들은 고구려에 대한 침략전쟁을 다년간 준비하였다. 특히 604년에 아비를 독살하고 황제가 된 수 양제(양광)은 천하를 지배하려는 과대망상중에 사로잡힌 침략사상의 소유자로서 전쟁준비에 박차를 가하였다.

그는 605년에는 광제거(廣濟渠)(락양-양주 강도(江都))를, 608년에는 영제거(永濟渠)(탁군-강도)를 파서 군량수송대책을 세웠고 605년에는 료서지방의 거란족을 불의습격하여 4만명을 포로하여 남자는 다 죽이고 녀자, 아이들은 종으로 삼는 만행을 일삼았는데 이 역시 거란족을 고구려의 영향하에서 떼내고 침략전쟁의 전방기지를 전진시키려는 책동이였다. 또한 신라, 백제, 왜(일본)와 손잡고 고구려를 배후에서 견제하려고 하였다.

이런 형편에서 고구려도 수수방관하고있지않았다. 598년, 607년에는 해상으로 군사들을 파견하여 백제의 북변을 쳤으며 603년, 608년에는 신라의 북변을 쳐서 후방의 정세를 완화시켰다. 한편 왜국(일본)과의 관계도 개선하여 왜가 백제편에 서지 못하게 하였고 607년에는 돌궐에 사신을 보내여 수나라를 후방에서 위협하도록 하게 하려고 하였다. 599년에 수나라에 투항한바있는 동돌궐의 일부 세력인 돌리(계민)국한 (?~609년)은 고구려의 제의를 따르지는 않았으나 수나라편에 서서 참전하려고도 하지 않았다. 612년전쟁때 수나라편에 서서 참가한 돌궐의 추장 처라국한(處羅可汗)이 있으나 그는 611년에 수나라와 싸워 패한 서돌궐의 우두머리로서 500명의 기병

으로써 수 양제의 호위무력으로 따라다니던자였다.＊

＊《자치통감》권 181 대업 7 년 10 월, 대업 8 년 정월

610 년이후 수 양제는 전국에서 군마를 바치게 하고 병장기를 정교하게 새로 만들게 하였으며 산동반도에서는 300 척의 군함을 만들게 하였고 611 년에는 전국의 군사들을 탁군(베이징남방)에 집결시켰으며 고구려의 서쪽 국경지대를 침범하여 대릉하하류지역까지 점령하였다. 612 년 정월에는 《조서》(선전포고문)를 내여 침략의 구실을 렬거하였다. 즉 수나라국서를 고구려왕이 직접 받지 않았으니 《교만》하다, 수나라를 방문하지 않았다, 수나라 망명자를 받아들였다, 수나라변방을 자주 위협하여 봉화불이 끊임없이 오르게 하였다, 거란과 함께 바다가초소를 습격하였다, 백제, 신라 사신의 수나라방문을 방해하였다, 등등 그러나 이것은 다 고구려의 자주정책의 표현일뿐이며 수나라가 자기의 침략전쟁도발의 구실을 만들어보려는 책동일뿐이다.

- 612 년전쟁당시 살수의 위치문제

지난날 중국사서들에 수나라군의 별동대 9 군 30 만 5,000 명이 고구려내지에 침입했다가 퇴각한 경로에 대하여 《압록수》는 《압록강》으로, 《살수》는 청천강으로, 《평양성》은 고구려의 기본수도 평양성(오늘의 평양)으로 인정하였다.

탁월한 군사전략가이신 위대한 수령 **김일성**동지께서는 612 년전쟁당시 기본전선이 료하계선에 고착되여있던 조건에서 적군이 1 천수백리나 되는 오늘의 평양까지 쳐들어온다는것은 군사학적견지에서 볼 때 불가능하다는것을 꿰뚫어보시고 살수전후의 위치를 재검토할데 대하여 교시하시였다.

위대한 수령님의 교시를 받들고 연구사업을 심화시킨 결과 살수는 오늘의 료동반도 소자하라는것이 밝혀지게 되였다. 그 근거는 다음과 같다.

① 살수전투는 7월 24일(임인일)에 있었고 그 이튿날(계묘일)에는 료동성부근에 있던 적 주력군이 총퇴각하였으므로 살수는 료동성에서 수백리되는 지점에 있어야 한다는것.

② 옛 기록에 《살수》-《압록수》사이가 450리라고 하였는데 소자하-태자하사이의 거리는 청나라때 리수로 340리로서 환산하면 정확히 450리가 된다는것.

③ 《평양성》의 외곽(외성) 안에서 적 수군 4만명과의 전투가 벌어졌는데 그것은 기본수도 평양의 외성일수 없으며 봉황성(북평양성, 환도성)이라야 한다는것.

④ 적군의 침공, 퇴각 로정을 볼 때 적군이 오늘의 압록강을 건늘수 없다는것 즉 《살수》의 서쪽에 있는 오골성(수암), 백석산(해성동남 100리부근)은 다 소자하이서에 있다는것.

⑤ 《압록수》가 태자하를 잘못 알고 표현한것이라는것 즉 태자하는 당시의 오렬수이고 료동성은 오렬홀이며 그것은 압록수(아리수, 오로수)와 음이 비슷하다는것.

⑥ 청천강-압록강사이는 450리가 아니라 370리이라는것 그리고 하루밤 하루낮사이에 죽을기를 써서 450리를 도망간 극도로 피곤한 수나라 군사들이 다시 압록강에서 료동성(료양)까지 600여리를 고구려군의 공격을 물리치면서 10여시간안으로 갈수는 없었다는것 등이다.

612년전쟁에서 살수전투가 진행된 위치를 정확히 밝히는것은 수나라 수군이 《평양성》(봉황성)전투에서 패배한 다음 멀리 료동반도끝 서남쪽으로 도망가고 없었다는것을 보여주는 중요한 근거를 제공하는것이다. 살수전투이후 수나라군대는 바다가에 가서 저들의 수군함선들을 찾아 도망가려고 하였을 것이지만 거기에는 도처에 고구려수군이 대기하고있었기때문에 다 투항하고말았던것이다.

641년에 당나라사신 진대덕이 고구려로 왔을 때 벌판에 널려있었던것이 수나라사람이였다고 한것은 612년전쟁당시 고구려에 포로된자들이 매우 많았다는것, 그 대부분이 살수전투당시 포로된자들이였음을 알수 있게 한다.

612년살수전투는 고대 중세전쟁사에서 불과 하루사이에 수십만군대를 포위격파하고 20여만을 포로한 류례없는 대규모전투였다는 점에서 세계전쟁사에 특기할 대규모전투로 된다.

- **612년 고구려-수전쟁에서의 고구려의 승리의 요인**

① 정의의 조국방위전쟁에 일떠선 고구려인민들이 높은 애국심과 희생성을 발휘하여 누구나가 다 용감하게 싸웠다는데 있다. 이와는 반대로 수나라군사들은 부정의의 침략전쟁에 내몰리운 오합지졸이였으며 전투사기가 극도로 저락되여있었다는데 있다.

② 고구려군은 자기 강토에서 견고한 방위시설에 의거하여 싸웠고 또 강력한 국력에 기초하여 충분한 식량과 우수한 무기무장을 보장받을수 있었으나 수나라군은 후방보급이 거의나 보장되지 않아서 전투력이 약하였다는데 있었다.

③ 고구려군이 을지문덕장군과 같은 유능한 군사지휘관의 지휘밑에 실정에 맞는 전략전술을 쓸수 있었다는데 있었다.

④ 고구려측은 국내형편이 안정되고 상하가 합심하고 군민이 일치단결하여 싸웠으나 수나라측은 각지에서 일어난 대규모농민폭동, 지배계급내부의 반란 등으로 나라안의 질서가 다

무너지고 힘을 모을수가 없었다는데 있었다.

― 612년 고구려―수전쟁에서 고구려의 승리가 가지는 력사적의의

① 중세기 반침략투쟁에서 가장 빛나는 모범으로 되였으며 그후 력사적으로 우리 인민의 자주권을 고수하기 위한 반침략투쟁에서 승리의 신심과 용기를 안겨주었다는데 있다.

② 고구려의 대외적위신을 비상히 높여주었다는데 있다.

③수나라 멸망의 근본원인의 하나로 되였다는데 있다. 《수서》(권 4) 양제기(하)의 력사평론이나 《북사》(권 12) 수 본기(하)의 평론에서 양제의 고구려침략전쟁 강행이 결국 제몸을 망치고 나라를 멸망시켰다는것을 강조하고있는것은 정확한 평가로 볼수 있다.

※ 《고구려사》(2), 152～185페지

10. 당나라의 침략을 반대한 투쟁(7세기중엽)

봉건사가들이나 일제사가들은 고구려인민의 정의의 반침략투쟁, 수, 당 통치배들의 부정의의 침략전쟁에 대하여 옳게 쓸 대신에 중국황제가 잘 복종하지 않는 고구려를 정벌한것으로, 중국측이 패배한 전투도 승리한것으로 외곡서술하였다. 최근에 와서는 그들이 도발한 침략전쟁의 성격을 부인하면서 그것이 중국내부에서의 세력자들의 호상다툼에 지나지 않는다는 주장까지 울려나오고있다.*

* 《박물관연구》(중문) 1991년 3기, 48페지

그러므로 7세기중엽 당나라의 침략을 반대한 고구려의 투쟁도 그 이전시기의 반침략투쟁과 함께 그 전쟁의 본질, 성격을 명백히 하고 또 력사적사실에 따라 전쟁과정에 있었던 사실들을 정확하게 서술하며 고구려인민이 거둔 빛나는 승리에 대해서 옳바르게 평가하는 동시에 고구려말기 통치배들 내부에서 일어난 정권쟁탈전으로 인한 분렬이 고구려가 무너지게 된 근본원인이라는것도 옳게 인식하도록 하는것이 중요하다.

― 당나라통치배들이 일으킨 전쟁은 침략전쟁

618년에 수나라왕조를 교체하여 당나라왕조가 섰다. 당나라통치배들은 처음에는 자기들이 집권한 명분을 세우기 위하여 수 양제의 동방침략이 부당한 행위였다고 하였으나 시간이 경과함에 따라 역시 천하를 지배하려는 망상을 품게 되였으며 북방의 강적이였던 돌궐세력이 약화되자 동방의 대국인 고구려를 치려고 하면서 침략전쟁의 구실을 마련하기 위한 여러가지 책동에 매달렸다.

그들은 고구려, 백제, 신라사이의 분쟁은 중국과는 관계가 없는 조선민족 내부의 문제임에도 불구하고 신라통치배들의 사대주의적망동에 편승하여 삼국간의 분쟁을 《중재》한다는 미명하에 내정간섭에 열을 올렸다.

626년에 당나라는 국자 조교 주자사를 고구려로 보내여 고구려가 신라를 치지 말라고 하였고 631년에는 고구려가 세워놓은 전쟁기념물인 경관을 허물도록 강요하였으며 641년에는 직방 랑중 진대덕을 보내여 고구려의 국방상태를 탐지하게 하였다.

당 태종(통치년간 626~649년)은 이때 벌써 고구려를 당장이라도 칠수 있으나 산동지방 백성들을 생각해서 치지 않는다고 뇌까렸다.

고구려에서 투항주의적정책을 쓰던 영류왕(통치년간 618~642년)이 연개소문의 정변에 의하여 처단되자 당나라는 644년에 상리현장을 보내여 신라를 치지 말라고 요구하였다. 그러나 연개소문은 이를 단호히 거절하였다. 같은 해에 장엄을 또 보냈으나 연개소문은 그를 토굴속에 감금해버렸다. 당 태종은 이를 구실로 침략전쟁을 일으킬것을 결심하고 고구려사신 50명을 대리시 감옥에 가두었다. 7월에는 함선 400척을 만들게 하는 한편 영주도독 장검을 시켜 먼저 료동을 치게 하였다. 이것은 644년가을에 벌써 당나라의 도발에 의하여 전쟁이 사실상 시작되였다는것을 의미한다.

당 태종이 전쟁을 도발하면서 그 《정당성》으로 든 리유들을 따져보면 그것은 완전히 진실을 전도해놓은 강도적론리에 기초한것이다.

그것은 우선 《료동은 본래 중국땅》이므로 그것을 되찾는것이 당연하다는것이다. 이것은 607년에 수나라 황문시랑 배구가 《고구려땅은 본래 고죽국땅이고 주나라때 기자를 책봉한 땅이며 한나라때에는 3개 군으로 갈랐던곳이고 진(晋)나라때에도 료동을 통할하였다.》라고 한 소리를 요약하여 말한것이다. 배구의 말은 터무니없는 거짓이다. 자고로 료하류역이동은 중국땅이 아니라 우리 민족의 력사무대였다. 그러던것을 기원전 3세기초에 연나라가 침입하여 료하이서 일부 지역을 강점하였고 한나라 무제는 고조선을 멸망시키고 료하하류 압록강이북의 일부 지역을 차지하였던것이다. 그후 우리 인민의 세기적인 반침략투쟁으로 4세기 70년대에는 대릉하이동지역이 수복되였다. 유구 수천년의 력사에서 400~500년간 료동 일부

지역을 차지한것이 령유권주장의 근거로 될수 없으며 더우기 고구려가 고조선 옛 땅을 회복한지 300년이 지난 7세기 40년대에 와서 그 땅을 《되찾는다》는것은 말이 되지 않는다.

* 고죽국땅은 오늘의 란하하류에 있었고 그것이 커졌을 때 장성이북 일부까지 차지하였으니 고구려가 고죽국땅이였다는것은 어불성설의 이야기다. 또 기자를 봉했다는것도 완전한 허위기사이다.

예로부터 만리장성이남은 중국땅이고 그 이북은 이족의 땅이라고 한것은 중국봉건관료자신들도 여러차례 지적한것이고 수, 당 시기에도 그 령역은 기본적으로 그 계선에 머물러있었다. 당 태종이 644년초에 위정을 시켜 군량을 운반하게 하면서 유주이북 료수까지 2,000리 지역에는 당나라의 주현이 없다고 한것은 유주이북이 당나라땅이 아니였다는것을 력력히 증명해주고있다.

당 태종은 645년 안시성전투때 고구려원군의 지휘자인 고연수에게 자기는 연개소문이 국왕을 죽였기때문에 그 죄를 물으러 왔을뿐 싸울 생각은 없고 고구려의 몇개 성을 함락시킨것은 군량을 대기 위해 그런것이며 고구려가 《신하의 례》를 취하면 다 돌려주겠다고 하였으며 또 다른데서는 고구려의 토지와 백성은 건드리지 않겠고 탐낼 생각이 없다고 떠벌였다.*

* 《삼국사기》 권21, 고구려본기 보장왕 4년 권7 신라본기 문무왕 11년 7월 26일 《책부원귀》 권 109 래원부 연향, 정관 18년 10월 계묘

그러나 645년 전쟁이 시작되자 그는 료동성에 료주를, 백암성에 암주를, 개모성에 개주를 둠으로써 점령지역을 당나라

의 주로 개편하였으며 퇴각할 때에는 이 3개 주의 주민 7만명을 사로잡아갔다. 이것은 당 태종의 말이 얼마나 허위와 기만에 찬것이였는가를 적라라하게 드러내보여준다.

당 태종은 또한 643년 6월이후 여러차례에 걸쳐 고구려의 강신(강한 힘을 가진 신하-연개소문)이 자기 임금을 죽인 죄를 묻는다는 구실을 들었다. 그러나 이것도 대국주의적인 망발이다. 다른 나라에서 정변이 일어난것이 침략전쟁의 구실로 될수 없다.

당 태종은 또 고구려가 신라를 치기에 신라를 도와주기 위하여 출병한다고 하였으나 이 역시 타국내정에 대한 간섭일뿐이다.

당 태종은 또한 수나라가 네번씩이나 《출정》하였다가 실패했는데 지금 내가 《동정》하는것은 《중국을 위하여 자제들의 원쑤를 갚자.》고 하는것이라고 뇌까렸다. 이것은 수나라의 침공때 죽고 패전한 수치를 씻는다는것이다.

당나라에 의한 왕조교체를 합리화할 때에는 수 양제의 포악성과 무분별성에 대하여 질타하던자들이 이제와서는 수나라사람의 원쑤를 갚기 위하여 고구려를 친다고 하니 이것은 당 태종도 수 양제와 꼭 같은 침략의 원흉임을 자체폭로하는것이다.

당나라가 도발한 전쟁이 침략전쟁이라는것은 전쟁전에 당나라통치배들의 언어, 행동, 전쟁과정에 그들이 취한 조치, 전후에 고구려땅을 송두리채 강점하려고 한 사실 등에 의하여 여지없이 백일하에 드러났다.

이러한 다른 나라, 다른 민족에 대한 침략전쟁을 두고 중국의 국내전쟁이니 침략-반침략의 성격을 론할수 없다는것은 봉건관료들만도 못한자들의 망발이라고 할수 있다. 실지로 당나라의 최고관료인 방현령은 고구려가 외교례절을 어긴바도 없고 당나라 백성들을 못살게 군 일도 없으며 오래도록 중국의 우환거리로 되는 일을 한적도 없는데 공연히 땅을 넓히느라고 죄없는 백성들을 전쟁에 내몰지 말아야 한다고 한것을 보면 비록 대국주의적언사를 쓰기는 하였으나 고구려가 당나라의 리익을 침범한 일이 없다는것을 뚜렷이 밝히고있다.

― 645년의 3대전투에 대하여

《자치통감》, 《책부원귀》 등에는 645년 고구려-당전쟁때 3대전투로서 신성, 건안, 주필(안시)전투를 들고 이 전투들에서 고구려군 4만명을 소멸한것으로 써놓았고 당나라군대는 100만명이 동원되였으나 10만명으로 축소하여 발표하였으며 당나라군대의 손실은 1,200명(또는 2,000명)으로 만들어놓았다.

그런데 실지로는 안시성지원전투에서 고구려측이 고연수, 고혜진의 잘못으로 패전하여 다소의 손실을 냈을뿐이고 3대전투는 다 고구려군의 큰 승리로 끝났던것이다.

1차 건안성전투는 이해 4월경에 영주도독 장검의 부대가 진행했는데 고구려군 수천명을 죽였다고 하였으나 그것은 과장된 수자이고 실지는 고구려군의 반격으로 쫓겨갔던것이다. 2차 건안성전투는 그후 5월중순경에 장량의 수군이 료동반도끝의 비사성(금현 대흑산성)을 함락시키고난 뒤 바다길로 해서 북상하여 건안성을 치려다가 고구려군의 요격으로 대혼란에 빠져 크게 패전한 전투이다. 그렇기때문에 신, 구《당서》본기나 고려(고구려)전에는 언급조차 되지 않았다. 장량은 후에 그 책임을 지고 처벌을 받았다.

신성전투는 5월초에 진행되였다. 이때 고구려측에서는 4만명의 무력을 출동시켰다. 적군은 참호를 깊이 파고 방어하려고 하였다. 그러나 고구려군은 드센 공격을 가하여 적군을 패주시켰다. 적의 료동도행군총관인 장군예는 비겁하게 도망했다고 하여 참형을 당하기까지 하였다. 이 전투에서 강하왕 리도종이 겨우 력량을 수습하여 싸움으로써 고구려군 1,000여명을 죽였다는것이다. 그러나 이 전투에서는 총관이하 적군이 무질서하게 도주한것을 보아도 알수 있듯이 고구려군의 큰 승리로 끝난 전투로서 적군의 손실은 수천명이상에 달했을것이다. 그러기에 신, 구《당서》본기나 고려전에는 신성전투에 대하여 건안성전투와 마찬가지로 쓰지도 않았다.

안시성방어전투에서 당나라군대는 막대한 손실만 냈을뿐이였다. 645년에 개모성, 료동성, 백암성 전투들도 큰 전투였는데 그것들은 들지 않고 신성, 건안성 전투를 3대전투에 포함시킨것을 보면 신성, 건안성 전투가 대규모의 치렬한 전투였던것은 사실이며 그것은 당나라측이 막대한 손실을 당한 격전이였기때문에 3대전투로 된것이다. 645년전쟁에서 당나라 침략군은 막대한 손실을 내고 수치스러운 패배를 당하였으며 당태종은 연개소문장군의 장거리 추격을 받아 황황히 도망쳤다. 그리하여 그는 고구려에 대한 침략전쟁을 한것을 두고두고 후회하지 않을수 없었다.

지난 시기 3대전투에서의 고구려군의 승리에 대하여서는 별반 강조하지 못하였으나 앞으로는 더 구체적으로 연구하여 밝히는것이 중요하다.

645년전쟁서술에서 당나라 수군 7만명가운데 바람을 만나 빠져죽은것이 수백명이라고 한것에도 문제가 있다. 그것은

647년에 다시 수백척의 함선을 만들게 한 사실로 보아 645년 전쟁당시 당나라수군이 입은 손실도 매우 컸는데 그것은 고구려수군의 공격에 의한것으로 인정된다는 사실이다.

※ 《고구려사》(2), 263~265페지

- 650년대의 전투들이 벌어진 지역에 대하여

지난 시기 봉건대국주의사가들은 650년대에 있었던 고구려-당간의 수차의 전쟁들은 모두다 료하계선동쪽에서 벌어졌고 료서지방은 당나라가 차지하고있은듯이 써놓았다. 그러나 이것은 잘못이다.

고구려는 640년대의 전쟁이 끝나는 즉시로 본래 고구려가 통제하고있던 료서의 대부분지역을 다시 차지하였다. 다만 648년에 거란족, 해족의 일부가 당나라편에 가붙은것으로 하여 장성북쪽의 일부 지역은 회복하지 못하였을뿐이다. 고구려는 654년에 장수 안고를 보내여 당나라편에 선 거란추장 리굴가와 《신성》부근에서 싸웠다. 655년 5월에는 영주도독 정명진 등과 귀단수가에서 싸웠다. 신성에 있던 고구려군이 응전하였으나 불리하므로 성을 고수하니 적군은 성의 외곽과 촌락들을 불태우고 달아났다.

여기에 보이는 신성, 귀단수를 《자치통감》은 료수(료하)이동의 고구려서변의 대요새인 신성(고이산성)과 그 서남쪽에 있는 강으로 보았으나 그것은 근거없는 소리이다. 왜냐하면 《당서》정명진전, 고구려전에는 이 지명들이 료수와는 관계가 없는것으로 되여있으며 654년전투는 고구려가 거란족들을 공격한 전투로서 고구려의 신성부근에서 진행된것이 아니고 또 신성서남쪽에는 귀단수라고 할만한 강도 없기때문이다. 그리고 이때로 말하면 고구려의 천리장성이 이미 구축된 다음인데 적군이 그것을 돌파했다는 말도 없고 또 신성(고이산성)은 내외성이 다 토성이므로 그 외곽(외성)이 불에 탈수도 없다. 658～659년전쟁은 토호진수(로합하)가에서 벌어졌으니 《신성》, 《귀단수》는 그 부근에 있어야 한다. 《신성》이란 지명은 아무데나 있을수 있는 지명이다.

658년에 정명진 등은 적봉진을 공격하였다. 이때 고구려 대장 두방루는 3만명의 군사들을 거느리고 출전하여 적군을 격파하였다. 659년에는 설필하력, 설인귀, 신문릉 등이 고구려의 료동(란하이동)을 공격하였다. 그러나 고구려장군 온사문은 적들을 격파하고 신문릉은 중상을 입었다. 그들이 650년대의 전투들에서 아무런 평가도 받지 못했다는것은 곧 그들이 패전하였다는것을 의미한다.

설인귀 또는 아사나추빈 등이 659～660년에 거란왕 아복고(리굴가의 아들)를 사로잡아 동도(락양)에 보냈다는것은 고구려의 승리를 보고 그가 고구려편에 서서 당나라를 반대해나섰기때문이였다고 볼수 있다. 그러므로 이때 당나라가 설치한 송막도독부는 사실상 해체된것으로 인정되는것이다.

이상으로 보아 650년대에도 당나라의 침공은 계속되였으나 전투는 거란족거주지역에서 벌어졌으며 고구려는 이 시기에도 서변지역을 확보하고있었던것을 알수 있다.

― 661～662년전쟁에 대하여

당나라통치배들은 신라통치배들과 야합하여 660년에 백제를 멸망시키자 그 여세를 몰아 고구려로 침공하였다. 당나라는 660년말에 큰 무력을 내보내여 수륙 두 방면으로 침공하게 하였다. 이듬해초 설필하력지휘하의 당나라 륙군은 총 35군으로 편성되였는데 이것은 612년 고구려-수전쟁때 수나라의 24군보다 오히려 더 큰 무력이다. 그러므로 661~662년전쟁도 전쟁사에서 특기할만한 대전쟁이였던것이다. 이때 적 륙군은 평양직충전술을 쓰면서 도중에 있는 성들은 다치지도 않고 깊이 쳐들어왔으나 압록강계선에서 고구려군의 완강한 방어로 더는 전진하지 못하고 쫓기워갔으며 소정방지휘하의 적 수군은 대동강(패강)을 거슬러올라와 평양성을 《포위》하였으나 고구려군은 거꾸로 그들을 포위하여 궁지에 몰아넣었고 662년초에는 사수(보통강)벌에서 옥저도총관 방효태와 그의 13명의 아들을 비롯한 적의 한개 군단을 전멸시켰다. 바빠맞은 소정방은 신라의 군량을 넘겨받게 되자 곧 달아나고말았다. 661~662년전쟁도 이처럼 고구려측의 대승리로 끝났던것이다.

- **667~668년전쟁, 고구려의 종말**

당나라와 신라의 계속되는 침공으로 고구려는 많은 손실을 입었다. 그러나 연개소문장군이 취한 조치에 의하여 전쟁피해는 몇해안으로 가셔졌으며 고구려는 여전히 강력한 군사경제적력량을 보유하고있었다.

666년초에 연개소문장군이 세상을 떠나자 그뒤를 이은 맏아들 연남생과 두 아우인 연남건, 연남산 사이에는 틈이 생겨났다. 이것은 귀족들내부에서 정권욕을 충족시키려는자들이 연남생형제를 등에 업고 형제간을 리간시킨것과 중요하게 관련된다. 결과 고구려의 내부는 두 세력으로 분렬되였고 지방순시에 나갔던 연남생은 모함에 걸려 신변에 위험이 닥쳐오자 조국을 반역하고 당나라편에 가불었다. 그리하여 고구려의 통수체계, 방위체계는 마비되고 일대 혼란상태에 빠지게 되였다. 연개소문의 아우 연정토는 자기 관하의 12개 성을 들어 신라에 투항하였다. 이 기회를 리용한 당나라와 신라는 고구려에 대한 전면적침공을 개시하였으며 고구려군민의 완강한 투쟁에도 불구하고 668년 9월 드디여 평양성이 함락되고 고구려왕이 적진에 항복함으로써 천년강성대국 고구려는 종말을 고하고말았다.

고구려국가의 종말은 아무리 강대한 국력과 군대를 가지고 있는 나라도 내부가 분렬되고 국가 통수체계, 방위체계가 마비된 조건에서는 자기의 힘을 발휘할수 없다는 심각한 교훈을 남겼다.

※ 《고구려사》(2), 186~248 페지

11. 고구려유민들의 반침략고국회복투쟁

고구려멸망후 그 유민들의 투쟁경위에 대한 기록자료도 매우 단편적이며 또 당나라통치배들과 신라통치배들의 의식적인 외곡, 왜소화에 의하여 그 전모를 밝혀내기 어렵다. 이러한 틈을 리용하여 일제어용사가들과 그 아류들은 고구려인민들이 나라가 망한후 즉시 치렬한 반침략고국회복투쟁을 벌려 당나라의 거듭되는 침공을 물리치고 680년대초엽에는 고구려의 기본령토에서 침략자들을 구축해버린 사실을 부정하고 당나라가 오래동안 서북조선과 료동지방을 차지하고있은듯이 력사를 심히 외곡하였다. 그런가 하면 신라통치배들이 배신적으로 고구려남부지역에 수립된 고국려국(한성중심)을 압살한 사실을 은폐하고 미화분식하면서 마치도 신라가 삼국통일을 이룩한듯이 외곡하였다.

고구려유민들의 고국회복투쟁은 간고하였으나 결국 침략세력을 격파하고 모든 면에서 고구려를 계승한 발해국을 창건함으로써 빛나게 결속되였다.

고국회복을 위한 고구려유민들의 투쟁은 크게 대동강류역이남 옛고구려의 서남부지방에서의 투쟁, 압록강류역이북 료동지방에서의 투쟁, 태백산(백두산)일대를 중심으로 한 옛고구려의 동부, 북부 지방에서의 투쟁으로 갈라볼수 있다.

— 한성중심 고구려국의 창건과 그를 중심으로 진행된 고국회복투쟁

당나라통치배들은 초기의 약조와는 달리 고구려땅을 전부 강점하여 자기의 주, 현으로 개편하려고 하면서 고구려땅에 9도독부, 42주, 100현을 두려고 하였으며 평양에는 고구려를 포함한 우리의 삼국지역을 다 통치하기 위한 《안동도호부》를 설치하고 2만의 병력을 주둔시켰다.

고구려인민들은 수도가 함락되고 국왕이 사로잡혀 갔어도 결코 나라가 완전히 망하였다고 생각하지 않았으며 도처에서 투쟁을 계속하였다. 당나라가 강점한 지역을 료동반도의 몇개 주(성)와 압록강이남, 평양으로 통하는 길가의 몇몇 고을에 불과하였다. 대부분의 고구려성들은 이전과 같이 고구려사람들의 수중에 남아있었으며 그들은 제가끔 력량을 수습하여 침략자들을 물리칠 계획을 세우고 실천에 옮기였다.

그중 먼저 투쟁을 개시한 유력한 집단의 하나는 수림성사람 대형 검모잠이 지휘한 항전부대였다. 이들은 668년 10월 침략군의 주력이 철수한 다음 벌써 항전대오를 정비하고 자기 력량을 확대하면서 투쟁을 벌리기 시작하였고 669년 4월에 적들

로 하여금 고구려수도 일대의 귀족, 부호 등 2만 8,300호를 당나라로 강제이주시키는 조치를 취하지 않을수 없게 하였다.

검모잠부대는 669년 6월에 평양남쪽에 있던 적을 치고 당나라 관리들과 중 법안 등을 처단하였다. 이보다 먼저 보장왕의 서자 고안승은 2,000여호를 데리고 신라에 망명하였다. 이것은 소국적형태이기는 하였으나 당나라의 지배를 반대한 투쟁형태의 하나였고 또 당시 당나라가 신라까지도 병탄하려는 기도를 로골화하고있던 조건에서 신라와의 련합이 가능하다고 보았기때문이였다.

검모잠은 사야도(덕적군도 소야섬)에 가있던 안승을 찾아가서 그를 설복하여 한성(신원)으로 데리고왔으며 그를 통치자로 하는 고구려국을 재건하였다. 이것은 669년말 670년초의 일이였다.

한성중심의 고구려국이 재건된것은 서북조선, 나아가서는 고구려 전지역의 인민들로 하여금 고국회복을 위해 더욱 분발하게 하였다. 수많은 사람들이 안승의 고구려국의 기치밑에 집결되기 시작하였으며 신라통치배들은 제 힘만으로는 당나라와 싸우지 못하겠다고 타산하고 안승의 고구려국 재건을 인정하고 련합하여 반침략투쟁을 벌리게 되였다.

670년 3월에 태대형 고연무와 신라 사찬 설오유는 각각 1만명의 군사를 거느리고 압록강을 건너 옥골(오골성-수암)로 진출하였다. 4월 4일 고구려-신라 련합군은 개돈양에서 적군을 크게 격파하였다. 그러나 당나라가 많은 병력을 증파하게 되자 후퇴하여 백성을 지켰다. 670년 여름까지 안승의 고구려국은 서북조선일대의 통치질서를 회복하고 7월에는 신라의 정식승인을 받았다.

한편 당나라는 670년 4월에 고간을 동주도행군총관으로 임명하였는데 그는 유주의 악소(망나니)들을 모집하여 훈련을 준 다음 671년에는 료동으로 나와 안시성의 고구려군을 격파하였다.(7월)*

* 일부 사서들에는 고간이 670년에 평양까지 침입한것으로 되여 있으나 그것은 안시성전투가 671년 7월에 있었던 사실로 보아 잘못된 기록이다.

고간은 671년 9월에 4만의 병력으로 평양에 다시 침입하였고 침략전쟁을 확대하려고 준비하였으며 대방(황해남도)지역에까지 침범하여왔다. 그러나 고구려-신라 련합군의 반격으로 견디지 못하고 다시 압록강이북으로 달아났다. 한편 당나라는 670년 여름에 토번과의 싸움에 내보냈던 설인귀가 철직되였던것을 다시 등용하여 수군을 이끌고 침공하게 하였다. 그러나 그의 수군도 671년 10월 신라수군과의 전투에서 패배하였다.

672년 7월에 고간은 다시 4만명의 무력으로 평양까지 침입하여 한시성, 마읍성을 함락시키고 더 남으로 나와 백수성부근에서 큰 전투를 벌리였다. 고구려-신라군은 이 전투에서 수천명을 살상하는 큰 전과를 거두었으나 승리에 자만하여 경각성없이 추격하다가 석문(자비령산줄기계선)에서 매복전에 걸려 많은 손실을 보았다. 그후 전선은 교착상태에 빠졌으나 적 병력은 더욱 증강되였으며 백수산(백빙산)전투에서 고구려군이 실패한 다음 673년초에 적군은 계속 남하하였다. 그리하여 고구려국은 서해안일대의 령역의 많은 부분을 상실하게 되였다. 이무렵에 국왕 안승은 계속 항전을 주장하던 검모잠을 죽이고 비겁하게도 신라땅으로 달아났다.

673년 5월에 고구려군은 호로하(림진강)서쪽에서 진행된 전투에서 실패하였으나 벌노성을 들이치기도 하였다. 9월에 아군은 아홉번이나 침략군과 싸워 2,000명을 목베였으며 그밖에도 호로하, 왕봉하(한강하류)에 빠져죽은 적군은 헤아릴수 없이 많았다. 이해 겨울 당나라 군대는 고구려의 우잠성(황해북도 금천), 대양성(양구), 동자성을 함락시켰으나 고구려, 신라군은 계속 완강하게 싸움으로써 적들에게 큰 타격을 주었다.

674년초에 당나라는 류인궤를 계림도행군대총관으로 임명하고 20여만의 대병력으로 고구려, 신라에 대한 새로운 일대 침략전쟁을 개시하였다.

674년 9월 신라통치배들은 고안승을 안전한곳으로 보낸다는 구실밑에 금마저(전라북도 익산)로 보내고 금마저는 《보덕성》으로, 그는 《보덕왕》으로 부르게 하였다. 이것은 안승이 신라왕의 《은덕에 보답하라》는 소리로서 아직은 고구려국왕이 있는듯한 인상을 주어 고구려군사들을 반침략투쟁에 써먹으려고 타산한것이였고 장차로는 안승의 고구려국을 없애버리려고 한 음흉한 술책이였다.

675년에 칠중성(경기도 파주군 적성면), 천성, 매초성(경기도 양주), 아달성(안협), 적목성(세포군 현리), 석현성(개성부근?) 등에서 침략군과의 공방전을 계속하던 신라, 고구려군은 그후 대소 18차의 전투들에서 모두 승리하여 6,047명의 적군을 목베였다.

676년에는 적군이 도림성(강원도 통천군)을 공격함락시킨 일이 있으나 더는 침공을 계속하지 못하였고 11월에 기벌포해전에서 크게 패전하자 적군은 멀리 압록강이북으로 퇴각하고야말았다. 그러나 료동지방과 태백산일대에서 고구려 유민들의 반침략투쟁은 끊임없이 벌어졌고 당나라세력은 갈수록 약화되였다.

이러한 정세속에서 신라통치배들이 진실로 겨레와 국토를 통일하려는 지향이 있었다면 고구려인민의 항전력량과 손잡고 고구려땅에서 침략군을 완전히 몰아냈어야 할것이였다. 그러나 통일에 대한 지향을 가지고있지 않았고 사대주의사상에 포로되여있던 신라통치배들은 648년 당나라와 맺은 비밀협약을 지킨다고 하면서 오히려 후퇴하여 대동강이남지역에서만 저들의 통치를 유지하려고 하였으며 그 이북지역 고구려인민들의 투쟁을 강건너불보듯 하였고 고구려국이 재생되고 강화되면 이전처럼 다시 그에 의하여 밀리우게 되고 보복을 받는다고 생각하면서 실지로는 그것을 방해하였다. 이것은 그들이 저지른 또하나의 배족행위였다.

― 압록강류역 이북지역 인민들의 반침략투쟁과 의주중심 고구려국의 형성

압록강이북 료동지방에서도 고구려인민들의 반침략투쟁은 그칠새없이 계속되였다. 669년 2월 현재 침략군의 괴수였던 리적(리세적)이 연남생과 협의하여 당나라의 부, 주, 군을 둘것을 예견하였다는 문건에는 압록강이북에서 항복하지 않은 성이 11개, 주민이 당나라의 통치를 피하여 달아나고 없는 성이 7개나 되였고 이미 투항한 성이 11개, 함락시킨 성이 3개 있었던것으로 되여있다. 그중 대부분은 료동반도일대에 있었던 성들이다. 그후 당나라가 실제로 둔것은 《구당서》에 의하면 신성주도독부, 료성주도독부, 가물주도독부, 건안주도독부

(4개 도독부)와 남소주, 개모주, 대나주, 창암주, 마미주, 적리주, 려산주, 연진주, 목저주, 안시주(10개 주)이다.

그런데 주목되는것은 신성주, 료성주(료동성주), 안시주는 669년 2월현재 항복하지 않은 성들에 들어있고 또 반대로 항복한 성에 속해있던 국내주(성)를 비롯한 많은 성들은 당나라가 설치한 주들에는 보이지 않는다는것이다.

신성으로 말하면 이미 668년초에 함락되였던 성인데 669년 2월에는 항복하지 않은 성에 들어있다. 그런가 하면 669년 여름 설인귀가 안동도호부를 신성으로 옮긴바있다. 그리고 677년에는 연남생이 그사이 료동성에 있던 도호부를 다시 신성으로 옮기였다.

이것은 고구려인민들이 668년안으로 신성(고이산성)을 탈환하였다는것을 말해주며 669년 여름~670년, 677~681년 당시의 신성은 다른곳 즉 료하서쪽 신민현부근의 신성(료빈탑)이였다고 볼수 있게 한다. 또 국내성, 남소성, 목저성은 전쟁과정에 거기에 있던 연남생과 군대들이 당나라군대와 합세하였던 사실을 두고 《이미 투항한것》으로 썼을뿐 실지로는 연남건이 667년 가을에 말갈인부대 수만명을 보내여 남소성을 지키게 한것만큼 함락 또는 투항하지 않은 성에 속한다.

아무튼 당나라는 전후에 료동반도일대의 몇몇 성들을 차지하고 거기에 4개 도독부, 10개 주를 두었으나 그가운데 적지 않은것은 본래의 고장이 아닌곳에 림시로 설치된 교주(僑州)에 지나지 않았다.*

* 《신당서》(권 48)지리지에는 위락주도독부, 사리주도독부, 거단주도독부, 거소주도독부, 월희주도독부, 건안주도독부, 제북주, 식리주, 불녈주, 배한주가 더 있었던것으로 되여있으나 그것은

9도독부를 채우기 위해서 거란, 월희, 말갈 지방에 있었던 고구려의 속령(기미주 같은것)의 이름을 따왔거나 말갈족의 일부가 투항해온것을 두고 주이름을 붙여 통치하도록 한것으로 인정된다.

668년 9월이후 압록강류역이북지역에서는 고구려유민들의 투쟁에 의하여 많은 성들이 수복되기도 하였고 일부 성들은 당나라군대에 의하여 추가적으로 강점되기도 하였으나 고구려인민들의 투쟁은 한시도 중단되지 않았다. 당나라통치배들은 압록강이남지역에서 쫓겨났을뿐아니라 그 이북에서도 계속 타격을 받는 조건에서 고구려에 대한 직접통치정책으로부터 괴뢰국가를 세워 간접통치로 넘어가려고 획책하였다. 그리하여 677년 2월 당나라 관리들을 소환하고 고구려의 마지막 왕이였던 보장왕을 《료동주도독 조선왕》으로 임명하고 당나라에 끌려갔던 일부 고구려사람들을 딸려보내여 료동성(료양)을 중심지로 하는 괴뢰국가를 세웠다. 그리고 같은 해에 연남생을 《안동도호》로 임명하여 신성에 가있으면서 보장왕을 감독하게 하였다. 그러나 보장왕은 고국으로 돌아오자 인민들의 투쟁에 고무되면서 다시 독립된 고구려국을 세우려고 하였으며 《말갈》(고구려유민으로서 고구려동부지대에 있었던 사람들)과 비밀리에 련계를 가진것이 탄로되여 681년초에 당나라로 다시 련행되여가서 공주(사천성 공래현)로 귀양갔다가 이듬해에 죽었다.

료동지방, 압록강류역, 대동강이북지역 고구려유민들은 반침략투쟁과정에 의주 국내성(오늘의 신의주시 송한리의 서린동고성)을 중심으로 하는 또하나의 고구려국을 세웠다.

이 나라가 언제 성립되였는지는 잘 알수 없으나 684년에는 이미 그 존재가 중국에까지 알려져있었다. 684년에 당나라의

미주자사 리경업(리적의 아들)이 측천무후를 반대하는 정변을 일으켰다가 실패했을 때 고려(고구려)국으로 망명하려고 하였던 사실이 그것을 말해준다. 이 나라를 세운 세력은 670년대 말엽에 이미 집단을 이루고있었을수 있으나 그 통치자를 정식으로 낸것은 683년이후로 생각된다. 그것은 681년까지는 보장왕도 고국을 회복하려고 하고있었고 또 683년 10월에 신라통치배들이 《보덕왕》 안승을 신라수도에서 살게 하고 김씨 성과 소판벼슬을 줌으로써 한성중심의 고구려국을 명실공히 없애버린것과 관련된다고 본다. 이 시기 옛 고구려의 동부와 북부에서는 대중상, 대조영 부자에 의하여 진국이 수립되여있었고 681년에 보장왕이 다시 련행되여갔을 때에는 료동지방에 있던 고구려사람들을 하남, 롱우 지방으로 강제련행해갔으며 안동도후부 부근에는 가난한 사람들만 남겨놓았다고 하므로 의주중심 고구려국의 세력은 료하계선, 료동반도, 서북조선(대동강이북) 지방에 미치였다고 볼수 있다.

- 옛 고구려의 동부지구 유민들의 투쟁과 진국(제후국)의 출현, 발해왕국의 성립

태백산(백두산)일대는 본래 북옥저땅이였고 북류송화강류역은 본래 부여땅이였으나 고구려령토로 편입된지 수백년이상이 되였으므로 그 주민은 고구려사람으로 된지 오래였다. 동류송화강중하류일대에서 살던 말갈족은 그 일부가 수, 당나라에 투항하였으나 대부분은 고구려의 통치하에 있으면서 군사들을 내보내였으며 그들은 흔히 고구려군의 선봉부대를 이루고있었다. 고구려-당전쟁과정에 당나라침략군은 이 지역에는 발도 들여놓지 못하였고 따라서 668년 9월이후에도 옛 고구려의 동북부에서는 고구려의 지방통치체계가 그대로 유지되여있었

고 주민들은 외래침략세력을 몰아내고 다시 고구려를 회복하기 위한 투쟁에 나섰다.

태백산지구에는 옛 부여지역(속말수류역)출신인 결결중상 (대중상)과 그 아들 대조영이 주녹살 또는 그아래 무력을 지휘하는 장수로 있었던것 같다. 《삼국유사》에 의하면 이들은 678년에 태백산아래에서 나라를 세웠다. 이것은 아마도 677년에 료동으로 나온 보장왕이 《말갈》과 손잡고 고국을 회복하려 하였다는 사건과 관련된 사실일것이다. 즉 보장왕의 임명에 의하여 결결중상은 《진국공》으로 되고 진국(제후국)의 통치자로 되였던것으로 인정된다. 말갈족의 추장 걸사비우도 이무렵에 《허국공》으로 되였을것이다. *

> * 중국기록들에는 이들이 696년 영주폭동이후 측천무후에게서 이러한 칭호들을 받은것처럼 써놓았으나 한창 교전상태에 있던 당시에 그런 일이 있을수도 없고 또 적대세력이 보낸 벼슬이름에서 따와서 684년에 진국(왕국)을 세웠을수도 없다.
>
> 또 신라가 대조영에게 대아찬벼슬을 보냈다는것도 그것이 사실이라면 678년이전 그가 지방세력으로 있을 때에나 있을수 있는 일이다.

《제왕운기》에는 고구려의 옛 장수 대조영이 684년에 태백산 남성에 의거하여 발해국을 세웠다고 하였다. 이것은 684년에 와서 진국이 정식으로 왕국이 되였다는것을 의미한다. 즉 결결중상으로서는 보장왕도 붙들려가고 고안승도 붙들려갔으며 의주중심의 고구려국도 생겨난 조건에서 이제는 옛 고구려왕조가 아주 단절되였다고 인정하고 새로운 주권국가를 세우려 한것으로 보인다.

일연이나 리승휴가 이 나라의 국호를 《발해》라고 한것은 후의 명칭을 써놓은것이다.

진국은 고구려유민이 세운 나라였으며 또 옛 고구려땅의 많은 부분을 통제하고있었으므로 모든 면에서 고구려를 그대로 계승한 나라였다. 진국이 성립됨으로써 고구려유민들의 반침략투쟁은 더욱더 강력한 힘으로 추진되게 되였다.

696년 5월에 영주(조양)에서 거란인들의 대규모폭동이 일어났을 때 그곳에 강제련행되여가있던 고구려사람, 말갈사람들도 당나라의 통치를 반대하는 투쟁에 일떠섰으며 거란인들이 서남쪽으로 당나라 본토에 쳐들어갔을 때 그들은 동쪽으로 나오면서 당나라 지방무력, 지방관리들과 싸웠으며 그해 겨울에는 영주동남 270리에 있던 안동도호부를 공격하였다. 그러나 697년 6월에 이르러 거란족들은 돌궐의 불의습격으로 그 후방가족들이 잡혀가자 전투사기를 잃고 크게 무너졌다.

이 시기에 영주지방에서 투쟁에 일떠선 고구려, 말갈인들을 지원하기 위하여 대조영은 허국공 걸사비우와 함께 출전하였으며 추격해오는 리해고(당나라편에 가붙은 거란족출신 장수)와 싸우면서 동쪽으로 철수해오는 도중 698년초에 천문령(로합하에서 300리 떨어진곳)에서 크게 적군을 격파하였다. 참패한 리해고는 겨우 목숨을 부지하고 도망쳤으며 그후로 당나라군은 다시는 쫓아오지 못하고 돌궐의 공격으로 멀리 장성이남으로 쫓겨갔다. 그사이에 걸걸중상은 사망하고 걸사비우도 전사하였으므로 대조영은 말갈군도 함께 지휘하면서 동쪽으로 나와 동모산(돈화 오동성)에 이르러 이곳을 수도로 삼고 발해(대왕국)의 창건을 선포하였다. 료하계선이동의 넓은 땅이 발해소속으로 되였으며 의주중심 고려국(대동강이북 천산산줄기이남)도 자진하여 발해의 한개 후국(고려후국)으로 되였다.*

> * 고려후국은 그후 발해말기까지도 존속하였다. 《당회요》(권 100, 185)에는 700년, 818년조에, 《신당서》(권 220)에는 820년경에, 《삼국사기》에는 872년조에, 《료사》태조기에는 915년, 918년, 925년조에 각각 이 《고려국》의 존재와 활동에 대한 기사가 나온다. 이밖에 《고려사》지리지에 나오는 《본래의 고려》도 이 고려후국을 가리킨다.

일부 사람들은 의주중심의 고구려국을 697년에 당나라가 안동도독으로 임명한 고덕무가 세운 나라―《소고구려국》이였다고 하면서 그것이 《안사의 란》이 있었던 755년이후에 당나라의 통제에서 벗어난것으로 보면서 (히노 가이사부로:《동양사학론집》8권, 91, 204, 355페지 등) 당나라의 힘에 의하여 이 나라가 선듯이 력사를 외곡하였으며 또 대동강이북, 료동지방이 8세기중엽까지도 당나라땅이였던것처럼 지도에도 그려놓았다. 이것은 고구려유민들의 반침략투쟁에 대한 혹심한 모독이다.

조선봉건시대의 실학자들까지도 중국측기록의 본질을 꿰뚫어보지 못하고 개원―철령이남 압록강이북지역이 발해(고려후국 포함)땅이 아니였던것으로 오인하였다. (《아방강역고》, 《해동역사속》 등) 그런가 하면 일부 학자들은 발해(고려후국)의 령역이 대동강이남 재령이서지방에까지 미치였던것으로 보았으나 후기신라 장구진의 위치는 오늘의 은률군이므로 이것은 타당치 않다.

고구려유민의 반침략투쟁의 결과 수립된 발해국은 정치, 경제, 군사, 문화의 모든 분야에서 그 령역과 주민에서 고구려를 거의 그대로 계승한 나라였다. 그러나 령역에서는 일부 차이가 있다. 즉 동북쪽에서는 흑수말갈지역에 대한 지배를 강화하고 령역을 더 확장하였으나 서쪽으로는 의무려산줄기계선 이상으로는 나가지 못하였고 남쪽으로는 대동강이북, 덕지강이북지역을 차지하고있었다.

정약용은 《아방강역고》권 2, 발해고에서 발해, 후기신라의 경계로 된 니하는 강릉북쪽의 니천이며 따라서 양양이북지역은 무후말년(701~705 년)~천보년간(742~755 년)사이에는 발해땅이였다고 하였으나 이것은 재검토를 요한다. 왜냐하면 668 년에 신라가 비렬홀(안변)을 다시 차지하고 주를 설치하였고 676 년 7 월에는 당나라침략군이 신라의 도림성(통천)을 함락시킨바있고 693 년에는 신라의 부례랑이 금란굴(통천)로 구경갔다가 북쪽으로 련행되여 저쪽나라(진국)의 대오라니벌에서 목자노릇을 하였다는 《삼국유사》권 4 백률사조의 기록을 참고하면 양양까지 발해가 진출할수 있던것은 732~733 년 발해-당전쟁시기에나 있을수 있는 일로 된다. 따라서 정약용의 견해를 전적으로 옳은것으로 보기는 어렵다.

※ 《고구려사》(2), 234~270 페지

V. 고구려의 봉건적 사회, 정치, 군사 제도, 주요 정치적사변

1. 봉건적사회제도

고구려의 사회제도에 대하여서는 지난날 노예제사회로 보는 견해도 있었고 조기(早期) 봉건사회로 보기도 하였으며 노예제도로부터 봉건제도로 과도하는 과정에 있었다고 보는 견해도 있었다.

그러나 고구려사회는 시종일관 봉건사회였다.

고구려는 1,000여년동안이나 존속한 고대국가 구려국을 이어서 생겨난 나라였다. 고구려시조 동명왕은 역시 오랜 고대국가인 부여안에서 노예소유자계급과 노예계급을 비롯한 인민대중사이의 계급적모순이 심각화되고 봉건적관계가 싹트고있던 시기에 목자라는 천민의 일까지 맡아하면서 인민대중의 비참한 처지를 목격하고 새로운 사회질서를 세울것을 지향하던 인물이였던만큼 고구려국가를 세우면서 점차 봉건적인 국가사회제도를 수립해나가게 되였다.

노예사회말기와 봉건사회초기의 사회상에는 큰 차이가 없었고 또 봉건적제관계의 발전과정이 매우 굼떴던만큼 고구려초기의 사회제도의 봉건화과정에 대하여 말해주는 자료는 극히 드물다. 그러나 수백년이 경과하는 사이에는 고구려사회의 봉건적성격에 대하여 밝힐수 있게 하는 자료들이 력사기록에 남아있다.

위대한 수령 **김일성**동지께서는 다음과 같이 교시하시였다.

《모든 사회관계의 기초는 생산수단에 대한 소유관계이며 온갖 계급적차이는 생산수단에 대한 소유관계에 의하여 규정됩니다.》(《김일성저작집》35권, 317페지)

위대한 수령 **김일성**동지께서는 또한 다음과 같이 교시하시였다.

《해당 사회의 성격은 정권이 어느 계급의 손에 있으며 생산수단에 대한 소유형태가 어떤가에 따라 규정됩니다.》
(《김일성저작집》20권, 397페지)

위대한 령도자 **김정일**동지께서는 다음과 같이 지적하시였다.

《계급사회에서의 정치적지배는 곧 계급적지배입니다. 계급의 정치적지배는 본질에 있어서 지배계급의 독재이며 국가는 계급적독재의 무기입니다.》

고구려에서도 봉건지주계급이 정권을 독차지하고 기본생산수단인 토지와 그밖의 중요생산수단에 대한 봉건적소유에 기초하여 인민대중을 지배하고 착취하였다.

1) 봉건적토지소유관계

고구려에서는 일정한 면적의 토지를 소작농민들에게 부치도록 하고 그 지대를 현물로 수탈하는 지주적경리형태가 토지소유의 실현을 위한 지배적인 형태였다. 그밖에 로동지대를 착취하는 형태도 있었으나 그 비중은 크지 않았다.

《삼국지》 고구려전에는 《그 나라(수도)안의 대가들로서 밭갈이하지 않고 앉아서 놀고먹는자들이 1만여명인데 하호들은 멀리서 쌀과 곡식, 물고기와 소금을 날라다가 그들에게 바친다.》고 하였다. 《위략》에는 《대가는 밭갈이하지 않는데 하호는 부세를 바치는것이 노객과 같다.》(일부 판본에는 부세는 《부》로, 노객은 《노》로 되여있다)라고 하였다.

이 사료는 고구려 5부의 호수가 3만이라고 하던 때 즉 고구려초기 그 중심지역의 형편을 전한것으로 볼수 있다. 여기에 보이는 하호는 토지가 없거나 적은 농민이며 노객은 소작인을 가리킨다. 《노객》이란 귀족관료들이 국왕에 대하여, 마름이 지주에 대하여 자기를 부르던 말이며 결국 웃사람-지주에 대한 아래사람-소작인을 가리키는 말이다. 《부, 부세》를 《노, 노객》과 같이 바친다고 한것은 경작자가 노비가 아니라 노비처럼 비천한 처지에 있다는 말이며 대가(大家)는 토지와 재부가 많은 집이란 뜻이다. 또 물고기와 소금도 이 경우 지대의 한부분이거나 지주들에게 바치는 선물-경제외적착취물을 가리킨다. 농민(소작인, 하호)들이 갖다바치는 물건들이 국가의 조세가 아니라는것은 봉건국가가 개별적지주들의 지대를 인민들을 시켜서 날라다주는 일은 봉건시대 그 어느 나라에도 없었다는 사실만 가지고도 말할수 있다. 당시 5부 3만호 15만명의 인구가운데서 1만여명이 수도에 앉아서 놀고먹었다고 하니 지방에도 상당한 수의 대가들이 있었을것이고 그들 역시 하호들을 그러한 방식으로 착취하고있었을것이다. 《대가 대 하호》(지주 대 소작인)의 관계는 당시의 고구려사회에서 주도적인 사회관계였다. 대가들가운데는 부유한 평민층도 간

혹 있었겠으나 대부분은 귀족관료지주계급이였다.

당시 고구려의 봉건귀족관료들이 많은 토지를 여러가지 방법으로 차지하고있었다는것은 《삼국사기》 대무신왕(실지는 대주류왕) 15년조에 동명왕의 옛 대신들인 구도, 일구, 분구 등이 탐욕스러워서 남의 처첩과 소, 말, 재물들을 빼앗았다는 기록, 고국천왕 12년(190)년조에 중외대부 어비류와 평자 좌가려의 자식들이 권세를 등대고 남의 자식과 토지와 집을 빼앗았다는 기록을 통하여 알수 있다.

이밖에도 지주계급은 흉년, 재해를 리용하여 인민들의 토지를 헐값으로 빼앗아내여 더많은 토지를 소유하였고 또 국왕의 사여지, 식읍 등을 통해서도 자기의 사유지를 늘여나갔다. 식읍은 물론 당대에 한하여 주는것이였지만 식읍을 받은자들은 자기 권세와 지위를 리용하여 부근의 토지를 개간하거나 농민소유지를 강탈하기도 하였던것이다. 그것은 고려나 리조시기의 형편과 별반 차이가 없었을것이다.

국가적소유형태도 있었으나 그것이 봉건적방식으로 경영되였다는것은 지주계급의 토지소유에서와 기본적으로 같았을것이다. 다만 국유지의 일부는 농민-군인들의 공동로동으로 경작되였을것이다.

고구려의 봉건적토지소유형태의 하나로서는 소농민적토지소유형태도 있었다. 그들은 주로 자기의 작은 땅뙈기를 자기의 생산 도구와 수단을 가지고 경작하는 자작농민들이였으나 그들 역시 봉건국가앞에 무거운 조세, 공물, 부역 등의 부담을 걸머지고있었으며 전국의 토지는 《왕토》라는 관념이 지배하고 있던 조건에서 그들의 토지소유는 매우 불완전하고 제한적인 것이였다. 이런 의미에서 소농민들의 토지소유는 자본주의사회의 그것과는 달리 다분히 봉건적성격을 가지고있었다.

그들은 질병이나 흉년재해로 하여 자기 땅을 내놓기가 일쑤였다. 봉건시대 전기간을 통하여 그러하였던것처럼 고구려에서도 소농민적소유는 한편으로는 부단히 소멸되여갔지만 다른 한편으로는 근면한 인민들의 피땀어린 노력에 의하여 부단히 재생되는 과정을 밟고있었다. 바로 이런 사정으로 하여 고구려국가는 자영소농민을 조세, 공물, 부역, 로동력 수탈의 기본대상으로 삼았고 또 그들에게 군역을 지워 자체로 무기무장을 갖추고 무술훈련을 하도록 함으로써 외래침략을 막는데서 주로 그들의 힘에 의거할수 있었다.

고구려에는 공동체적토지소유형태도 있었다. 그것은 원시사회이래로 부락민들이 공동으로 소유하고 리용하던 토지, 산림, 호수 등에 대한 공동소유에서 표현되였다. 또한 사회발전수준이 낮았던 주변의 이종족들(말갈 등)의 경우에도 공동체적소유형태가 많이 남아있었다.

이상에서 본바와 같이 고구려에서는 최대의 토지소유자인 국왕과 대토지소유자들인 후왕, 고위급귀족관료들, 중소토지소유자들인 중소귀족들과 평민신분 지주 등이 자기 소속의 소작인들을 봉건적방식으로 착취하였거나 지배계급이 공동으로 국가적소유를 통하여 또는 토지소유에 대한 국가적간섭(《국유》관념을 리용함)을 통하여 인민들을 착취하고 지배하는 봉건적토지소유관계가 지배하고있었다.

2) 정권의 성격, 봉건적계급신분관계

고구려에서는 봉건적토지소유관계에 기초하여 지배계급이 봉건적계급신분관계를 편성, 고착시키고 인민들에 대한 지배권을 확립하였다. 많은 토지와 인민을 차지하고 권세를 부리던 귀족지주들은 자기의 계급적리익을 위하여 국가정권을 독차지하였으며 따라서 정권의 성격은 봉건적인것으로 되지 않을수 없었다.

국왕은 정권의 꼭두마리에 앉아서 자신은 하늘의 후손이며 하늘의 의사에 따라 전국의 토지와 백성들을 지배할 특권을 가지고있다고 표방하였으며 그의 측근신하들인 고위급귀족관료들은 국가정권의 요직들을 차지하고 권세를 부리였다. 그들은 귀족내부에서도 신분적차등을 설정하고 하층귀족들에게도 권력의 일부를 나누어줌으로써 자기 정권의 동반자로 되게 하였다.

그들은 또한 이러한 특권을 대대로 물려주기 위하여 같은 신분들끼리 통혼하였고 혈통에 의하여 사람들에게는 귀한 종자가 미리 정해져있다는 허황한 관념을 류포시켰다. 그들은 평민들에 대해서는 신분적규제를 강화함으로써 정권에 참여하지 못하게 가로막았고 평민들가운데 큰 전투공로 등 특별한 공로가 있는자들에게도 상을 줄뿐 그 신분을 높여주는 일은 특수한 경우를 내놓고는 없었다.

고구려의 통치계급은 평민들도 지방에 따라 직업에 따라 량인, 부곡민 등으로 구분하고 차별대우를 하였고 농민, 상인, 수공업자들에 대해서도 차별대우를 하였다. 노비들은 대대로 노비신분에 얽매여놓고 가혹하게 억압착취하였으며 특수한 공로가 없이는 평민신분으로 높여주지 않았다.

고구려때 형성된 이러한 계급적신분관계는 조선의 중세 전기간을 통하여 기본적으로 유지되는 봉건적계급신분관계로 되였다.

고구려의 정권운영에서 계급신분관계가 어떤 작용을 하였는가를 좀더 구체적으로 보기로 하자.

국왕은 봉건적계급신분관계의 정점에 위치하였다. 국왕은 최대의 토지소유자, 국가권력의 최고대표자로서 그의 명령지시는 곧 법으로 되였다. 국왕은 전쟁을 일으키고 총지휘하며 전쟁을 중지하고 화약(和約)을 맺을 권리, 대신을 비롯한 관리들을 임명 및 파면할 권리, 다른 나라와의 외교관계를 맺거나 단절할 권리 등 중요한 정치문제를 결정하는 절대적권리를 가진 최고통치자, 전제군주였다.

고구려에는 고위귀족들이 모여 중요정치문제를 토의하는 귀족평의기구-제가평의회가 있었으나 그것은 어디까지나 국왕의 보좌, 자문 기구였고 최종결정은 국왕이 하였다. 《삼국사기》 고구려본기에는 이러한 관계가 여실히 반영되여있다. 국왕은 천자로서 여러 제후왕들을 임명하고 각급 벼슬(관직, 관등, 작호)을 주었으며 사전, 식읍 등을 주었다. 국왕은 자기의 권위를 높이기 위하여 웅장한 왕궁과 큰 무덤을 만들었으며 전국 각지를 《순수》하고 조세, 부역을 면제하거나 《전휼》을 실시하고 대사령을 발포하였다.

왕위는 세습되였으며 또 원칙상 장자상속제였다. 물론 태자가 어리거나 병신일 때에는 다른 왕자를 세우기도 하였다. 또 국왕이 어리거나 똑똑치 못할 때에는 그 어머니나 삼촌이 정사를 대행하는 경우도 있었으나 그런 경우에도 언제나 모든 명령, 지시는 국왕의 이름으로 선포되였다. 국왕이 포악하거나 무능할 때 귀족평의기구나 국상이 국왕을 폐립하는 사건도 없지 않았다.(모본왕, 차대왕 등의 경우) 그러나 그것은 봉건국가존립을 위하여 부득이한 경우에만 진행되는것으로서 어느 나라에서나 다 있었던 일이다. 《주서》등에 보이는 대대로가 3년에 한번씩 교대하는데 의견대립이 있을 때에는 그들끼리 싸우고 왕은 문을 닫고 구경하다가 이긴자에게 대대로 벼슬을 준다고 한 기사를 보고 고구려의 왕권이 취약하였고 귀족들의 세력이 강하였다고 보는 견해도 있으나 그것은 어느 한때 우연적으로 있었던 정치적분쟁을 항례적인것으로 잘못 알고 써놓은 기사이다.

국왕의 가까운 일가 또는 국왕의 장인, 이전 국왕가문이던 연나부의 적통대인 종손들은 《고추가》라는 칭호로 불리웠다. 일부 고구려에 통합된 나라의 왕, 왕자가 고추가로 되는 일도 있었다. 이들은 후세의 대군, 군(종성, 이성, 외척)에 해당하는자들로서 그 벼슬등급이 높아지면 《고추대가》로 불리웠다.

고구려초기에는 속국, 후국, 속령들이 있었고 그 통치자들 가운데는 고구려왕에게 충성을 맹세하고 일정한 봉건적의무를 지는 대신 종전의 자기 령토안에서 최고권력자로 되고있던자들도 있었다. 이것은 될수록 적은 힘을 들여 통합할 필요에서 또는 사회발전수준의 차이로 하여 직접 통치할수 없는 경우에 실시한것이였다. 시간이 경과함에 따라 왕권의 침투가 강화되자 후왕제도는 이름만 있는 형식적인것으로 전화되였다. 고자(高慈)의 조상 고밀(高密)이 왕으로 책봉되는것을 사양하고 제후의 이름만 가지게 된것은 그러한 실례에 속한다.

고구려의 귀족관료들은 크게 대가(大加)와 소가(小加)로 구분되였고 그안에서도 다시 세분된 구분이 있었다.

대가(대위<大位>)층은 고위귀족층으로서 대로, 패자, 우태, 주부 등 높은 벼슬등급을 가질수 있었고 중요한 국가관직에 임명되여 정권운영에 직접 참여할수 있었다. 대가들은 자기

직속의 사자, 조의, 선인들을 가질수 있었으나 그들은 국왕직속의 사자, 조의, 선인보다는 지체가 낮았다. 대가들은 대체로 건국이전시기부터 높은 지위에 있었던 5부의 상충귀족, 건국과정 또는 그이후 큰 공을 세운자들의 자손으로 구성되여있었다.

소가들은 중하층귀족들로서 대형, 소형 등 일정한 중간급관등까지 승진할수 있었고 그에 해당하는 관직들을 차지하고 봉건국가의 실무사업을 맡아보면서 인민들에 대한 통치의 직접적집행자로 되였다.

대가, 소가들은 의복, 관모, 주택, 수레의 사용 등에서 제한을 받았다. 즉 머리쓰개, 의복의 색갈과 질, 패물의 량과 질 등에 의하여 서로 구분되였다. 《삼국지》에는 대가는 《책》을 쓰고 소가는 《절풍》을 쓴다고만 하였으나 후기에 오면서 대신급관료들은 푸른색, 자지색, 검은색의 비단관을 쓰고 자지색겉옷에 검은 비단띠를 띠였고 그다음급의 관료들은 붉은색비단관에 자지색겉옷, 검은 비단띠를 착용하였으며 다시 그 아래급관료들은 책을 쓰고 연한 누런색 겉옷을 입고 흰 비단띠를 띠였다. 이렇게 복식의 차이를 통해서보면 고구려의 관료군은 크게 세가지, 세분하면 다섯가지 부류로 갈라졌다.

이러한 현상은 귀족관료들의 신분이 시간이 갈수록 세분된 사실의 반영이다.

본래 벼슬등급을 크게 두부류로 갈라서 부르던 이름인 대가와 소가를 신분으로서 보게 되는것은 하층귀족관료들은 소가 가운데 최고벼슬등급까지만 승급할수 있었기때문이다. 그러나 엄격하게 말하면 대가나 소가에 속한 귀족관료들속에서도 문벌-신분에 따라 또 승진할수 있는 최고등급이 한정되여있었으므로 대가, 소가의 구별은 크게 나누어본것에 지나지 않는다. 여기서 또 주의할 점은 대가신분에 속하는자들도 관직생활을 시작할 때에는 제일 낮은 등급부터 차례차례로 승급하게 되여있었다는것이다.

고구려에는 향류(향리)를 비롯하여 후세의 중인, 아전계렬에 속하는자들도 있었다. 그들가운데서 토호계층도 있었고 또 본래의 소국의 관료신분층출신으로서 고구려의 지방통치기구안에서 복무하면서 봉건통치의 말단실무를 담당하고 인민들에 대한 억압착취의 직접적하수인으로 된자들도 있었다.

이상에서 본바와 같이 고구려의 계급신분관계는 이미 그 초기부터 봉건제도에 고유한 계층제를 형성하고있었으며 후기로 내려올수록 그것은 더욱 세분화되면서 고착되였다. 봉건적계급신분관계는 곧 봉건정권내부에서의 권력의 분할, 대소의 관계의 표현으로 되였다.

평민, 노비 등 피지배계급인민들은 정권에서 완전히 배제되였다. 그들은 정치적으로 무권리한 상태에 있었고 오직 봉건적의무만을 졌으며 착취와 억압의 대상으로만 되였다.

후세와 좀 다른 점은 고구려가 거듭되는 외래침략자들과의 투쟁을 하던 실정에서 전투에서 큰 공을 세운자들의 일부가 발탁 등용되여 하급지휘관으로 되고 그것이 대를 이어 계속되면서 중하층귀족으로까지 전화되는 실례가 고려나 리조 시기보다는 좀더 많았다는 사실이다. 또한 수공업자들가운데 특별히 우수한 기량을 가진자들도 일정한 벼슬등급을 받고 상대적으로 높은 사회적대우를 받았다는 점에서도 후세보다는 그 처지가 좀 나았다는 사실이다.

중들의 경우도 각이한 계급의 출신이 있었으나 리조시기처럼 심한 사회적천시를 받지 않았고 중들속에서 지식계층, 기술자들이 많이 배출하였으며 비교적 높은 사회적대우를 받았다. 왜국(일본)에 초빙되여간 고구려중 혜자나 혜관, 담징등의 실례가 보여주는바와 같이 학문을 깊이 연구, 통달한자들은 그가 왕실이나 높은 귀족문벌출신이 아니라 하더라도 국왕이나 태자의 스승으로 되기도 하였다. 이것도 후세와는 다소 다른 점이다.

※ 《고구려사》(1) 234～249 페지, 《고구려사》(2) 52 페지

2. 봉건적통치체제-정치제도

1) 왕호, 년호 등을 통하여 본 천자국 고구려

《삼국사기》를 비롯한 옛 기록들과 금석문에 의하면 고구려의 통치자는 《왕》, 《대왕》(태왕), 《성왕》, 《명왕》, 《신왕》, 《호왕》, 《호태왕》, 《호태성왕》, 《제》, 《성제》 등으로 각이하게 불리웠다.

일부 다른 나라 학자들은 고구려의 통치자는 《황제》, 《제》로 부른적이 없으며 《왕》도 중국의 《책봉체제》하에 있던 왕으로서의 칭호, 중국에서 받은 왕호가 제1차적인것이고 고구려왕이 책봉과는 관계없이 사용한 왕호는 제2차적인 칭호였다고 하며 또 《대왕》칭호는 그아래에 《왕》, 《후》가 없는 협애한 고구려세력권내에서만 쓰이던 미칭에 불과하였다고 주장하고 있다.＊

＊《고구려사와 동아시아》(일문) 266～267 페지
《호태왕비연구》(중문) 137 페지

이것은 매우 그릇된 관점의 표현이다.

고구려왕은 처음부터 천자(대왕)였다. 고구려에도 백제나 신라에서와 같이 고유한 통치자칭호가 있었을것이나 지금 전하지 않는다. 혹 고구려에서는 처음부터 《왕》이라는 칭호를 썼을수도 있다. 그것은 기원전 4세기에 고조선에서도 왕호를 쓰고있었던만큼 고구려에서도 처음부터 왕호를 썼을수 있다고 인정되기때문이다.

그러나 이 왕호는 아직 진시황이 황제를 칭하기전의 최고통치자의 칭호로서 중국에서도 하, 은, 주 나라들에서는 왕이라고만 하였던것과 같이 최고통치자의 칭호였다. 고구려에서는 중국과는 관계없이 왕호를 계속 썼으며 평상시에는 《대왕》으로 불렀고 또 특수한 업적, 공로가 있다는 왕들은 《명왕》, 《신왕》, 《성왕》, 《호왕》 등 형용어를 붙여서 부르기도 하였다.

고구려왕이 처음부터 제후왕우에 있는 천자이며 대왕이라는것은 시조 고주몽이 천제의 아들, 손자로 자칭한데서도 알수 있고 또 건국한 다음해에 비류국왕을 《다물후》, 《다물국왕》으로 삼았고 기원전 219년에 부여왕의 4촌아우에게 《왕》호를 준 사실에 의해서도 명백히 알수 있다. 고구려에는 여러 속국왕, 제후왕 들이 있었다.

고구려왕이 평상시에 《대왕》으로 불리웠다는것은 건국설화 가운데서도 찾아볼수 있고 대무신왕기 11년조, 15년조를 비롯하여 여러군데에 나온다.

4세기말엽 소수림왕때(371~384년)에 고구려는 제반제도를 정비하면서 명실공히 천자의 나라로서 당시 동방나라들에 있던 황제국의 관례를 참작하여 명칭을 고칠것은 고치고 새로

— 172 —

둘것은 두도록 하였다. 372년에 태학을 둔것이라든가 373년에 률령을 발포한것은 그 일부 례이다. 이때 소수림왕은 《황제》라는 칭호도 쓰게 하였다. 그것은 고국원왕을 추숭하여 《소렬제》라고 한데서 찾아볼수 있다. 《수서》(권 81) 고구려전에는 《위궁(동천왕)의 현손의 아들을 소렬제라고 하였는데 후에 백제에게 피살되였다.》고 한것이 그것이다. 일부 사가들은 그것이 《위서》(권 100) 고려전에 《리(을불리-미천왕)의 아들이 쇠인데 렬제때 모용씨와 서로 싸웠다. 쇠는 후에 백제에게 피살되였다.》고 쓴것을 잘못 베낀것이라고 하였으나*[1] 고국원왕이 위나라 렬제(탁발예괴의 추숭)때 (329~335, 337~338년) 모용선비와 싸운 일은 없었다. *[2]

*[1] 다께다: 전계서 268~269페지
*[2] 《위서》는 554년에 위수(魏収)가 처음 편찬한것이지만 그후 여러번 고친것이고 또 후에 많이 잃어진것을 보충했다는것이므로 믿기 어려운 반면에 《수서》에는 두번씩이나 《소렬제》가 나오는 것으로 보아 또 고구려에 대한 적대관념이 농후하였던 당나라 관료 위징(580~643년)이 편찬한 책이라는 점을 고려할 때 고구려에 《유리한》사실-황제칭호를 잘못 써놓을수가 없다.

중국 신나라의 왕망이 천하에는 왕이 하나만 있을수 있다고 하면서 기원 9년에 주변나라들의 통치자들에게 《후》칭호를 주었다고 하나 고구려에는 그의 사신이 온 일이 없다. 그것은 기원 12년에 왕망의 신하 엄우가 속임수로 고구려장수 연비를 죽여서 그의 목을 고구려왕의것이라고 하면서 장안에 보냈더니 왕망이 크게 기뻐하면서 그때부터 고구려왕을 《하구려후》로 부르게 했다는 기록을 통해서도 알수 있다.

왕망이 제멋대로 《하구려후》로 부르게 했으나 고구려왕은 그따위 말을 인정하지도 않았다. 그것은 기원 32년에 고구려왕이 후한에 사신을 보냈다고 한《후한서》본기의 기사를 보아도 알수 있다. 《후한서》, 《삼국지》의 고구려전들에 이때 처음으로 《왕》으로 칭한것으로 또는 왕호를 복구한것으로 써놓은것은 《하구려후》호칭사건을 합리화하기 위하여 덧붙여놓은 소리에 불과하다.

그러므로 중국에서 받은 왕호가 제1차적왕호라느니 고구려대왕아래에는 후왕이 없었다느니 하는것은 다 잠소리이다. 고구려는 소수림왕때에 독자적인 년호를 제정함으로써 자기의 권위를 더욱 높이고 고구려가 중국의 여러 왕조들 못지 않는 황제국이라는것을 시위하였다. 독자적인 년호의 실시는 당시까지의 동방나라들에서는 황제만이 년호를 제정할수 있는것으로 되여있었기때문이다.

지금까지 알려진 고구려의 년호는 다음과 같다.

번호	년호	사용기간	신설한 해(계속된 해수)
1	건시	372~374	소수림왕 2년(3년)[*1]
2	태녕	374~397~?	〃 4년(4년이상)[*2]
3	영락	391~412	광개토왕 1년(22년)
4	연가	413~419~?	장수왕 1년(7년이상)[*3]
5	연수	451~?	장수왕 39년(1년이상)
6	건흥	472~476~?	장수왕 60년(5년이상)
7	백선(?)	508~511~?	문자왕 17년(4년이상)
8	태화	544~546~?	양원왕 14년(3년이상)
9	영강	565~571~?	평원왕 7년(7년이상)

*¹ 황해남도 신천군 복우리에서 나온 벽돌에 《건시원년》이라는 새김글이 나오는데 중국에서 건시년호를 전한 성제때인 기원전 31년~기원전 29년에 쓰이였을뿐이고 당시 중국에는 벽돌에 기년명을 새기는 풍습이 없었으므로 고구려의 년호로 볼 수 있다.

*² 중국 길림성 집안에서 나온 기와막새에 《태녕 4년 태세 □□ 윤월 6일 기사》라는 새김글이 있다. 동진의 《태녕》년호와 글자가 같으며 동진의 태녕 3년(325년)의 윤 8월 6일도 기사일이다. 그러나 년대가 틀릴리 없으므로 그것은 377년(소수림왕 7년) 윤 3월 6일로 되여야 한다.

*³ 《연가》년호는 안원왕때인 533~539년 씌였다고 보는 견해도 있다.

고구려에서 《황제》, 《제》칭호를 쓰게 되고 독자적인 년호까지도 쓰게 된것은 중앙과 지방의 기구를 정비하고 관직, 관등제도를 갖추는것과 함께 천자의 나라로서의 체모에 맞는 제도를 완비해나가는것으로 되였다.

2) 수도와 부수도-3경, 5경 제의 수립

고구려의 봉건통치체제에서 중요한 구성부분을 이루는것은 여러개의 수도(한개의 기본수도와 몇개의 부수도)를 두고 통치한것이다. 이 제도는 고구려에서 시작되여 그후 조선과 대륙의 여러 봉건국가들에 계승된 특이한 제도이다.* 물론 그 이전에도 고조선에 기본수도와 부수도가 있었고 중국 주나라, 한나라에도 장안과 락양의 두 수도가 설정된적이 있었으나 고구려처럼 3~5개의 수도를 정한 례는 없었다.

이로부터 봉건시대이래로 여러 학자들이 고구려가 환도성, 평양성으로 수도를 옮겼다, 왕이 처소를 옮겼다는 단편적인 기록을 보고 그때마다 기본수도를 옮겼던것으로 리해하는 일이 많았으며 그것은 고구려력사를 바로 리해하는데서 지장을 주었다.

* 고구려의 3경, 5경제도는 신라, 발해, 고려, 리조 등 력대 왕조들에 의하여 계승되였을뿐아니라 발해를 통하여 료나라, 금나라 등으로 이어졌다. 어떤 사람들은 이 나라들의 5경제도가 당나라의것을 본딴것이라고 하지만 불과 5년밖에 존재하지 않았던 당나라 5경제를 계승하였다는것은 력사적사실을 무시한것이다.

고구려봉건국가는 왕권의 강화, 중앙집권체제의 강화를 위하여 기본수도이외에도 여러개의 부수도(별도)들을 두었다. 기원 3년에 국내성(집안)으로 수도를 옮기면서 본래의 수도 졸본성은 《별도(別都)》로 삼았다. 이것은 시조 동명왕의 사당이 있는 졸본의 지위를 유지하고 그 지방귀족들의 안토중천(安土重遷)하는 (한고장에 안착되여 떠나기 싫어하는것)심리를 안정시키려는데에 주되는 목적이 있었을것이다.

다음 198년에 환도성을 쌓고 209년에 왕이 수도를 환도로 옮겼는데 이 환도성의 위치는 환인현 오녀산성 또는 흑구산성으로 인정되고있다.

《삼국사기》(권 37) 지리지에 의하면 국내성이 수도였던 기간은 425년간(3~427년)이며 수도가 평양성에 있던 기간은 158년간(427~586년)이고 장안성에 있던 기간은 83년간(585~668년)이였다. 이것은 209년에 옮겨간 환도성이 림시수도(부수도)였다는것을 말해준다.

247년에 평양성을 쌓고 종묘, 사직과 인민들을 옮겼다는것이나 342년에 다시 왕이 환도성에 옮겨앉았고 343년에 왕이 평양동황성에 처소를 옮겼다는것도 다 림시수도로 삼았다는것을 의미한다. 그것은 259년 위나라 군대가 량맥곡으로 침입한 사실을 보아서 당시 고구려왕이 평양성이 아니라 국내성에 있었다는것을 알수 있고 또 광개토왕릉비가 집안에 있다는 사실을 통해서도 알수 있다.

이밖에도 3~4세기사이에 국왕이 일시적으로 평양에 와있었을뿐 대체로는 국내성에 있으면서 정사를 보았다는것은 그들의 장지의 위치, 외래침략세력과의 전투과정, 대외관계서술에 나오는 지명들(《신성》, 《고국원》 등)을 보아도 짐작할수 있다.

고구려는 4세기중말엽에 또하나의 부수도 남평양(황해남도 신원군-재령군 장수산성일대)을 건설하였다.[*1] 370년대이후 서쪽으로 령토가 현저히 확대된 조건에서 또 대륙방면으로부터 외적의 침공이 예견되는 조건에서 4세기말 5세기초에는 또 하나의 부수도 북평양성(제 2 환도성[*2], 봉황성)을 두었다.

> [*1] 이 남평양성은 529년경에 오늘의 서울(백제의 북한성)로 옮겼다가 551년경 백제의 북상과 관련하여 다시 원위치로 돌아왔고 그때부터는 《한성》으로도 불리우게 되였다.
>
> [*2] 370~376년 고구려의 유주진출 당시 료동성(료양)이 부수도-새 환도성이였다고 보기도 한다.

209년 고구려가 환도성을 림시수도로 삼은것은 공손침략세력의 침입을 막고 나아가서는 더 서쪽으로 진출하기 위한 책원지를 꾸리기 위한것이였고 또 발기의 반역사건으로 하여 국왕에게 반기를 든 연나부귀족들을 눌러놓자는것이였다. 342년에 다시 환도성을 수축하고 국왕이 옮겨앉는것도 모용선비의 전연의 침공에 대처한것이였다.

247년이나 343년, 4세기중말엽에 평양성, 황성, 남평양성에 옮겨앉은것은 전쟁피해를 빨리 수습하고 남방의 개발을 촉

진시킴으로써 국력을 급속히 강화하려는 목적을 추구한것이였다. 이러한 목적과 함께 림시수도는 해당 지역에 대한 왕권, 중앙집권력의 침투와 통제를 강화하려는 목적도 추구하는것이였다.

427년에 기본수도를 국내성으로부터 평양성으로 옮긴 이후에는 국내성이 별도(부수도)로 되였다. 이 시기 고구려에는 평양성, 국내성, 남평양성(한성), 북평양성(제2환도성), 졸본성의 5경(수도 및 부수도)이 있게 되였다.*

> * 《주서》(북주, 후주 557~581년)에는 고구려에서 평양성, 국내성, 한성이 3경으로 불리웠다고 하였는데 이것은 5경중에서 중요시되는 3경을 든것을 의미한다.

부수도란 국왕이 그곳에 나가 자리잡으면 곧 수도의 기능을 수행할수 있게 한 정치적중심지로서 자연지리적조건이 적당하고 농업, 수공업, 교통운수 등이 발전된곳을 택하여 왕궁과 각급 관청을 수도의 축소판으로 건설하여야 하였다. 국왕이 부수도에 나와있는 기간은 그리 오래지 않았다고 하더라도 그것은 왕권의 영향력을 높이는데 크게 작용하였으며 지방봉건세력들의 있을수 있는 원심적경향을 미리 막을수 있게 하는것이였다.

만일 일부 선행연구자들처럼 《삼국사기》기록을 따라 기계적으로 리해하면서 209~247년에는 수도가 환도성이였고 247~342년에는 수도가 평양성이였으며 343~371년경은 평양동황성에 있었고 그후 국내성으로 되돌아갔다고 보면 또는 환도성은 산성자산성으로서 국내성과 같은곳이였다고 하면 그 기간에 일어났던 여러 정치군사적사변들에 대하여 옳바로 리해하고 설명할수 없게 된다. (Ⅳ 4, 5, 6 등 참조)

3) 중앙관제, 벼슬등급제도

문헌자료의 부족으로 세나라가운데서도 고구려의 관제의 구체적내용에 대하여서는 제일 밝히기 어렵게 되여있다. 현존자료들에는 관청, 관직에 대하여 밝힌것이 매우 적고 주로 벼슬등급(관계, 관등)을 알수 있을뿐이다. 이러한 사정으로 하여 지난날 일부 사가들은 고구려는 관직과 관등이 분화되여있지도 못한 나라였으며 6세기후반기에 가서야 국가의 징표를 갖춘 락후한 나라였던것처럼 그릇되게 보기까지 하였다.*

* 《고구려의 국가형성과 동아시아》(《조선사연구회론문집》 21집 〈일문〉, 1984년)

《삼국사기》 고구려본기 등에서 관직보다도 관등을 더많이 쓰고있는것은 사실이다. 이것은 고구려통치계급속에서 출신부(혈통)와 벼슬등급을 더 중요시하였던 풍습과 관련된것이다. 《북부 소형, 신성재 고노자》, 《전부 대사자 다혜환노》처럼 귀족들의 출신부—벼슬등급을 관직보다 앞세우고있는것은 고구려의 봉건통치배들이 출신부에 따라 벼슬길에 오르는데서 제한을 받았으며 그로 말미암아 어떤 관직을 임명할 때 적임자의 범위를 넓혀 어느 관등부터 어느 관등까지의 인물이 임명될수 있다는 식으로 규정해놓은것과 관련된다. 이것은 고구려관제의 영향을 많이 받은 전기신라의 관제를 보아도 알수 있다. 그 결과 관직보다도 관등이 더 중요시되게 되였다. 실지로는 국가운영에 필요한 관료기구들이 다 있었던것은 물론이다.

― 중앙관제

고구려초기의 중앙관제로서는 국왕아래 그를 보좌하는 최고급관료로서 대보, 그 분화인 좌보, 우보를 두는 제도가 있었다. 166년에 이르러 좌, 우 보제도를 페지하고 한명의 국상을 두었다. 이때 명림답부가 패자의 벼슬등급을 받고 국상이 되여 중앙과 지방의 군사통수권을 위임받은것, 191년에 을파소가 우태로서 국상이 되여 나라의 정사를 총괄한것을 보면 국상은 대로, 패자, 대주부, 우태 등 가장 높은 벼슬등급을 가진자로써 임명되였으며 국상의 권한이 대단히 컸음을 알수 있다.

국상은 대체로 6세기경에 와서 막리지로 명칭을 고친것으로 보인다. 막리지는 2품이상의 벼슬등급을 가진자들이 임명되였다. 막리지는 문, 무 관료의 선발, 임명에서 실권을 장악하고 국가정사를 총괄하여 보던 최고관직이였으나 그것은 어디까지나 국왕의 신임에 의하여 국왕의 명의로 진행하는것이였다. 막리지는 후에 여러명이 있게 되고 그우에 대막리지, 태대막리지가 생겨났다.

국상다음가는 중앙관직으로서는 초기에 중외대부, 평자 등이 있었다. 중외대부는 패자~우태의 높은 등급을 가진자가 임명되는 관직으로서 여러 관리들을 규찰하는 임무를 맡았던것으로 인정된다. 평자는 그 직능을 잘 알수 없으나 그 명칭으로 보아 한개 평(부)을 책임진 관리였을수 있다.

이밖에도 고위급귀족들로써 조직되는 《제가평의회》기구가 있어서 국가의 중요정사들을 토의하였으나 그것은 어디까지나 국왕의 정사를 보좌하는 자문기관이였다.

고구려에서도 높은 급의 관료들은 대신으로 불리웠고 중앙과 지방의 군사통수권을 가진 지내외병마사도 있었다.(이 벼슬은 대체로 대보나 국상이 겸하는것이 관례였다.) 또 일정한 행정단위(부)의 장관으로서의 《부장》이라는 관직도 있었다. 이것은 5부욕살과 같이 중앙관직의 일부로 되여있었을수 있다.

무관직으로는 대장(280년 서천왕의 아우 달가), 장하독, 중리도독, 장사, 사마, 참군관 등(4~5세기)이 있었다.

고구려후기의 중앙관직으로서는 막리지아래에 각급 벼슬들이 있었으나 그 이름이 전하는 문관직으로서는 국자박사, 태학박사, 사인, 통사, 전서객 등이 있었고 무관직으로서는 흔히 막리지의 겸직이 된 지내외병마사, 장군, 소장, 3군대장군, 중군주활, 중리대활, 대모달, 당주, 말객 등이 있었다. 단편적으로 남아있는 이러한 문무관직명들은 고구려에도 봉건국가 운영에 필요한 각급 중앙관청과 관직들이 다 정비되여있었다는것을 보여준다.

- 벼슬등급제도

고구려의 발전된 관직제도를 보여주는 중요한 징표로 되는것은 그 벼슬등급(관등, 관계)제도이다. 이에 대하여 전하는 자료로서는 《삼국사기》와 중국사서들인 《삼국지》, 《후한서》, 《위서》, 《주서》, 《수서》, 신, 구 《당서》, 《한원》, 《통전》 등이 있다. 외국인들의 기록가운데는 고구려의 관계를 잘 알지 못하고 관등과 관직을 혼동한것, 귀족관료의 범칭을 관등으로 오인한것, 관등의 순서를 모르고 류사한것끼리 모아놓은것 등 잘못된것이 적지 않다. 고구려의 벼슬등급제도를 리해하기 위하여서는 우선 여러 시기의 유관자료들을 알 필요가 있다.

△ 3세기경까지의 벼슬등급자료:

《삼국사기》자료: 패자, 대주부, 우태, 구사자, 대사자, 주

부, 대형, 사자, 소형, 조의

《후한서》,《삼국지》자료: 대로, 패자, 주부, 우태, 승, 사자, 조의, 선인(상가는 대신급 고관, 고추가는 왕실, 외척 등 고위급족상층의 범칭이므로 제외)

이가운데 대로와 패자는 어느 한쪽이 있으면 다른쪽은 두지 않았다고 한다.(여기서는 《관》으로만 쓰고있기때문에. 관직과 관등의 구별이 없는것으로 되여있으나 실지로는 우에 든것들은 다 벼슬등급이다. 이하 같음)

△ 4세기후의 벼슬등급자료:

《위서》: 알사, 태사, 대형, 소형.

《주서》: 대대로, 태대형, 대형, 소형, 의사사, 오졸, 태대사자, 대사자, 소사자, 욕사, 예속, 선인(욕살은 관직명이므로 제외)

《수서》: 대대로, 대형, 소형, 대로, 의후사, 오졸, 태대사자, 대사자, 소사자, 욕사, 예속, 선인(이밖에 내평, 외평, 5부 녹살이 있다고 하였으나 관직명이다.)

《구당서》는 대대로, 태대형이하 12 등급이 있다고만 하였다.

《신당서》: 대대로(토졸), 울절, 태대사자, 백(조)의 두대형, 대사자, 대형, 상위사자, 제형, 소사자, 과절, 선인(고추대가는 범칭이므로 제외)

《한원》에 인용된 《고려기》에는 1 품부터 정 9 품에 이르기까지의 15 개 벼슬등급이름과 그 딴이름을 차례차례 소개하고 있다. 《통전》의 내용도 이와 비슷하다.

이밖에도 금석문자료들로서 소대사자, 중리대형, 국소대형, 중리소형 등이 있으며 신라의 《고구려인위》와 《일본서기》 등에 보이는 자료들이 있다. 중국 정사들에는 10~15 등급의 벼슬이 있다고 하였으나 《한원》에서는 《관숭9등(官崇九等)》이라고 한것만큼 정, 종 1 품부터 정, 종 9 품까지 18 개등급이 다 있었던것으로 볼수 있다.

지금까지 알려진 고구려의 벼슬등급명칭을 그 등급순서로 정리하면 아래와 같다.

벼슬등급 (품계)	벼슬등급이름	딴이름	《고구려인위》 의 등급
정 1 품	태대대로*1, 대대로	토졸	
종 1 품	대로*2		
정 2 품	태대형	막하하라지*9	
종 2 품	(대)주부*3	울절	
정 3 품	태대사자*4	알사	대상*6
종 3 품	조의두대형*5, 위두대형, 중리조의두대형		대상
정 4 품	구사자, 대사자	대(태)사	종대상, 을상
종 4 품	소대사자	의사사(의후사)	종대상
정 5 품	대형, 중리대형, 국소대형	힐지	소상
종 5 품	발위사자*7	유사, 오졸	소상
정 6 품	상위사자	계달사	적상
종 6 품	사자, 소사자	을기*8(사)	적상
정 7 품	소형, 중리소형	실지	소형
종 7 품	제형	예속, 이소, 하소환*9	제형
정 8 품	과절		
종 8 품	불과절(불절)		
정 9 품	선인	실원, 서인	선인
종 9 품	자위		자위

※ 이밖에 《책부원귀》에는 645년전쟁당시 고연수의 벼슬이 《후부군주(녹살)위두대형 리대부》였다고 한다. 이 《리대부》는 중외대부와는 달리 벼슬등급의 일종이다. 이로써 본다면 고구려에도 후세봉건국가들에 있었던 여러 《대부》명칭-문산계가 있었을수 있다.

*[1] 태대로는 고구려말기에 연개소문장군에게 준 특별한 관등이였다.

*[2] 대로는 고구려초기부터 있었고 645년 고구려-당전쟁때 대로(대대로)고정의가 있다.

*[3] 주부는 《삼국지》 고구려전에 보이는데 대가에 해당한 대우를 받는것으로 되여있다.

《삼국사기》에 나오는 대주부는 우태보다 우의 등급으로 되여있으므로 주부가 분화되여 올라간것일수 있다.

*[4] 태대사자는 《통전》에는 《태대부인사자》로, 《신당서》에는 《태대사자》, 《고려기》에는 《대부사자》로 되여있으나 태대사자가 옳다고 본다. 고구려초기의 《우태》도 이 등급에 해당될것이다.

*[5] 조의두대형은 조의위두대형이며 위두대형은 그 줄임일것이다.

*[6] 대상은 《고자묘지명》에 《3품 책성도독 위두대형겸 대상》이라고 한것을 보면 그자체가 벼슬등급이 아니고 또하나의 일부 특권층의 범칭같기도 하다. 《일본서기》 천지기에 나오는 《을상》은 4품급 종대상의 별칭일수도 있다. 또 《일본서기》에 보이는 《달상(達相)》은 5품급 소상(대형, 발위사자)의 별칭일수도 있다.

*[7] 발위사자는 《통전》에 수위(收位)사자로 되였으나 중원고구려비에는 발위사자로 되여있다.

*⁸ 을기(乙耆)는 글자모양으로 보아 사차의 줄임인 사(奢)라고도 생각되나 《량서》부상국전에 을기(乙祁)로 나오는것으로 보아 본래부터 을기였다고 인정된다.

*⁹ 막하하라지, 하소환 등은 벼슬등급이 아니라 관직명일수도 있다.

고구려의 벼슬등급과 관련해서는 막하하라지(태대형의 다른 이름)가 막리지와 같다고 보면서 대막리지나 태대막리지로 된 연남생의 관등이 여전히 태대형이였으니 《대》, 《태》가 붙어도 그저 막리지(막하리지)로 불리웠다고 보는 견해*¹ 또는 (대)대로=막리지로 보는 견해*² 등이 있다. 앞에서도 본바와 같이 막리지는 관직명이지 관등명이 아니다. 또 한 벼슬등급을 가진자가 여러 관직에 임명될수 있었던것만큼 태대형으로서 막리지 이상의 관직에 임명될수 있다는것을 인정한다면 이것은 쉽게 풀릴수 있는것이다. 또 연남산의 마지막 벼슬등급도 태대형이였으니 고구려의 마지막시기에는 대대로가 공동화(空洞化)되였다고*³ 보는것도 같은 리유에 의하여 잘못이다. 연남생형제는 30 여세의 젊은 나이에 최고관직을 임명받았기에 아직 관등상으로는 《대로》, 《태대형》 이상으로 오르지 못하였던것이라고 보이는것이다.

*¹, *² 다께다: 전게서, 385 페지, 스에마쯔 야스가즈: 《신라사의 제문제》(제 3 편), 동양문고, 1954년, 158~161 페지

*³ 다께다: 전게서, 386 페지

고구려의 벼슬등급이 10등이니 12등이니 13등이니 한 중국사서들의 기록은 정확하지 못하다. 그러므로 그러한 기록에 근거하여 모든 벼슬등급을 13 등급으로 묶어버리려는 시도는

헛된 일이다. 《한원》에 보이는 《관숭 9 등》과 결부시켜볼 때 고구려말기에는 18 등급이 다 구비되여있었던것이 명백하다. 물론 이렇게 되기까지에는 벼슬등급이 발전적으로 분화되는 과정이 동반되였을것이다.

고구려의 벼슬등급의 변화발전에서 특징적인것은 우선 이미 있던 명칭을 리용하여 그것을 분화시키는 방법으로 새로운 등급명칭을 만들어낸것이다. 《삼국지》에 보이는 《승》은 곧 성=형이겠는데 그것이 제형, 소형, 대형. 국소대형, 위두대형, 태대형 등으로 갈라졌으며 사자는 소사자, 사자, 대사자, 소대사자, 상위사자, 발위사자, 구사자, 태대사자 등으로 갈라졌다. 특징은 다음으로 이렇게 분화된 벼슬등급이 신라에서처럼 대아찬, 아찬, 대나마, 나마(9 중, 7 중 나마 등) 등 차례차례로 자리잡은것이 아니라 형, 사자 계렬 벼슬등급이 착잡하게 섞여서 자리잡게 된것이다.

이렇게 된것은 그들이 맡은 직무의 중요성이 시대에 따라 차이나게 된것이 중요원인으로 되였을것이다. 즉 군사, 행정적으로 일부 벼슬등급을 가진자들의 지위를 높일 필요가 생겨난것과 관련되였을것이다. 사자의 딴이름이 을기인것은 을기가 원래 지방통치자-정치세력의 우두머리의 명칭이였는데 고구려가 통합하면서 고구려의 지방장관의 벼슬이름인 사자를 받았던것과 관련된것이였다고 생각된다. 그것은 일본렬도안에 형성된 고구려계통소국의 우두머리의 칭호가 을기였다는것을 보아서 알수 있다. 사자는 처음에는 관직명이였으나 태수, 현령 등 지방행정단위 장관명칭이 따로 생겨나면서 벼슬등급명칭으로 전화된것일수 있다. 또 사자가 많이 분화된것은 지방통치단위의 크고작음과 중요성정도에 따라 각이한 명칭이 생겨나고 또 그 지위도 각이하게 되여 여러 등급으로 분산되여 자리잡게 된것으로 보인다.

고구려에 이렇게 세분된 벼슬등급제도가 생겨난것은 봉건사회의 특성인 위계제도의 심화발전을 의미하는것으로서 고구려 봉건사회의 발전상의 일면을 보여주고있다.

※《고구려사》(1) 253~265페지, (2) 45~53페지

4) 지방관제, 주, 군, 현 제의 성립

고구려는 건국이후 10년이내에 벌써 동서 2,000리나 되는 넓은 령토를 가진 큰 나라로 되였으므로 지방통치체계도 일찍부터 정비하여야 하였다. 기록의 결핍으로 잘 알수 없으나 초기부터 통합된 지역을 직할지(고을)로 만드는것이 기본이였고 이밖에 속국, 후국, 속령들도 두고있었다. 직할지의 통치단위는 《군현》 또는 《성읍》으로 표현되였으나 《군, 현》은 후세의 개념을 빌려서 쓴것이고 처음에는 《고을》(성, 읍, 곡<谷>, 련<連> 등)*로 불렀다고 보인다. 《고을》은 고대부터 있었고 중세 전기간 각급 지방행정단위의 범칭으로 쓰이던 말이다. 성곽이 없는 고을을 《읍》이라고 하였다고 보는 견해도 있으나 후세의 관례로 보아서는 반드시 그런것도 아닐것이다.

* 《삼국사기》에는 동해곡수(谷守)(107년), 해곡태수(288년), 신성재, 신성태수 등이 보이고 광개토왕릉비, 모두루묘지명에는 성, 곡, 련, 고(賈) 등이 보인다.

고구려에서 지방통치단위로서 주, 군, 현의 명칭을 쓰게 된것은 점차적인 과정을 밟았다고 생각된다. 즉 처음에는 락랑국, 대방국 지역을 통합하면서 그 지역에서 쓰이고있던 군,

현 명칭을 눌러쓰기도 하고 료동지방을 수복하면서 종전의 군, 현 명칭을 눌러쓰기도 하였으며 고구려 유주가 설치되였던 370년대에는 역시 이미 있던 주, 군, 현 제를 리용하였다고 본다. 그러다가 대체로 소수림왕때(371∼384년)에는 다른 문물제도를 중국대륙의 나라들과 대등하게 고치면서 전국적으로 주, 군, 현 제를 도입한것으로 보인다.*

> * 4세기중엽의 무덤인 고국원왕릉, 5세기초의 묘인 덕흥리벽화무덤의 묵서들에는 주군현관계기사가 나온다.

고구려사람들은 민족적전통을 귀중히 여기고 깊은 애착심을 가지고있었기때문에 주, 군, 현 명칭을 쓰게 된 다음에도 여전히 《고을》, 《성》 등 종전의 고구려식명칭들을 쓰기 좋아하였다. 그러나 일부 사람들이 말한것처럼 고구려에 주군현제가 없었다든가 마지막시기에 가서야 생겨난것은 결코 아닙니다.*

> * 다께다:《덕흥리벽화무덤 피장자의 출자와 경력》(《조선학보》 (일문) 제130집, 1989년, 12∼13페지)

《삼국사기》(권 37) 지리지(4)에는 한산주, 우수주, 하실라주와 그 산하의 군, 현들에 대한 기록이 있고 같은 책(권 35) 지리지(2)에도 본래의 군, 현들이 자세히 적혀있다. 그리고 《고자묘지명》에 의하면 책성도독이 있었고 669년초 당시 아직 투항하지 않은 성들로서 북부여성주, 신성주, 료동성주, 다벌악주, 이미 투항한 성으로서 국내주가 있었다. 또 667년 전쟁 과정에는 부여주(천) 40 여성도 보인다. 《한원》에는 《군두(郡頭)》라는 무관직명도 나온다. 이 모든것은 고구려에 자체의 주, 군, 현이 있었으며 그것도 4세기중엽이후에는 넓은 범위에 걸쳐 있었다는것을 확정적으로 말해준다.

《한원》기록에 의하면 고구려의 큰 성들에는 녹살을 두었는데 그것은 중국의 도독에 비길수 있고 여러 성들에는 처려(처려근지 또는 도사라고도 함)를 두었는데 자사에 비길수 있고 (도사의 치소를 《비》라고 함) 여러 작은 성들에는 가라달을 두었는데 장사에 비길수 있다. 또 성이 있어서 루초를 두었는데 현령에 비길수 있다고 하였다.

녹살은 사료들에 《오골성(옥골주)녹살》, 《책성도독》, 《내평, 외평, 5부 녹살》 등이 나타나는것으로 보아 주급장관(왕기 5부의 장관도 이에 준한다.)의 명칭이며 그것은 도독, 군주로도 불리웠다.

처려근지는 당나라의 자사가 군급장관이므로 군급장관의 이름이고(태수라고도 함) 루초는 현급장관의 명칭이다.(현령, 재라고도 함) 가라달은 장사에 해당한다고 하므로 주아래 요긴한 진성(작은 군)의 장관이다. 처려근지는 대형(정 5 품)～대사자(정 4 품), 현령은 소형(정 7 품)～사자(종 6 품), 가라달은 상위사자(정 6 품)～발위사자(종 5 품)로써 임명되였다고 볼수 있다.

이들은 각각 자기 관할지역안의 행정 및 군사 관계사업을 통일적으로 맡아보았다. 무관인 말객(미약, 군두)도 대형～대사자급이 임명되였다는것은 군급장관이 2 명이상 있었다고 볼수 있게 하지만 그 경우에도 처려근지가 더 책임적인 장관이였다.*

* 세나라시기 한개 고을(군)이나 주에는 흔히 2 명이상의 장관이 있었다. 그것은 백제에 군장(郡将)이 3명 있었다든가 신라의 주 또는 당(군부대)에 2～3명의 총관(도독, 군주)가 있었던 사실을

보면 알수 있다.

고구려의 주, 군, 현들은 상하의 령속관계를 가지고있었다.

군, 현 아래에는 향, 부곡, 리, 촌 등 말단행정단위들이 있었다.

이 모든것은 고구려봉건국가의 직할지들에 정연한 통치체계가 수립되여있었다는것을 증시하고있다.

고구려령역의 기본부분에는 주군현제가 실시되였으나 말갈족, 거란족 등 사회발전수준이 상대적으로 낮은 집단이 살던 지역에서는 부족별로 되여있는 그들의 사회체제를 그냥두고 그 우두머리들을 통하여 지배통치하였다. 그러나 이미 본바와 같이 그들의 거주지역에도 형식상 주(기미주)를 두었다고 볼수 있다. 거란, 해, 실위, 월희 지역외에 말갈족거주지역에도 불녈주, 호실주 등이 있었을것이다.

고구려의 기본령토에는 얼마만한 주, 군, 현들이 있었겠는가.

우에서 든 주이외에도 료동지방에는 부여성주, 건안주가 더 있었다고 볼수 있다.

667～668년전쟁때 부여천(주) 40여성이라는 기록이 나오며 (《책부원귀》에는 《부여주》로 됨) 부여옛땅이 매우 넓었다는것을 고려할 때 북부여성주와는 따로 부여성주가 있었다고 생각된다. 또 《신당서》 등에 건안주도독부가 나온다는것, 건안성이 료동반도의 기둥성이였다는것 등으로 보아 건안주가 있었다고 추정할수 있다.

서부조선에서는 수도 평양과 경기 5부를 제외하고 그 이북에 또하나의 주인 당아주(가칭)가 있었겠는데 그 중심지는 정주군 서주리 성동고성(둘레 36리)이였을것이다.

한편 오늘의 함경남도 지역에는 동옥저주(가칭)가, 함경북도지역에는 다신산성(길주, 화대군)을 중심으로 하는 다신주(가칭)가 있었을수 있다.

이러한 주들의 관할지역은 대체로 다음과 같았을것이다.
1. 북부여성주―농안이북―눈강하류, 동류송화강(서부) 류역 일대
2. 부여성주―346년에 망한 옛 후부여지역으로서 현 중국 길림성 중부, 서부, 료녕성북부 지방
3. 신성주―신성(고이산성)을 중심으로 한 료하동서지역
4. 료동성주―료동성(료양)을 중심으로 한 료하동서지역
5. 건안주―건안성(개주시부근)을 중심으로 한 료하동서지역
6. 오골주(옥성주)―오골성(수암)을 중심으로 한 천산산줄기이동～봉성일대
7. 국내성주―국내성(집안)을 중심으로 한 현 자강도, 중국 료녕성동부, 길림성서남부 지역
8. 다벌악주―백두산주변, 현 량강도, 중국 길림성 남동부 지역
9. 책성주―두만강하류, 수분하류역, 현 중국 연변자치주, 흑룡강성남변, 로령 연해주 지역
10. 다신주―현 함경북도 지역
11. 동옥저주―현 함경남도 지역
12. 당아주―현 평안북도 및 평안남도 북부, 동부 지역
13. 하실라주(비렬홀주)―현 강원도 동해안지역
14. 우수주―현 강원도 령서지역, 충청북도지역
15. 한성주(한산주)―현 황해남북도, 경기도 지역

※ 다신주는 책성주에 포함될수도 있다.

이와 같이 고구려의 기본령토-직할지에는 대체로 14~15 개의 주들이 있었다고 인정된다.

여기에는 대략 100개 군, 200개 현(경기 5부 제외), 주까지 포함하여 310여개의 크고작은 고을들이 있었다고 볼수 있다.

신, 구《당서》 고구려전에는 고구려말기에 5부, 176성, 69만 7,000호가 있었다고 하였다. 한편 같은 책들에는 외방(지방)에는 60여개의 주, 현(성)이 있다고 하였다. 전자는 고구려말기 례성강-림진강이북, 비렬홀(안변)이북의 성들을 가리킨것으로, 후자는 주와 큰 군을 합한 수자라고 볼수 있다. 또 당나라가 고구려의 옛 땅에 두려고 한 9도독부 42주 100개 현이란 탁상계획에 불과하였으므로 그 내용을 잘 알수 없다.*

* 고구려가 강성하여 서쪽으로 대흥안령계선, 북쪽으로 흑룡강 중하류계선까지 차지하였을 때 거란, 실위, 말갈 등 이종족들이 사는 지역은 속령으로 되고있었다.

이 속령들에도 고구려의 통치단위가 있었을것이다. 《신당서》 지리지에는 《구당서》에는 보이지 않는 위락주, 사리주, 거단주, 월희주, 거소주의 5개 주(도독부)가 더 있다. 이것들은 당나라가 실지로 둔 기미주들이 아니였다. 그러므로 그것들은 고구려 때의 속령주의 명칭을 리용하여 《9개 도독부》의 수자를 채워놓은것일것이다.

이 5개 주는 대략 고구려의 서북변방 거란족, 실위족 등의 거주지에 두었던 속령주였을것이라고 본다.

한편 《신당서》에는 《구당서》에 보이지 않는 식리주, 불녈주, 재복주, 배한주의 4개 주가 더 나오는데 이것들은 아마도 투항한 말갈족의 일부 집단을 위하여 설정한 기미주들의 명칭일것이다. 그중 배한주(拜漢州)는 당나라가 제멋대로 붙인 이름이고 기타는 역시 고구려때 말갈족거주지역에 두었던 속령주의 이름이였다고 생각된다. 붙녈주는 붙녈부에 둔것이고 식리주는 후의 철리부와 관련이 있는듯하며 제북주는 그 위치를 잘 알수 없다.

속령주에 대한 통치에서 고구려는 몇몇 관리들과 군사들을 파견하여 통제하였을뿐 그들의 사회제도, 사회조직은 그대로 두고 그 우두머리들을 통하여 간접적으로 다스리였다고 보인다.(Ⅷ 월회부의 위치 참조)

고구려의 호수가 약 70 만호라는것은 파호 즉 국가의 조세, 군역 등의 부과단위로서의 호수이고 실지 자연호는 약 150 만호(인구 약 700~800 만) 정도 되였겠다고 본다. 말갈족, 거란족의 인구수까지 합치면 750만~850만 좌우로 될것이다.

※ 《고구려사》(2) 57~69 폐지

5) 조세제도를 비롯한 각종 수탈제도

위대한 령도자 **김정일**동지께서는 다음과 같이 지적하시였다.

《조세는 사회가 계급으로 갈라지고 국가가 생겨나서부터 수천년동안 근로자들을 수탈하기 위한 수단으로 리용되여왔습니다. 착취사회에서 지배계급은 국가권력을 리용하여 주민들에게 조세부담을 들씌우며 그 수입으로 통치기구를 유지하기 위한 비용을 충당하였습니다.》

고구려에서도 국왕을 비롯한 봉건통치계급이 인민들을 지배통치하기 위한 각종 국가권력기구를 설치하고 그 관리운영과 통치배들의 사치한 생활의 보장을 위한 많은 비용을 충당하는 주되는 방도의 하나로서 인민들에게 무거운 조세부담을 비롯하여 공물, 부역, 군역 등 각종 부담을 들씌웠다.

고구려초기에 조세제도를 비롯한 각종 수탈제도가 어떻게 되여있었는지에 대하여 전하는 사료는 거의나 없으나 봉건 국가, 국왕 등이 필요한 모든 물자와 로력을 인민들로부터 수탈하였다는것은 명백하다.

5세기이후시기의 조세제도 등에 대해서는 일부 자료들이 남아 전한다.

《주서》(권 49) 이역전에는 고구려에서 세납으로 비단, 베, 곡식을 징수하는데 납세자가 가지고있는 물품에 따라, 그 재산의 많고적음에 따라 차등을 두었다고 하였다. 《수서》(권 81) 고려전, 《북사》(권 94) 고구려전에는 사람을 대상으로 할 때 한사람당 베 5 필, 곡식 5 섬을 징수하며 유인(상인 또는 국가적부담을 따로 지지 않는 평민계층)은 10 명이 3 년에 한번씩 가는베 1 필을 바치게 하였으며 호를 대상으로 할 때는 조(租 결곡)를 징수하는데 대호는 1 섬, 중호는 7 말, 하호는 5 말을 내게 한다고 하였다.

사람당, 호당 얼마라는 세액이 있는것을 보아서 인두세와 호세가 따로 있었던것으로 보인다. 인두세가 한사람당 베 5 필, 곡식 5 섬이라는것은 옛날의 베의 규격이나 말의 크기가 후세보다 현저히 작았다고 하더라도 매우 무거운 부담이 되지 않을수 없다. 《주서》 기록과 같이 생산물의 품종과 빈부의 차이에 따라 세납액에 차이가 있다면 이것은 인두세, 호세와는 별도로 생산자대중—농민, 수공업자, 어민, 사냥군 등 전문직업별로 되는 세납이 따로 규정되여있었던것으로 될것이다.

고구려에서도 백제, 신라에서와 같이 15 살이상의 남녀들을 각종 부역(로역)에 동원하였고 또 공물, 진상의 명의로 지방특산물을 바치게 하였을것이므로 생산자대중이 봉건국가앞에 지는 부담은 가혹하리만큼 무거운것이였다. 특히 무거운 부담(역)으로 된것은 군역이였다. 국방상 필요로 하여 성쌓기, 도로, 다리의 건설, 보수 등에 동원되는것은 불가피한 점도 있었으나 궁실이나 관청, 절간, 릉묘 등의 건설도 군역의 이름으로 징발하여 농사철을 잃어버리는 경우가 적지 않았다.

고구려에서도 191년부터 환곡제도-환자법인 《진대법》이 실시되였다. 이것은 흉년에 가난한 인민들의 생활을 안정시킨다는 명목으로 실시한것이지만 실지로는 감모를 메꾼다고 하면서 꾸어준것보다 더 많은 량을 받아내고 또 관리들이 롱간하여 중간착취를 하였으므로 또하나의 무거운 부담으로 되는것이였다. 《진대》의 명목이 아니라 군량의 저축을 위한 환곡제도도 있었는데 수백개에 달하는 산성에 비축하는 수백, 천만석의 량곡도 3년에 한번씩 햇쌀로 교체하였던만큼 그 운반과정에 소요되는 로력이 또한 막대하였다.

고구려봉건국가의 수탈항목에 대해서는 우에서 본바와 같은 단편적인 기록밖에 없으나 실지로는 국가의 각종 용도에 필요한 알곡류, 과일류, 수산물, 가죽제품, 금속제품, 철재, 기와, 벽돌, 도자기, 구슬, 무기제작용철물 기타 여러가지 수공업제품 등을 농민들과 수공업자들로부터 조세, 공물 등의 명목으로 수탈하였으며 그 운반과 가공에 필요한 로동력도 부역, 군역 등의 명목으로 다 징발하였을것이다.

속령들에서는 일정한 량의 가죽제품, 금, 은, 구슬 등 지방특산물들을 공물의 이름으로 받아내고 군사인원이나 말, 소 등을 내게 하였다고 인정된다.

력사기록에는 고구려에서 농민폭동이 일어났다는것이 남지 못하였으나 가혹한 봉건적 수탈과 억압을 반대하는 인민들의 각종 형태의 투쟁은 끊임없이 벌어졌을것이며 그것은 고구려 사회력사발전의 기본추동력으로 되였을것이다.

※ 《고구려사》(2) 42～45페지

6) 법률제도

법은 국가통치의 중요수단이다. 고구려에도 초기부터 각종 법률제도가 마련되여있었다. 기원 4년에 태자를 세우면서 대사령을 실시하였는데 대사령실시자체가 각종 범죄자들에 대한 각이한 형벌을 감면하는것이므로 세분된 형벌제도가 있었다는것을 말해준다. 기원전 209년 동명왕의 옛 신하인 대신 3명이 남의 처첩과 마소와 재물을 략탈한데 대하여 국왕이 극형에 처하려고 한 사실만 보아도 해당한 범죄들에 대한 엄격한 처벌규정이 있었다는것을 알수 있다. 그밖에 동명왕사당제사를 비롯한 각종 제사의례규정, 국가적인 행사규정, 관료들의 벼슬등급에 관한 규정, 국가적《진휼》정책실시에 관한 규정 등 법제들이 없이는 국가운영에 대하여 생각할수 없다.

373년에 《률령》을 발포한것은 그때까지 실시된 각종 법규정들을 종합정리한것으로 인정된다. 그것은 또한 그후 고구려 법률제도의 근간으로 되였을것이다.

고구려후기의 법률제도에 대해서는 일부 기록자료들과 벽화자료 등을 통하여 구체적인 내용을 찾아볼수 있다.

례하면 벽화들을 통하여 국왕, 귀족관료들의 복식제도, 로부제도(행차때의 의례규정)가 정연하게 제정되여있었다는것을 알수 있다.

또 문헌기록에 의하여 조세제도의 면모에 대해서도 대체로 그려볼수 있다는것은 우에서 본바와 같다. 그것은 호적등록제도가 완비되여있었다는것을 전제로 한다.

형벌제도에 대해서는 《구당서》, 《수서》, 《주서》, 《북사》 등에 일련의 조항들이 소개되여있다. 《구당서》(권 199 상)에는 그 법에 《국왕과 국가를 반역한자는 여러 사람들을 모아 홰불을 들고 앞을 다투어가면서 죄인의 몸을 지지고 태우게 한 다음 목을 베며 가족은 노비로 삼고 가산은 다 몰수한다.》, 《성을 지키다가 적에게 투항한자, 전투마당에서 패배한자, 사람을 죽이고 겁탈한자는 참형에 처한다.》, 《물건을 훔친자는 12배를 물게 한다》, 《소나 말을 죽인자는 노비로 삼는다》는 등의 형벌이 적용되였다고 쓰고 《대체로 법을 적용하는것이 엄격하고 준절하였으므로 범하는자가 적었고 지어는 길가에 버려진 물건이 있어도 주어가는 사람이 없다》고 하였다. 《북사》(권 94)에는 《도적질한자는 10배를 변상시키는데 만약 가난하여 배상할수 없는자 그리고 공적, 사적인 부채를 갚지 못하는자에 대하여서는 모두 그 아들딸을 (채권자의) 노비로 삼아 보상하는것을 허용한다》고 하였다.

이것은 고구려의 형법이 매우 가혹하였음을 말해준다. 조국반역자, 투항분자들을 엄격히 처벌하는것은 동서고금 어느 나라에서나 있는 일이므로 문제될것이 없다. 그러나 《도적질》이란 많은 경우 착취와 압박으로 도탄에 빠진 인민들이 진행하는 계급투쟁의 한 형태를 두고 하는 말이며 소나 말을 잡아먹있다는것도 역시 같다. 그런데 10~12 배씩 물게 하고 물지 못하면 노비로 삼는다는것은 고구려의 법이 귀족지주계급의 리익을 철저히 옹호하는것이였음을 뚜렷이 보여준다.

※《고구려사》(1) 266～269 페지
　《고구려사》(2) 67～69 페지

3. 군 사 제 도

고구려는 군사강국이였다. 고구려가 처한 력사적환경은 군사에 관한 일이 국가의 가장 중요한 대사로 되게 하였고 여기에 가장 많은 힘을 돌리게 하였다.

군사제도서술에서는 군대복무의 대상-군역담당자문제, 군종과 병종의 편성, 무기무장의 확보, 군사적시설과 통신의 보장 등이 어떻게 되여있었는가를 보는것이 중요할것이다.

1) 봉건적의무병제의 실시, 상무적기풍의 장려

위대한 수령 **김일성**동지께서는 다음과 같이 교시하시였다.

《**고구려때에는 누구나 다 어려서부터 말을 탈줄 알았고 활을 쏠줄 알았습니다.**》(《김일성저작집》 26권, 444 페지)

고구려는 자기 존재의 장구한 기간 외적의 부단한 침공을 물리치면서 동족의 나라들을 통합해나갔으며 국방상 필요로 하여 주변의 일부 이종족, 이민족들도 복속시켜 6～7세기에는 동서 6,000리, 남북 4,000여리의 광대한 령토를 가진 대국으로 되였다.

이 넓은 령토를 통치하고 보위하기 위하여서는 많은 군사력이 필요하였다. 고구려에는 상비무력만해도 30만이 있었고 일단 유사시에는 100만이상의 많은 병력을 동원시켰다. 봉건국가는 전체인민이 군사에 준비되도록 함으로써 어떤 외적도 능히 쳐물리칠수 있도록 필요한 대책을 세워나갔다. 국방력강화를 위해서는 우선 봉건적의무병제도를 실시하고 모든 남자들이 무장을 장만하고 몸을 단련하며 무술을 훈련하도록 하였으며 상무적기풍이 전사회적인 풍조로 되게끔 장려하였다.

원래 산간지대에 살면서 사냥을 주되는 생업의 하나로 삼고 있던 고구려사람들은 말타기와 창쓰기 등에 익숙하였으며 무술을 익히는것을 중시하여왔다. 고구려사람들은 누구나 다 무술훈련을 하고 전장터에 나가 싸우는것을 국민의 당연한 의무로 여기였다. 그리하여 용감성과 진취성은 그들의 중요한 성격적특징으로 되였다. 고구려말기에 이르러서도 이르는곳마다에 경당이 있어서 결혼하기전의 청년들이 모여서 글도 읽고 무술을 익힌것도 이러한 사회적기풍이 지배하였기때문이다.

고구려 봉건국가가 실시한 의무병제는 모든 국민에 대하여 동등한 병역을 지운것은 아니였다. 의무병역은 주로 중하층귀족과 자영소농민들에게 부과되였다. 적지 않은 중하층귀족들은 고려때의 《군반씨족》과 같이 직업적군인층으로서 의무적으로 군사복무를 하였고 군대내에서 하층지휘관으로 되였다고 보인다. 군역의 기본담당자인 자영소농민들은 평시에는 정기적으로 군역을 지고 경비, 훈련, 성과축조 등을 하였으며 전시에는 전투임무를 수행하였다. 그들은 기본적인 무기무장과 식량을 자체로 준비하여야 하였다. 중하층귀족들과 평민(량인)상층은 왕궁호위 등을 맡은 숙위군으로 선발되여 복무하기도 함으로써 일정한 우대를 받았다. 상층귀족들의 경우 병역은 영예로운것으로 되여있었고 평민들이 지는 무거운 부담이나 군역은 아니였다. 그러나 그들에게 있어서도 군사복무는 하나의 도덕적의무로, 사회정치생활에서 반드시 거쳐야 할 경력으로 되여있었다. 상층귀족들도 군사복무를 하지 않는것을 수치로 여기였으며 자식들을 싸움터에 내보내였다. 군사를 모르고서는 특권층으로서의 지위를 유지해나가기 어려웠고 특히 중앙과 지방의 책임적인 벼슬자리에 임명될수도 없었다.

사노비들은 군역에서 제외되였을것이다. 부곡민이나 공노비들은 군사적성격을 띠는 로역에 동원되기도 하고 유사시에는 지방군으로 징발되여 성곽방어, 군수물자운반 등에 동원되였을것이다.

고구려 기본령토의 인구수가 700～800 만 정도 되였던 조건에서도 유사시에는 수백만의 적군이 밀려오는 조건에서 고구려로서도 100 만이상의 대군이 필요하였던것만큼 모든 성인남자들이 다 군사복무를 하지 않을수 없었을것이다.

2) 군종과 병종, 중앙군과 지방군

고구려에 어떤 군종, 병종이 있었으며 중앙군, 지방군이 어떻게 편성되였는지에 대하여 직접 전하는 기록은 거의 없으나 전쟁관계기사 등을 통하여 대체로 다음과 같이 볼수 있다.

군종으로서는 륙군과 수군이 있었다. 륙군은 벌써 건국초기에 수만명에 달하였다. 기원전 227 년에 오이, 마리가 행인국을 칠 때 2 만명의 병력이 동원된것이 그것을 실증해준다. 륙군은 다시 보병과 기병의 량대병종으로 갈라졌다. 보병에도 궁수, 노수, 도검수, 부월수, 장창수 등 전문병종이 있었고 기술병종으로서 포병(돌을 날리는 군사) 등이 있었다. 기병에도 중기병, 경기병 등의 구분이 있었다는것이 벽화자료에 나타난다. 수군도 일찍부터 조직되였다. 그것은 1세기중엽까지 동, 서 해안의 넓은 지역을 차지한 조건에서 해상으로 오는 적대세력의 위험을 막기 위하여 필수불가결의 요구로 되였기 때문이다. 230년대에 오나라사신을 호송한 고구려수군이 벌써 원해용함선을 리용하여 중국대륙 남방으로 갔으며 4세기말 5세기초에 고구려수군이 백제, 왜와의 싸움에 동원되였고 후연의 연군을 친 사실을 통해서도 수군의 존재와 활동에 대하여 알수 있다. 수군에도 전문적인 병종들이 있었을것이다.

고구려군대는 그의 임무에 따라 중앙군과 지방군으로 구분되였다.

중앙군은 수도, 왕기의 방위와 왕궁호위 등을 주되는 임무로 하고있었다. 경군은 수도와 왕기를 지키는것을 기본임무로 하였고 숙위군은 왕궁을 지키는것을 기본임무로 삼았다. 숙위군은 귀족자식들과 특출한 무술을 소유한 평민출신의 군사들이 소속되였고 영예로운 군사복무를 하는것으로 간주되였다. 숙위군은 국왕의 행차, 의례 때에 의장병으로 되였으며 국왕이 전쟁터에 나갈 때에는 그를 호위하여 따라다녔다. 《왕당》, 《대당》 같은것은 숙위군, 경군 부대의 명칭이였을것이다. 숙위군의 장관은 중리도독, 장하독 등으로 불리웠다.

중앙군도 필요에 따라서는 중요한 지방들에 배치되기도 하고 전쟁때는 전쟁마당에 나가 싸우기도 하였다.

지방군은 주, 군, 현, 진 단위로 조직되여 해당 고을, 진보의 방위와 통치질서유지를 기본임무로 하였다. 봉수를 지키는 군사, 통신, 수송을 맡은 역참군도 지방군에 속하였다.

3) 통수체계, 무관직, 무관계

군사를 중시하는 고구려에서는 정치와 군사가 늘 통일적인 련관속에 있었으며 군사통수체계가 정연하게 서있었다. 국왕은 최고의 통수자였고 대보, 국상 등 최고관직에 임명된자들은 흔히 지내외병마사로서 중앙과 지방의 군사에 관한 일을 총괄하여 맡아보았으며 각급 고을의 장관들도 해당 지역안의 행정과 군사를 책임지고 처리하였다.

《당》을 비롯한 군사집단의 책임자는 《당주》 등으로 불리웠고 매개 군사단위마다에는 대장군, 장군 등의 지휘관이 있었다. 280년에는 왕의 아우 달가가 대장이 되여 숙신을 토벌하였다. 658년에도 고구려의 대장 두방루는 3만명의 군사를 이끌고 료서지방으로 출전하였다. 여기에 보이는 《대장》은 그때그때에 조직되는 부대의 총지휘자를 가리키는 말일것이다.

고구려후기에 중앙군은 크게 3군(좌, 중, 우)으로 편성되였다. 그것은 연남생이 막리지 겸 3군대장군으로 임명된것을 보아서 알수 있다. 3군은 몇개의 당(위에 해당)으로 구성되였다. 대당의 지휘관은 장군급인 대당주(대모달 또는 막하라수지)였고 당주아래에는 말객(미약, 중랑장급)을 비롯한 각급 지휘관들이 있었다. 말객밑에 1,000명을 령솔하는 무관이 있었다는것으로 보아 말객은 적어도 2,000명이상, 당주(장군)는 적어도 5,000명이상 1만명의 무력을 지휘하였다고 보인다.

지방군의 통솔자는 주, 군, 현, 진의 장관들이였다. 정5품이상으로서 임명되는 말객의 딴이름이 군두(郡頭)였던것을 보면 군의 장관인 처려근지와 거의 대등한 벼슬등급을 가진 군사지휘관이 있었다고 볼수 있으며 주장관인 녹살(정5품~종3품)은 군주(軍主 도독)로서 장군급무관직을 겸임하였다고 볼수 있다. 전쟁시기 여러 주, 군의 군사들이 동원되여 싸울 때에는 어느 한 주의 녹살이 지휘권을 위임받거나 중앙에서 따로 전선사령관격의 대신들이 파견되여 지휘하였다고 생각된다.

고구려에는 무관제(무산제)도 있었다. 고국원왕릉, 덕흥리 벽화무덤의 묵서에는 건위장군, 평동장군, 좌장군, 룡양장군 등의 벼슬이 보이는데 이것은 4세기중엽 이후로는 무관제로 되여있었다고 보인다.

일부 다른 나라 학자들은 《삼국사기》 등에 고구려의 무관직, 무관제에 관한 기사들이 빈약한것을 리유로 고구려에 무관제가 없었다고 주장하기도 하나* 이것은 당시의 국제관계를 몰각한 견해이다. 고구려보다 작은 나라 지어는 아직 왕을 자칭하지도 못한 지방세력자까지도 자기밑에 있는 무인들에게 각종 장군직을 임명하고있었는데 대국인 고구려가 그런 관직, 관제를 설정하지 않았다고 보는것은 편견이라고 할것이다.

  * 다께다:《고구려사와 동아시아》 88～91폐지

4) 무기무장의 보장, 군량의 비축

군역을 걸머진 기본담당자들인 자영소농민층은 군마, 군복, 병장기, 식량 등을 기본적으로 자체로 부담하였으므로 물질적면에서도 무거운 부담을 졌다. 그러나 전시에 대량적으로 소모되는 무기, 무장은 국가가 자기 소속 수공업장들에서 생산하여 비축해두지 않을수 없었고 또 전문병종이 쓰는 포차, 충차, 강노(강한 쇠뇌) 등과 각종 함선들도 국가적으로 만들지 않을수 없었다. 국왕이나 고위급귀족들이 쓰던 금, 은 등으로 장식한 도검, 활과 화살, 화살통(호록), 군복, 갑옷, 마구류 등은 궁정수공업장 또는 국가기관직속 수공업장들에서 생산하였을것이다. 물론 개별적인 수공업자들로부터 조세, 공물의 명목으로 받아들인것도 있었을것이지만 그것만으로는 수요를 충족시킬수 없었다. 축성용공구, 운반수단도 많은것을 국가적으로 보장하여야 하였을것이다.

일단 유사시에 대군이 움직이거나 장기적으로 성을 지키기 위해서는 많은 군량을 미리 준비하여야 하였다. 648년 고구려-당 전쟁때 료동성에 50만석, 둘레 2키로메터밖에 안되는 작은 성인 개모성에 10만석의 량곡이 저축되여있었으니 전국적으로 성에 비축된 군량만 하여도 수백만석에 달하였을것이다. 또 산성에 비축한 곡식은 보통 3년에 한번씩 개색(햇쌀로 바꾸는것)하여야 하였으므로 군량비축에 소비되는 로력과 식량, 자재는 막대한 량에 달하였다. 이 모든 부담은 농민들을 비롯한 주민들의 세납, 공물, 부역로동에 의하여 보장되여야 하였다.

5) 통신, 수송 보장체계의 수립

사방 수천리나 되는 넓은 령토를 통치하며 외래침략을 반대하여 제때에 대응책을 강구하기 위해서 중요한것은 군사적으로 긴급한 통신련락체계와 인원 및 군수물자 수송체계를 세우는것이였다.

고구려에서는 수도를 중심으로 또 각 지방의 대성(주)을 중심으로 변방에서 벌어지는 적정을 제때에 전달하기 위한 봉수체계가 확립되여있었다.

봉수들은 지형조건, 기상조건을 고려하여 가깝게는 5리, 10리, 멀게는 수십리 상거한 서로 잘 보이는 지점들에 봉화대를 설치하고 낮에는 한줄기~몇줄기의 연기, 밤에는 불로 적정을 해당 상급지휘관이 있는곳으로 전달, 보고하게 되여있었으며 이것은 중세기 전기간 가장 중요한 긴급통신련락수단이였다. 봉수들은 특히 적이 많이 침입하는 료하계선과 금강, 소백산줄기계선에 주로 평양으로 이어지는 지방들에 보다 조밀하게 포치되여있었다.

서북조선, 압록강부근에는 고려, 리조 시기의 봉수가 아닌 봉화대(연대봉)들이 적지 않은데 그것은 고구려때의것일수 있다.

전국각지의 중요도로상에 배치된 역참들도 통신련락의 보장에서 중요한 역할을 담당하였다. 봉화련락만으로써는 자세한 소식을 알수 없으며 구체성을 띤 보고와 지시를 할수 없으므로 역참을 통하여 편지를 보내되 그 긴급한 정도에 따라 련락 속도를 규정하는것도 고려나 리조 시기의 실례들과 같았을것이다.

역참들은 중요간선도로들에 수십리에 하나씩 역참을 두고 필요한 말, 수레, 인원들을 두고 통신련락과 함께 관리들의 이동, 문서 및 긴급한 물건의 수송을 보장하게 한것으로서 역시 후세의 그것과 류사하게 조직되여있었을것이다. 《삼국사기》권 37 지리지 (4)에는 평양에서부터 국내성까지 17개 역이 있었다는것이 지적되여있다. 이것은 평양을 중심으로 전국 각 지방으로 나가는 역참로들이 뻗어있었다는것을 확증해주는것이다. 전국적으로 조밀하게 배치된 봉수, 역참들의 운영을 위한 봉수군, 역참군 인원수도 수만명에 달하였다고 보인다.

※《고구려사》(1), 262~266 페지

《고구려사》(2), 16~25, 57~66 페지

6) 성곽방위체계의 수립, 고구려성곽의 특성

위대한 령도자 **김정일**동지께서는 다음과 같이 지적하시였다.

《우리 나라는 예로부터 유리한 자연지리적조건을 리용하여 성을 쌓는 높은 기술을 가지고있었습니다. 험준한 산우에 견고하게 쌓은 성들은 외래침략자들을 격멸하고 나라를 보위하는 믿음직한 보루였습니다.》

우리 나라에서는 5,000년전 고조선의 건국초기부터 수도와 지방중심지, 험요한곳들에 성을 쌓았으며 성쌓는 기술은 오랜 력사적기간을 통하여 발전하여왔다. 고구려는 선행시기의이 우수한 전통을 전면적으로 계승하고 더욱 발전풍부화시키였다.

군사분야에서 고구려인민들이 창조하고 발전시켰으며 근 1,000년동안 커다란 실효를 낸 업적의 하나는 유리한 자연지리적조건을 리용하여 도처에 성을 쌓고 성들의 유기적련관속에서 외적들의 침공을 저지파탄시키고 승리를 거둔 사실이다. 이것은 력사에 특기할만한 사실이며 침략자들도 《동이(고구려사람)는 성을 잘 지키기때문에 쉽게 함락시킬수 없다》고 개탄하군하였다.

고구려에는 지금까지 확인된것만 해도 350여개 성, 력사기록에 남은것이 약 180개 성이 있었고 그밖의 장성들과 그 부속 성보들까지 포함시키면 1,000개이상의 대, 중, 소 성들이 있었다. 참으로 고구려는 《성곽의 나라》라고 하리만큼 많은 성들을 쌓았다.[《고구려사》(2), 80~98페지] 이것은 전국이 조밀한 성곽방위시설로 덮여있었다는것을 의미한다.

고구려성들은 고립적으로 존재한것이 아니라 외적방위의 전략적목적에 따라 유기적인 련관속에서 성곽방위체계를 이루고 건설되였다. 성곽방위체계는 크게 지역(국지)방위체계와 전국방위체계로 갈라볼수 있다.

― 지역(국지)방위체계

한개 주 또는 군을 단위로 몇개의 성들이 긴밀한 련관속에서 적군의 공격에 대처하기 위한 체계이다. 이것은 리조시기의 진관제처럼 매개 주, 군이 하나의 군관구, 소군관구를 이루고 자기 지역의 방위를 자신들이 맡아서 하게 된 방위체계이다.

지역방위체계안에서 성들의 배치는 외적이 침입할 가능성이 많은 지역들에서 특별히 더 조밀하였다. 례컨대 료동반도의 중요기둥성인 건안성(현 개주시부근)은 그 북쪽에 안시성(영성자산성), 대석교고려성, 마권자산성이 있고 남쪽에는 연통산성, 적산산성, 고려성자성, 분동산성, 성자구산성, 개현산성 등이 집중되여있었다. 료동성(료양)을 중심으로 보면 남쪽에 고려채, 마천령산성, 언골성(련산관), 초하보성, 서쪽에 수산보, 고려성자, 동쪽에 석성, 연주성(백암성), 북쪽에 왜두산성, 석교자산성 등이 집중되여있었다. 또 오골(옥성)주의 중심지인 오골성(수암 구 토성)의 서쪽에는 성아산성, 빙욕산성, 마권자산성(1,314메터) 등이, 남쪽에는 랑랑성, 동일면산성, 고산산성, 북쪽에는 송수구산성, 로성구산성, 남구산성, 고성산성, 태양구성 등이 배치되여있었다.

667~668년 고구려―당전쟁때 부여천(주)에는 40여 성이 있었다. 건안(주)일대에는 비교적 큰 성만하여도 25개, 오골주안에는 27개, 료동성주에는 27개, 신성주에는 26개, 국내주에는 50여개, 당아주에는 27개, 다벌악주에는 30여개의 성

들이 있었다.

지역방위체계의 우점은 한개 지역안의 군사력량이 자기 향토를 보위하기 위하여 총동원된다는데 있고 또 한 지역이 무너져도 다른 지역방위체계는 건재하기때문에 적들이 제멋대로 전진할수 없게 한다는데 있다.

- **전국방위체계**

고구려의 성곽방위체계는 수도, 부수도를 중심으로 하여 전국적범위에서도 형성되였다. 봉건국가의 존망은 흔히 그 수도와 국왕이 건재하는가 못하는가에 따라 결정되였다. 그러므로 수도 또는 국왕이 나가있는 부수도의 방위에 큰 힘이 돌려지게 되였다. 수도방위의 견지에서 볼 때 성곽방위체계는 전연 및 전방 방위체계, 종심방위체계, 수도방위체계로 형성되는것이 상례였다.

수도의 위치, 적군의 침입지점, 침입경로에 따라 전연, 전방, 종심, 수도 방위체계는 때에 따라 서로 달랐다.

수도가 졸본성에 있었을 때에도 이미 사방에서 수도로 오는 도중에는 여러개의 성들이 축조되여있었으나 건국초기에는 완전히 째인것으로 되지 못하였다. 그러나 국내성이 수도로 된 다음시기에는 령토도 넓어지고 국력도 강화된데 상응하게 정연한 성곽방위체계가 형성되였다. 국내성이 기본수도이고 부수도(졸본성-환도성)가 환인부근에 있었던 당시(주로 4세기중엽까지) 적군은 대개 료동지방에서 침공하였다. 료동쪽에서는 혼하와 소자하를 따라 침입하거나 태자하를 따라 침입하군 하였다. 압록강류역으로도 침입할 가능성이 있었고 북쪽으로는 부여가 침입하기도 하였다.

그러므로 이 시기의 전연, 전방 방위체계는 혼하방면으로는 신성, 대류산성(성자구산성), 무순성, 마화사산성 등으로 형성되였고 태자하방면에서는 평정산성, 하보산성, 상산성채, 하산성채와 본계시 동쪽의 여러 성들로 형성되였다.

427년 평양성이 기본수도로 된 다음시기에 적들은 주로 료하계선과 료동반도쪽으로 침공하였고 때로는 압록강이나 청천강, 대동강 하구를 통해 침입하려고 하였다.

그리하여 의무려산줄기 서쪽의 무려라성, 동쪽의 고려판성(흑산현), 고태자산성(신민현) 등이 전연방어성으로 되고 료하동쪽의 여러 성들이 전방방어성으로 되였다.

고구려가 6~7세기에 멀리 서쪽으로 령역을 확대하였을 때에는 오늘의 내몽골지구, 료녕성서부지구와 료하계선의 여러 성들이 전연, 전방 방위체계에 속하였다.

료동반도 남부나 압록강구로 적이 침입할 때에는 건안주, 오골주의 성들이 전연, 전방 방위체계를 형성하고 그 북방, 동방, 남방의 성들은 그 후방으로 되였다.

또 남쪽으로는 고구려의 남변에 출입이 있게 됨에 따라 4~6세기초, 6세기 50년대~7세기에는 오늘의 례성강, 림진강 중하류계선에 있던 여러 성들이 전연, 전방 방위체계를 이루었다. 고구려의 남변이 멀리 소백산줄기, 아산만계선까지 이르렀을 때에는 전연, 전방 방위체계는 충청북도 청주, 충주 계선에 집중되여있던 고구려성들로써 구성되였다.

고구려때 반침략전쟁은 주로 전연, 전방 방위체계를 리용하여 진행되였다. 그러나 때로는 적들이 더 깊이 침입하여 종심지역에까지 들어오는 경우도 있었고 수도에까지 침입하는 경우도 있었다.

국내성에 수도가 있었을 당시 종심방위체계를 이룬것은 남소성, 목저성, 로성, 영릉진성, 오녀산성, 성장라자성, 패왕조산성(환인방면), 영액문산성, 남산성자성, 서산성자성, 라통산성, 자안산성 등(통화방면)과 위자욕성, 고검지성 등이였다. 적군이 혼하-휘발하상류-혼강 상류, 중류로 기동하는가, 혼하-소자하-혼강중하류로 침입하는가, 태자하-혼강중하류로 나오는가에 따라 서로 다르기는 하였지만 이 경로의 중간에는 수십개씩 되는 성들이 가로막고있어서 종심방어체계를 이루고있었다.

압록강좌우안을 거치는 경로로서는 료양-봉성-박작성-관전현고려성(강북쪽), 서린동고성, 대산동고성, 고미산성, 옥강성 등과 청성, 청수의 차단성 등 역시 수십개 성이 있었다.

환도성(환인현)이 부수도-림시수도로 되여있었던 시기의 종심방어체계는 신빈현동방, 부이강류역의 성들이 더 포괄되였고 5세기이후 봉황성(환도성-북평양성)이 부수도로 되여있었던 시기에는 료동성(료양)에서 련산관으로 빠져나오는 길, 안시성(해성)에서 오골성(수암)을 지나오는 길의 도중에 있는 수십개 성 등이 종심방어체계에 속하였다.

246년, 342년, 612년 전쟁때에는 국왕이 환도성, 북평양성에 나가있었던만큼 그에 가까운곳들에 있는 성들이 수도방위체계에 속하였다.

평양성이 기본수도로 되고있던 시기의 종심방어체계는 평양서북 1,000여리 구간에 있던 성, 장성들이 이에 망라되여 몇겹의 견고한 방어진을 형성하였다.

전연 및 전방 방위체계에 속한 수백리 구간의 여러 성들을 돌파하는데 막대한 인적, 물적 손실을 당한 침략군은 종심지대의 1,000여리 구간에서 다시 도처에 구축된 장성방어시설과 지역방위체계에 속한 성들을 극복하여야 하였던것만큼 그것은 그야말로 철통같은 방위진으로 되였다.

가령 료동성방면에서 침입하는 적군은 압록강까지 수십개의 성들을 극복한 다음에도 압록강이남지역에서 서해안쪽으로는 서린동고성, 백마산성, 결망성, 송상리고성, 룡골산성, 동림산성, 룡한산성, 성동고성, 신도성, 박릉성, 안주성, 미두산성을 함락시켜야 하고 또 압록책(장성), 옥강-동평장성, 당아령장성, 신봉-삼봉장성, 대령강장성 등 여러개의 장성방어진을 뚫어야 하였다. 또 내륙방면으로는 옥강성, 아이진성, 대관성, 성평리성, 구성성, 굴암산성, 니성(기룡리성), 룡오리산성, 태천구성, 밀운성(녕변성), 운남성(고성리토성) 등을 거쳐야 하였고 대령강장성의 수많은 가지장성들을 뚫고 들어와야 하였다.

전연, 전방, 종심 방어체계를 막론하고 고구려의 성곽방위체계의 우월성의 하나는 견고한 산성들에 의거하여 적은 인원을 가지고 적의 대군을 상대하여 싸울수 있게 하였다는데 있다. 그것은 하나의 련결된 방어선을 이루고 대전하는것이 아니라 몇개 성으로 이루어진 국지방어진을 치고 중점방어를 기본으로 하기때문에 쉽게 함락시킬수 없는 반면에 적들은 후방보급로와 퇴로를 차단당하게 되므로 후고의 근심을 없애기 위하여 많은 무력을 중간 여러 지점에 떼여놓지 않으면 안되게 된다. 따라서 그 전투력이 심히 분산, 약화되게 되며 더 전진할수 없게 되는것이였다.

평양 남쪽으로 형성되는 종심방어체계는 그 남변의 변동에 따라 달랐으나 서해안지대에서는 개성시, 황해북도, 황해남도 각지의 여러 성들에 의해서, 내륙지대에서는 충청북도, 강원도, 평안남도를 잇는 계선상의 여러 성들에 의하여 이루어졌다.

수도방위체계는 적들이 모험적으로 중간에 있는 여러 성들을 제압함이 없이 속전속결책을 쓰면서 깊이 침공하는 경우도 있었던만큼 역시 소홀히 할수 없는 중요방위체계로 되였다.

국내성중심일 당시 수도방위체계는 오늘의 집안과 그 주변의 여러 성들 즉 국내성(통구성), 위나암성(산성자산성), 만포성, 관마장성, 망파령성, 대천보루, 해관성, 외차구성, 석호성 등의 차단성들로 이루어졌다. 환도성이 림시수도였을 때는 그 부근의 여러 성들이 이에 속하였다.

평양성중심일 당시에는 대성산성, 안학궁성, 평양(장안)성, 청암리성, 고방산성, 청호동토성, 의암리성, 간천리성(강남군) 등과 홀골산성, 청룡산성, 래구성, 황룡산성, 보산성, 황주성, 휴류산성 등으로 수도방위체계가 이루어졌다. 대성산성이나 평양(장안)성자체가 많은 품을 들여 몇겹으로 쌓은 성들이였으므로 내부에서 반역자가 생겨나서 적에게 내응하기전에는 난공불락의 요새였다.

부수도들인 남평양성(신원군), 북평양성(봉황성)도 견고한 성들이고 그 주변에 역시 위성성곽방위체계가 형성되여있었으므로 유사시에 자기 기능을 충분히 담당수행할수 있었다.

고구려수도 국내성의 동쪽이나 북쪽에서는 례외적으로 기원 13년 부여국의 침공이 있었으나 외적의 침입이 거의 없었다. 또 평양성의 경우에도 동쪽에서 외적침습의 우려는 거의 없었으므로 많은 성곽방위시설을 두지 않아도 되였다.

다른 나라들의 중세성곽들은 주로 주, 군, 현 등 행정중심지들을 지키기 위한 평지성들이 기본이거나 국왕이나 귀족들의 안전을 위하여 험요한곳에 작은 륜곽을 가진 탑식성곽을 쌓는 일이 많았다. 그리고 전쟁은 주로 평지에서 쌍방의 군대가 긴 횡대를 짓고 맞서 싸우는 일이 많았다. 이러한 평지에서의 조우전은 대체로 병력이 많은측이 이기기마련이였다.

고구려는 대륙방면에서 오는 대규모병력과 맞서 싸우는 일이 많았던 조건에서 그러한 전법을 쓸수 없었고 요긴한곳마다에 성들을 쌓고 선형방어가 아니라 중점방어를 위주로 하여 소수의 병력으로 대군을 물리치는 전법을 많이 썼다. 또 그에 상응하게 청야수성전술, 유인전술을 적용하였다.

고구려의 성곽방위체계는 이러한 목적에 맞게 적군이 침입할수 있는 길목마다에 성들을 집중적으로 배치하고 인민들의 생명재산도 보호하고 아군의 손실을 적게 내면서 침략군을 성과적으로 물리칠수 있게 형성되였다. 그리하여 수십차의 반침략투쟁에서 매번 빛나는 승리를 거둘수 있었다.

4세기중엽이후 667~668년전쟁때 고구려통치층안에서 반역자가 나와 내부분렬이 일어나고 국가통수체계가 완전히 마비된 때를 내놓고는 고구려의 성곽방위체계는 자기의 위력을 충분히 발휘하였으며 한번도 적군이 본토깊이 침입한 일이 없었다. 이것은 고구려의 성곽방위체계의 우수성을 여실히 보여주고있다.

- 고구려의 장성방위시설

고구려의 성곽방위체계안에서 중요한 몫을 담당하였던 각지의 장성에 대하여 지난 시기에는 거의나 설명을 하지 못하였다. 또 일부 장성시설들은 그 축조년대가 명백치 않아서 그에 딸린 성보들과 함께 후세—고려시기의 성으로 잘못 리해되기도 하였다. 그러므로 여기서는 아직 년대가 확정되지 못한 장성도 고구려때의 성일 가능성이 있는것은 참고로 언급하려고 한다.

장성이란 일정한 계선에 중단없이 길게 축조한 방어시설이다. (일부 자연천험, 단애 등 지형지세를 리용하여 인공적으로 성벽을 쌓지 않은 구간도 있을수 있다.)

일부 견해에서는 장성이란 보통 담장, 담벽과 같이 소소한 무력, 좀도적들을 방위하는 경비용구조물에 지나지 않고 대군은 아무때나 그것을 임의의 계선에서 돌파할수 있다고 보기도 한다. 물론 력사상 무너지지 않고 돌파당하지 않은 장성이란 근대이후의 요새시설인 《마지노선》이나 《지그프리트선》을 포함하여 없었던것이 사실이다. 그러나 고대-중세 사람들이 장성을 쌓은것을 두고 무의미한 힘과 자재의 랑비로 보아서는 안될것이다.

장성이란 그 부대시설이 제대로 구비되여있고 방어군내부의 군사규률이 서있는 조건에서는 뚫기 어려운 요새로 되여있었다. 왜냐하면 적군이 쉽게 들어올수 있는 길목이나 야산등성이 같은곳의 방어는 특별히 견고하게 꾸려지고 조직되였기때문이다. 강한 군대가 막고있는 조건에서는 아무리 대군이라도 성곽요새-장성방위시설을 손쉽게 뚫지 못한다. 이러한 방어선은 공격하는측이 아무리 수단을 다한다 하여도 며칠이상 시간이 걸려야 깨뜨릴수 있으며 그사이에 후방에 련락이 가닿고 새 방어병력이 편성되여 당도하게 된다. 장성-관문이 여러 겹으로 포치되여있으면 적군의 침공을 오래동안 지체시킬수 있고 아군은 방어, 반격을 위한 준비시간을 보장받게 되는것이다. 바로 이런 의미에서 장성방어시설이 필요하였고 따라서 막대한 로력을 들여서 구축하게 되였던것이다.

고구려의 장성으로서 기록에 남아있는것은 631～646 년사이에 축조된 천리장성이다.

이에 대하여 《삼국사기》(권 20) 영류왕 4 년조에는 《동북은 부여성으로부터 시작하여 동남은 바다에 이르기까지 1,000 여리를 쌓았다.》고 하였다. 이 구절은 《동북은 부여성동쪽에서 남으로 바다까지》라고 읽을수도 있다. 그러나 장성의 시작점을 《동쪽》이라고 하는것은 평양성이 기본수도인 조건에서는 적당한 표현이라고 할수 없다. 그러므로 보통 《동남》은 《서남》의 오자로 본다. 《삼국유사》나 신, 구 《당서》 고구려전의 기록에도 《동북은 부여성부터 서남은 바다까지 1 천여리》, 《동북－서남》 등으로 되여있다.

지난 시기 유적조사가 잘되지 않았던 때에는 천리장성은 료하동쪽의 여러 성들을 련결하여 쌓은 방어시설로 보기로 하였으나 근년이후 유적조사가 진척되여 농안현서남 회덕, 리수, 개원, 신민, 심양, 해성, 영구에 이르기까지에 《변장》, 《로변장》, 《소변》, 《토룡》 등 지명들이 련이어 있고 또 《회덕현문물지》에 의하면 현안에서 수십년전까지만 하여도 20～30 키로메터 계속된 높이 5메터 가량 되는 장성이 있었고 10～20 리에 하나씩 자그마한 보루와 성들이 달려있었다. 이를 보아 천리장성은 농안부근에서 영구지방까지 축조된 토성이였다고 볼수 있다.

료서지방에도 료녕성(구 내몽꿀) 림동현, 림서현의 서북쪽에 약 100 키로메터에 달하는 《고려성》이 있었다. 다시 그 동북쪽 칠리목맹쪽에는 약 150 키로메터 되는 《고려성》이 있었다.*

* 《만주국여지도》 좌하도, 륙지측량부 1939년

이 장성시설은 금나라때의 《계호(界濠)》시설의 일부라고 보는 견해가 있으나 《고구려성》으로 전하는것으로 보아서는 고구려때의 성방위시설을 리용하여 금나라가 보축리용한것일수도 있다.

확인되지는 못하였으나 한나라때 쌓은 《새원》시설이 개원-철령사이에서 시작하여 무순, 본계 동방의 산줄기를 리용하여 압록강하구부근에까지 축조되였다고 보이는데 고구려때에도 그 일부구간을 개축하여 서쪽으로부터 오는 적군을 막는 방어시설로 만들었을수 있다고 생각한다.

667~668년 고구려-당전쟁때 함락되였다는 《대행성》은 큰 행성(장성)이라는 뜻을 가지고있으므로 오늘의 단동시와 봉성현의 경계선일대에 있는 《고려문성》이 그에 해당한것으로 인정된다.

압록강남쪽 오늘의 평안북도 일대에는 여러개의 장성시설들이 있었다고 보인다.

우선 압록강 바로 남쪽 고려시기의 천리장성이 있었던 자리에는 《압록책》이 있었다. 이것은 서린동고성, 대산동고성, 백마산성 등을 련결하는 긴 책성을 만든것이였을것이다. 그 동쪽끝이 어디였는지 알수 없으나 동쪽으로도 계반령, 완항령 같은 중요 길목들에는 차단성이 있었다고 본다.

다음 삭주군 옥강리에서 시작하여 내옥리를 거쳐 천마군 영산리로 이어지는 석축장성이 있다. 영산리서쪽에는 피현군과의 경계를 북에서 남으로 뻗은 산줄기가 있고 동림군 좌현부근에서 철산군 동평리로 이어지는 《고장성》이 있다. 높은 산줄기우에는 성벽이 없으나 이것도 하나로 이어지는 장성방어시설로 볼수 있다.

천마군의 북쪽경계이북지역은 고려장성밖이므로 고려때 쌓은것이 아니며 철산군의 《고장성》도 고려때것이 아니므로 고구려장성으로 볼수밖에 없다. 이 옥강-동평장성의 남단에는 철산읍뒤 운암산성에서 서주리를 지나 바다가(오봉리)로 이어지는 가지장성이 있었다고 보인다.

다음으로 오늘의 정주군과 곽산군사이, 통한산성과 성동고성사이, 북으로는 당아령고개를 지나가고 남으로는 정주군 서호리로 이어지는 또하나의 장성이 있다. 이 역시 기록에 남지 않은것으로 보아 고구려때의 장성이였다고 짐작된다. 당아령의 장성은 북으로 뻗어 태천군 퇴유령까지 이어졌을 가능성이 있다.

그다음으로는 정주군 신봉리로부터 오산리, 운전군 청정리, 룡봉리, 대연리, 박천군 삼봉리에 이르는 약 125리 가량 되는 잘 쌓은 석축장성이 있다. 이것은 《신안지》(정주읍지)에 고구려때의것으로 밝혀져있다. 이 신봉-삼봉장성은 대령강장성의 가지선이였기 쉽다.

대령강장성은 길이 300리이상, 가지선까지 합치면 400리이상 되는 큰 장성이다. 지난 시기 일부 구간에서 자기쪼각이 나왔으므로 고려장성이라고 보았으나 2~3세기이후 고구려에서도 자기들이 제조된 사실이 밝혀진 오늘날에 와서는 고구려 후기에 축조된것으로 보아야 할것이다. 그것은 거창한 장성시설임에도 불구하고 《고려사》에는 그 어디에도 그것을 쌓았다는 기사가 없기때문이다.

이 장성의 특징은 대령강의 동쪽기슭에 될수록 바싹 붙여서 쌓았다는데 있다. 다른 장성들은 주로 산줄기의 마루를 이어 쌓았다. 이 장성은 박천군 단산리에서 시작하여 대령리, 박천읍 서쪽, 중남리, 원남리, 녕변군 고성리, 태천군 학당리, 덕화리, 풍림리, 룡전리, 동창군 학봉리, 신안리 성동부락 단풍

덕산밑에 이르기까지 석축으로 또는 개흙과 강돌의 혼축으로 많은 품을 들여 쌓았다. 그것은 청천강이북지역에서는 여기가 마지막 중요지탱점으로 될수 있었기때문일것이다.

이밖에도 천마산줄기를 지나는 령길들을 막은 차단성들이 있으며 그것은 좌우로 뻗은 장성시설과 련결되였을 가능성이 있다. 그리고 구성북쪽 팔영령—굴암산—롱오리산성—태천군 덕화리—향적산—오봉산—구장군 사오리—천이산으로 하여 청천강가에 닿는 동서방향으로 된 장성이 있었으며 지금도 군데군데 돌성벽, 토성벽 유적들이 남아있다. 이 역시 고려이후의 기록에는 남지 않은 성으로서 고구려때에 축조된것으로 보인다.

이처럼 오늘의 평안북도는 험산준령과 강하천을 리용하여 차단성, 장성들을 축조함으로써 서북쪽에서 평양으로 오는 적군을 몇중으로 가로막기에 유리한 지형지세를 가지고있었다.

일부 다른 나라 학자들은 구성—구장사이의 장성 또는 대령강장성을 두고 중국의 연, 진 장성이라고 말하고 지도에도 그리고있으나 그것은 가당치 않는 추측이다. 그들이 말하는 계선에는 서쪽에서 동쪽으로 침입하는 적을 막기 위한 장성시설이 있을뿐이며 이것은 연나라 장성이나 진나라 만리장성과는 그 설치목적에서 180도 반대되는것이다.

고구려에는 해안방어를 위한 장성시설도 있었다. 평안남도 문덕군 서호리, 숙천군 창동리, 광천리, 남양리, 평원군 매전리, 신송리, 화진리 등 여러곳의 해안 가까이에는 토축 또는 토석혼축의 장성터가 군데군데 남아있다. 이것들은 만조선시기의것이라는 전설도 있으나 평원군 남양리의 이 계선의 두개 옹성을 조사한바에 의하면 고구려성이였다.

만포시, 시중군사이의 산줄기에도 돌로 쌓은 장성유적이 있는데 이것은 국내성이 수도였을 당시의 수도남부방위시설의 하나였을것이다.

중국 동북 길림성 연변지구에도 훈춘시부근, 중로국경선을 지나는 장성을 비롯하여 왕청현, 화룡현 경내를 지나는 장성들이 있다. 그중 일부는 고구려때 말갈족들의 있을수 있는 침습에 대비한것으로 볼수 있다.

이처럼 고구려에는 장성방어시설이 적지 않았는데 이것은 전방, 종심 방위체계의 한 구성부분으로서 중요한 몫을 담당하는것이였고 후세에 비하여 차이나는 점이라고 할수 있다.

- 고구려성곽이 가지는 특성

그것은 우선 방어목적에 맞게 그 위치선정을 잘하고 성곽형식도 잘 선택하였다는데 있다. 즉 유리한 지형, 지세를 최대한으로 리용하여 견고한 성을 쌓았다. 고구려에 산성이 많은 것은 공격하기는 어렵고 지키기는 쉬운 산지의 유리한 지세를 최대한으로 리용하였기때문이다. 그래야 성벽쌓는 로력, 방어군 인원수를 줄일수 있었다. 평지나 낮은 언덕에 성을 쌓아야 할 경우에도 강하천언덕이나 낭떠러지를 최대한 리용하였다. 그러므로 대체로 성의 형태는 원형 또는 사각형이 아니라 부정형(不定形)으로 되는 경우가 많았다. 고구려사람들이 가장 많이 쌓은것은 고로봉형산성이였다. 고로봉식산성은 한개이상의 개울을 성안에 넣고 제압고소로 되는 산봉우리를 지나는 산릉선을 에워쌓는 형식의 성이다. 이러한 형식의 성은 많은 인원수를 수용할수 있고 수원이 풍부하여 장기간의 포위전에도 능히 견딜수 있다. 성이 크면 지키기 어려운것이 결함이지만 그대신 많은 인민들을 피난시킬수 있고 남녀로소가 다 성방위에 적극 참가할수 있는 우점도 있고 군사들이 자기의 부모처자를 위하여 죽을 힘을 다 내여 성을 고수하도록 고무추동하는데도 유리하다.

고로봉식산성을 쌓는다고 하여 주민지대와 너무 떨어진 심산협곡에 쌓아서는 사람의 이동이나 물자운반에 지장이 있으므로 될수록 주민지대 가까운곳에 자리잡도록 하였다.

고구려후기에 와서는 인민들의 재산, 도시를 잘 보위할수 있도록 도시, 고을과 부근의 산지를 포괄하는 평산성(사모봉식산성)을 많이 쌓게 되였다. 평양(장안)성, 황주성, 풍천성, 봉세산성 같은것이 그러한 실례이다.

일부 사람들은 고구려산성을 《도망가기 위한(피난하기 위한)》성이라고 보고있으나 그것은 큰 잘못이다. 그것은 어디까지나 주민들을 보호하는것과 함께 적은 무력으로 적의 대군을 성과적으로 물리치기 위한 수단으로 창안리용된 방어 및 반풍격용 성곽이다.

이밖에도 지형지세를 잘 리용한 실례는 평정산성 즉 산정이 평평하고 그 둘레가 낭떠러지로 된 지형을 리용한 산성이다. 오녀산성, 평정산성(본계), 재덕산성(명천), 다신산성(길주) 등이 그러한 실례이다. 이 경우에도 반드시 산정에 수원이 풍부한곳을 선택하였다. 다음으로 마안식산성 즉 량쪽이 높고 중간이 오무라든 지대를 둘러막은 성도 더러 쌓았는데 이것은 주로 령길을 지키기 위한 성들이였다. 례외적이기는 하나 산봉식산성 즉 산꼭대기로 둘러막은 작은 성을 쌓기도 하였고 도로를 지키기 위한 보루 같은것은 산중턱이하의 경사지에 쌓기도 하였다.

수도성과 고을성 및 그와 가까운 산성들은 다 교통운수가 편리하고 농업지대를 끼고있으며 강하천을 자연의 해자로 리용할수 있는 위치에 선정하였다.

고구려사람들이 성의 위치 및 형태 선정에서 적용한 우수한 경험은 백제, 신라, 후부여, 고려, 리조 등 조선중세국가들의 산성, 도성, 읍성 건설에서 본보기로, 원류로 되였다.

고구려성은 축성재료와 축성기술의 측면에서도 일련의 특성을 가지고있다. 물론 다른 나라에서와 같이 축성재료는 돌, 흙, 벽돌 등이였으나 다른 나라에서 많이 리용된 벽돌을 쓰는 일은 극히 드물었다. 산성을 많이 쌓은 고구려에서는 산에 흔한 돌을 리용하여 견고하고 오래가는 성벽을 만드는것이 유리하였다. 돌을 써서 성을 쌓는데서도 특이한것은 돌을 사각추형으로 다듬어서 앞면은 6합이 되게 맞춰쌓고 뒤면은 깊이 뿌리박히게 하면서 다른 판석과 잡석으로 빼곡 채워넣음으로써 성돌이 빠져나가는 경우에도 성벽이 무너지지 않도록 한것이다. 돌과 흙을 섞어쌓는 경우에도 큰 돌과 작은돌, 자갈, 기와쪼각, 흙을 잘 배합하여 다지기도 하고 개흙을 이겨 돌을 싸서 쌓기도 하였는데 그것은 비물에 의하여 성벽이 씻겨내려가는것을 막고 성벽의 견고성을 보장하는데 매우 우월한 방법이였다. 토성을 쌓는 경우에도 그저 흙을 다지는 판축법을 쓰는것이 아니라 굵은 모래, 잔자갈을 섞어서 다짐으로써 견고성을 보장하였다.

고구려의 축성기술에서 주목되는것의 하나는 성벽의 기초를 합리적으로 마련한것이다. 즉 암반이 있는곳은 암반까지 내리파고 그우에 성돌을 쌓았고 암반이 없는곳은 경사면바깥을 수직으로 깎아내고 밑부분에 큰돌을 놓고 그우에 성벽을 쌓되 무너지지 않도록 돌기마다 조금씩 들여쌓으면서 굽도리를 조성하였다. 일부는 아래성돌에 홈을 파서 웃성돌이 밀려나오지 못하게 하였다.

평지대의 진흙감탕이 있는곳은 6~7메터 너비, 3~2.5메터 깊이로 흙을 파내고 맨 밑에 아름드리 큰돌을 놓았으며 감탕 흙이 있는곳은 동결심도를 보장하도록 깊이 판다음 굵은 통나무를 깔고 그우에 성벽이 나가는 방향으로 다시 통나무를 깔고 그우에 큰돌을 놓음으로써 성벽의 견고성, 안전성을 보장하였다. 그리고 강변에서는 강바닥자갈층까지 깊이 파내고 돌벽을 쌓고 그 앞과 우는 자갈과 진흙, 기와쪼각 등을 섞어 다짐으로써 성벽기초를 튼튼하게 하기도 하였다.*

* 《고구려 평양성》과학, 백과사전출판사, 주체 67(1978)년, 50~58페지;

《조선고대유적의 편력》(일문) 록고우출판, 1986년, 331~332페지

평지, 계곡 또는 산비탈이 완만한 중턱에 성벽을 쌓는 경우는 량면축조를 하였고 산마루나 급한 경사면에 쌓는것은 외면축조방법을 썼다. 외면축조로 돌성벽을 쌓고 그 바깥에 흙을 씌워 보호하기도 하였고 흙성벽우에 돌로 포장하기도 하였다. 필요한곳에서는 돌성벽을 2중으로 쌓았다. 아래부분은 돌로, 웃부분은 흙으로 쌓은것도 있었다.

이처럼 고구려사람들은 그 지형조건, 축성재료에 맞게 각이한 방법들을 적용함으로써 로력은 적게 들이고 견고성을 보장하도록 창의창발성을 발휘하였다.

성벽건설에서 특이한 방법의 하나는 배수로가 성벽우를 지나가게 한것이다. 즉 성안의 물이 성벽우로 흘러 성벽폭포가

되도록 한것인데 이것은 아무리 큰물이 나도 성벽이 파괴되지 않게 하는 좋은 방법이였다.(료녕성 장하현 성산산성) 또 수구문을 통한 적병의 침입을 막기 위하여 배나무로 목책을 세우고 주홍색의 칠감까지 발라서 부식을 막은것도 있다.(신성 <고이산성>)

고구려 축성기술에서 특징적인것의 하나는 웬만한 성들에는 내성과 외성의 구획이 있었다는것이다. 일부 성들은 3~6개의 부분성으로 구획되기도 하였는데 이것은 성의 방어력을 높이는데서 큰 작용을 하였다.

성의 방어력을 높이기 위한 각종 시설의 설치 역시 축성기술의 중요측면을 이룬다.

고구려성들에는 문루를 세운 성문, 암문, 옹성, 성가퀴(녀장), 적대와 치, 각루, 망루, 장대, 병사, 창고, 해자(황), 못, 샘, 우물 등 여러가지 시설들이 구비되여있었고 일부 산성들에는 근접하는 적군을 돌사태, 통나무사태로 소멸하기 위한 시설도 있었다.(패왕조산성, 산성자산성, 흑구산성 등)

고구려인민들은 축성기술에서 이처럼 여러가지 창안을 함으로써 성을 철옹성같이 강화할수 있었다. 고구려가 수십차의 반침략투쟁에서 승리할수 있었던것은 무엇보다먼저 고구려인민들이 높은 애국심과 불굴의 투지를 가지고 잘 싸운데 그 기본원인이 있다. 그와 함께 그들이 평시부터 성곽방위시설을 튼튼히 꾸리고 그에 의거하여 싸웠기때문에 자기의 사명과 임무를 더 잘 담당수행할수 있었다는것도 반드시 강조되여야 할 것이다.

※《고구려사》(2 하) 사회과학출판사, 주체87(1998)년, 제11장 제1절 건축기술 참조

4. 주요 정치적사변

고구려력사에도 국가사회제도의 개편, 변혁을 가져오게 한 정치적사변들이 여러번 있었다. 봉건적 억압과 착취를 반대한 인민대중의 대규모적 투쟁, 폭동은 기록에 남지 못하였으나 국내의 심화되는 사회계급적모순을 풀기 위한 통치층안에서의 정변은 수차에 걸쳐 있었다는것이 기록되여있다.

첫 정변으로 되는것은 기원 53 년 모본지방출신 관리인 두로에 의한 모본왕 살해사건이라고 할수 있다. 이 사건은 잔인무도하고 포악한 임금인 모본왕이 미치광이처럼 사람을 죽이는데 접을 먹은 측근신하 두로가 언제 자신도 죽을지 몰라 근심하던 끝에 어떤 사람이 옛말에도 《사람을 학대하는것은 백성의 원쑤이니 그대는 도모하라》라고 한 말을 듣고 단행한것이라고 한다. 그러나 모본왕의 태자가 못났기에 《나라 사람들이 류리왕의 다른 손자 어수를 데려다가 왕위에 앉혔다.》는것을 보면 두로의 소행은 백성들을 포괄한 나라 사람들의 의사를 대변한 행동이고 통치층안에서의 일종의 세력교체로 된것은 사실일것이다. 그것은 고구려의 국내형편의 개선과 대외적 진출과정에 긍정적으로 작용한 사변이였다.

165 년에 있은 명림답부의 차대왕 살해와 신대왕의 옹립사건도 고구려국가사회에 상당히 큰 변동을 가져오게 한 사변이였다. 차대왕이 형인 태조대왕의 두 아들을 죽인것을 비롯하여 사냥과 술놀이에만 몰두하면서 정사를 태만하고 또 무원칙하게 기분주의적으로 사람을 죽이기도 한것은 귀족사회내부에서도 커다란 물의를 일으켰다. 인민들도 국왕과 그 주변의 악질관료들의 전횡과 가중되는 착취에 의하여 고통을 겪고있

었다. 이러한 조건에서 연나부출신의 귀족으로서 당년 100 살이 되던 명림답부는 차대왕을 죽이고 산골에 피신해있는 그의 배다른 아우 신대왕을 데려다가 왕위를 잇게 하였다. 명림답부는 최고관직인 국상으로 임명되여 국왕중심의 중앙집권체제를 강화하고 여러 계층에 대한 무마정책을 실시하였으며 대사령을 실시하여 억울한 죄명을 썼던 사람들을 놓아주었다. 이 명림답부의 정변은 민심을 수습하고 안정시키는데 효과가 있었고 대외관계에서도 국내력량을 단합시키는데서 긍정적으로 작용한 진보적정변이였다.

　191년에 좌가려일당의 반란을 진압한후 을파소를 등용하여 폐정개혁을 한것도 진보적인 사변으로 된다. 신대왕은 연나부 귀족세력의 도움으로 왕이 되였으므로 연나부출신 왕후를 맞아들였는데 어비류, 좌가려 등은 왕후의 친척으로서 권세를 썼으며 그 자식들과 아우들은 남의 자녀를 빼앗아 노비로 삼고 남의 토지와 가옥을 빼앗는 등 불법무도한짓을 많이 하였다. 고국천왕이 왕권까지도 침해하려는 그들을 극형에 처하려 하자 좌가려일당은 191년 4월에 반란을 일으켜 수도(국내성)를 공격하였다. 국왕은 왕기 4부안의 군사들을 동원하여 제때에 반란자들을 진압하고 나라의 정사를 개선하기 위한 대책으로서 유능한 사람을 등용하려 하였다. 이때 동부의 안류는 서압록곡 좌물촌(오늘의 삭주군 좌리)에서 사는 을파소를 추천하였다. 을파소는 류리왕때 대신이였던 을소의 후손이였으나 가난하여 스스로 농사를 짓고있었다. 그는 처음 우태 중외대부로 임명되였으나 중앙귀족들이 업신여기므로 벼슬을 사퇴하면서 더 현명한 사람을 골라서 높은 벼슬을 주도록 하라고 국왕에게 제기하였다. 그의 뜻을 알아차린 왕은 그를 국상으로 임명하고 누구든지 국상의 명령을 듣지 않는자는 일족을 죽이겠다고 선포하였다. 식견과 수완이 있던 을파소는 정치에서 잘못된것을 하나하나 시정해나갔으며 194년에는 흉년구제용으로 진대법을 실시하여 사회계급적모순을 일정하게 완화시키는 등으로 왕권중심의 봉건통치체제를 보다 강화하도록 하였다.

197년에 일어난 왕제 발기의 반란, 반역 사건도 고구려정치사에서는 중요한 사변이였다. 이에 대해서는 반침략투쟁에서 그 주요경위에 대하여 언급되였다. 197년에 고국천왕이 죽자 왕후로서 영화를 계속 누리려던 우씨는 왕의 죽음을 비밀에 붙이고 밤중에 첫째아우 발기를 찾아가서 왕이 아들이 없으니 그대가 뒤를 이으라고 하였으나 발기는 왕위는 하늘이 정해주는것이니 그런 소리는 하지 말라고 하였다. 우씨는 랭대를 받자 둘째아우 연우에게로 갔는데 거기서는 우대를 받고 함께 왕궁으로 들어가 왕의 유언으로 꾸며가지고 연우를 왕위에 앉히고 계속 왕후노릇을 하였다. 당연히 자기가 왕이 될 차례인데 아우에게 빼앗긴 발기는 분한 나머지 일부 연나부귀족들과 짜고 왕궁을 포위하였으나 3일이 되도록 누구도 적극 도와나서는자가 없었다. 곤경에 빠진 발기는 제 힘으로 사태를 수습하지 못하고 적대세력인 료동태수 공손도를 찾아가서 그 무력의 도움으로 왕위를 차지하려고 하는 조국반역의 길로 나갔다. 그러나 고국천왕의 셋째아우인 계수가 거느리는 고구려군에게 패하였고 계수로부터 조국반역의 대죄를 범한데 대하여 추궁받은 발기는 부끄러운 나머지 배천가에서 자기절로 목을 쳐서 죽었다.

침략세력인 공손도의 대군을 끌어들인것은 고구려인민들에게 새로운 큰 재난을 들씌운것으로 되였으며 그 후과가 매우 컸다. 그것은 204년 공손도의 아들 공손강의 재침을 초래하였다. 고구려는 이 사건을 계기로 림시수도 환도성을 건설하고 반침략투쟁을 새로운 단계로 전진시키였다. 이와 관련해서는 일본학계에서 중국기록을 맹신하고 정반대되는 그릇된 견해를 내놓는자들이 있다는데 대하여 이미 지적하였다.

300년에 있는 창조리의 정변 역시 긍정적인 사변이였다. 당시 국왕인 봉상왕은 태자로 있을 때부터 교만하고 방탕한짓을 많이 하였는데 왕위에 오르자 숙신정벌 등에서 공로가 많은 삼촌인 안국군 달가를 죽임으로써 국민의 원한을 샀다. 봉상왕은 갈수록 남을 의심하고 시기하는 못된 버릇이 늘어났으며 국왕의 권위를 높이자면 왕궁을 웅장화려하게 지어야 한다고 하면서 흉년임에도 불구하고 왕궁건설공사를 크게 벌리였다. 봉상왕의 악정으로 인민들의 원한과 반항기세가 드높아지자 국상 창조리는 국왕에게 충고하였으나 왕은 도리여 《백성을 위하여 죽으려는가.》라고 호통쳤다. 창조리는 정변을 일으킬것을 결심하고 왕의 조카 을불(후의 미천왕)이 방랑생활을 하던것을 찾아왔으며 왕이 사냥나간 기회에 거사를 하여 왕을 잡아가두고 을불을 왕위에 앉혔다. 미천왕은 8년간이나 숨어살면서 머슴살이도 하고 소금장사를 하는 과정에 억울한 매도 맞은 경험이 있었으므로 과중한 봉건적 억압과 착취를 다소 완화시키는 조치도 취함으로써 사회계급적모순을 좀 완화시켰고 국력을 충실히 함으로써 반침략전쟁에서 큰 성과를 달성할수 있었다. 그러므로 창조리의 정변도 력사적으로 보아 진보적인 정변이였다.

642년에 당나라침략세력에 대하여 사대주의적경향으로 기울어지던 투항분자들을 반대하여 연개소문장군이 일으킨 정변

642년에 당나라침략세력에 대하여 사대주의적경향으로 기울어지던 투항분자들을 반대하여 연개소문장군이 일으킨 정변은 민족적존엄을 고수한 정당한 투쟁이였다.

당나라 태종(리세민)을 비롯한 통치배들은 620년대중엽에 이르러 저들의 내부가 좀 안정되자 고구려에 대한 침략전쟁을 준비하는데로 나아갔다. 그들은 우선 우리 세나라사이의 불화, 분쟁을 리용하여 내정간섭을 하였으며 또 고구려-수전쟁의 기념물인 경관을 허물도록 요구하였다.

영류왕을 비롯한 집권통치배들은 당나라의 요구에 하나하나 양보하는 나약한 정책을 실시함으로써 민족적자존심을 크게 손상시켰다. 서부대인이였던 연개소문은 대당강경정책을 실시할것을 요구한것으로 하여 집권층의 미움을 샀으며 그들의 암살음모의 대상이 되었다. 642년 10월에 연개소문은 천리장성축조를 감독하다가 수도로 되돌아와서 자기 부하 장병들의 열병식을 조직하고 집권과대신들을 초청한 기회에 100여명의 귀족관료들과 국왕을 처단하고 왕의 조카를 올려세워 보장왕으로 삼았다.

정변이후 연개소문은 최고관직인 막리지로 되여 정권을 틀어쥐고 나라안의 사회경제형편을 개선하고 국력을 강화하기 위한 일련의 대책을 세웠다. 그는 당나라의 침략에 대처하여 전쟁준비를 다그쳤으며 당나라 사신 장엄을 토굴에 감금하는 등 철저한 강경정책을 실시하였다.

그의 이러한 정책은 고구려의 위력과 전투력을 강화하였으며 645년 전쟁을 비롯하여 그후 여러차례의 전쟁에서 고구려가 빛나는 승리를 거둘수 있게 하였다.

666년초에 연개소문이 사망한후 그의 세 아들 연남생, 연남건, 연남산사이에 불화가 발생하였고 음모에 걸린 남생이 조국을 배반하고 당나라에 가붙은것은 고구려의 운명을 결정하게 된 중요한 정치적사변이였다.

연남생이 지방순시로 나간 기회에 남건을 내세워 자기의 정권욕을 충족시켜보려던 귀족들은 남생에게는 남건이 막리지로 되려고 형을 제거하려 한다, 남건에게는 남생이 정권을 독차지하려고 아우를 제거하려 한다고 거짓말을 함으로써 남생형제를 리간시켰으며 그에 속아넘어간 남생은 국내성으로 도망가서 자기의 지지세력을 꾸리고 남건파를 반대하는 전쟁을 일으켰다. 이로 말미암아 고구려내부는 두 진영, 두 세력으로 분렬되였다. 자기 힘이 약하다고 본 남생은 숙적인 당나라의 후원을 요구함으로써 조국을 배반하였으며 결과 당나라의 침략대군이 들어오게 되였다. 또 신라통치배들이 당나라와 합세하여 침공해왔다. 이런 형편에서 국가 통수체계와 방위체계가 마비상태에 빠지게 된 고구려는 결국 패배하였으며 그로 인하여 천년대국 고구려는 종말을 고하게 되였다.

연남생의 반역사건은 심각한 력사적교훈 즉 내부가 단결되지 못하고 크게 분렬되면 그리고 정치군사적실권을 잡고있던 자들속에서 반역자가 생겨나 침략자들과 야합하게 되면 아무리 강한 경제력과 군사력을 가진 나라도 멸망의 비운을 면치 못한다는 교훈을 남기였다.

고구려의 경우 고구려내부에서 그러한 반역자가 생기였을뿐아니라 민족내부에서 당나라침략세력과 련합하여 동족의 나라 고구려를 반대한 신라통치배들의 배족적행위 역시 고구려멸망의 중요요인의 하나였으며 민족을 배반한 죄악은 천추에 씻을수 없는 대죄로 된다는것을 똑똑히 보여주었다.

Ⅵ. 고구려의 대외관계, 자주적대외정책

고구려는 자기 존립의 근 1,000년동안 시종일관 대외관계에서 자주권을 고수한 나라였다. 자주권을 지킨다는것은 대내외적으로 자기 나라, 자기 민족의 리익을 고수하는 정책을 실시한다는것을 의미한다. 큰 나라, 강한 나라의 압력을 박차고 자기 결심에 따라 자기 리익에 맞게 행동하면 그것은 엄연한 자주독립국가인것이고 부분적으로라도 큰 나라에 추종하면 그 제약을 다소 받는것이며 큰 나라의 요구대로 행동하면 그것은 속국으로 전락되는것이다. 일정하게 불리한 정황이 조성되여 본의아니게 일시적으로 약간의 손실을 보면서 큰 나라, 강한 나라와의 관계를 유지하게 되는 경우도 있으나 그렇다고 그 나라가 자주성을 상실한것은 아니다. 더우기 중세기의 조건에서 형식적인 외교의례로서 《사대조공》하였을뿐 자기의 국가적 리익을 고수하고 자기 결심에 따라 대외관계를 조절해나가는 나라에 대해서 큰 나라, 강한 나라의 속국이 되였다고 말하는것은 력사주의적립장에 서는것이 아니다.

일부 다른 나라 학계에서는 오늘날까지도 봉건사가들이 써놓은 《책봉》, 《조공》 등의 말마디들에 큰 의의를 부여하여 이른바 《책봉체제》라는 개념을 설정하고 그것이 동아시아의 국제관계에서 큰 작용을 놀기라도 한것처럼 과대평가하고있다. 지어 일부 학자들은 《책봉》, 《조공》, 《조헌》이라는 말마디가 나오면 그것이 곧 중국에 대한 종속관계의 표현인듯이 주장하고있다. 더 나아가서는 오늘의 중국령토안에 있었던 다른 민족의 나라들을 중국의 《소수민족정권》, 《지방정권》, 《속국》으로 묘사하기까지 하고있다.

중국안에서 황제와 제후를 비롯한 고위급관료들사이에 씌여진 《책봉》이나 《조공》이란 말이 중국과 주변나라들사이에 확대적용되여 외교무역상의 상투(常套)용어로 된것은 대략 남북조시기(4세기말엽~589년)였다. 그것은 중국통치자들의 허영심을 만족시켜주는 수단으로 되였으며 때로는 다른 나라가 가져오는 무역품(《공물》)의 몇배나 되는 값어치의 《례물》이 답례의 형식으로 주어졌고 주변나라들은 형식에 구애됨이 없이 실리를 탐하여 중국과의 외교무역을 진행하기도 하였다. 지어는 명나라, 청나라 때까지도 로씨야, 영국을 포함한 세계의 여러 나라들이 《칭신조공》의 형식으로 중국과의 외교무역관계를 맺었다. 다른 나라 통치자에 대한 《책봉》이란 아무런 구속력도 없는 수식어-빈말에 지나지 않았다.

위대한 령도자 **김정일**동지께서는 다음과 같이 지적하시였다.

《고구려가 강대한 나라로 이름떨칠수 있었던것은 고구려사람속에 사대주의가 없었기때문이였습니다.》

강대한 국력과 높은 민족적자존심을 가지고있었던 고구려사람들속에서는 사대주의가 하나의 사상조류로 된 일이 없었으며 고구려는 언제나 자주적인 대외정책을 실시하였다. 고구려의 대외관계사를 보아도 5세기중엽경부터 당시의 관례에 따라 중국 남북조나라들과의 외교무역관계를 맺은 일이 있으나 그 이전과 다름없는 자주적인 대외정책을 견지하였다는것을 구체적인 실례들을 통하여 립증할수 있다.

1. 기원전 2세기말~5세기초 중국 력대 국가들 (전한, 신, 후한, 위, 오, 서진, 동진, 전연, 전진, 후연, 북연)과의 관계

자주적인 대외정책은 외래침략자들을 반대하여 불굴의 투쟁을 벌리던 전쟁시기에 가장 뚜렷하게 표현된다. 기원전 108년에 한 무제의 침략군이 동족의 나라 고조선을 멸망시키고 고구려까지도 삼켜보려고 덤벼들었을 때 고구려는 처음부터 완강한 항전으로 침공을 물리쳤으며 고구려서북변(오늘의 청원현 일부)에 한나라가 설치하였던 《고구려현》을 서쪽으로 몰아내였다. 기원전 82년에 한나라가 《진반》, 《림둔》의 두 군을 폐지한다고 선포한것이나 기원전 76~75년에 《료동 현도성》(새원시설)을 쌓은것은 다 고조선유민들과 함께 고구려인민들이 반침략투쟁을 힘있게 벌렸기때문이였다.

한나라 소제때(기원전 88~74년) 이후 한나라가 고구려에 의책(옷가지와 쓰개), 조복(조회때 입는 례복), 고취(악기), 기인(악공)을 보내주었다는것은 고구려측의 공격을 완화시켜보려고 선물을 보내왔다는것을 의미한다. 그것은 고구려사람들이 물건을 받으러 오지 않기때문에 현도군 동쪽경계에 일부러 작은 성을 쌓고 거기에 물건을 가져다놓았다고 한데서 알수 있다.

기원 9년에 신나라 왕망이 천하에는 1명의 왕만이 있을수 있다고 하면서 주변나라들의 통치자들에게 한나라가 주었던 《왕새》를 《후장》으로 바꾸는 놀음을 하였을 때 고구려에도 사람을 보낸것으로 되여있지만 실지로 어떻게 했다는 기사는 없고 기원 12년에 가서야 《고구려왕》의 이름을 일방적으로 《하구려후》로 고쳐부르게 하였다(《후한서》 고구려전)는데 대해서는 앞에서 본바와 같다. 고구려는 왕망의 그러한 독단을 받아들인적이 없었던것이다.

기원 10~20년대에 고구려는 신나라, 후한의 군현들에 대한 공격을 강화하였으며 28년의 침공을 물리치기도 하고 32년에는 후한과의 관계를 개선하기도 하였으나 그것은 다 고조선옛 땅을 수복하기 위한 목적에서 취한 외교, 군사적 조치였다. 그후 49년에 태원원정을 한것을 비롯하여 후한과의 사이에는 여러차례 전쟁이 있었으나 평화적관계를 맺았던 때도 있었다. 중국사서들에는 그때마다 고구려가 료동군에 속했다느니, 현도군에 속할것을 요구하였다느니 하고 써놓았으나 그것은 그 군들을 통하여 외교무역관계를 맺았다는 뜻에 지나지 않는다. (원래 《속》이라는 한자의 뜻은 《소속》이란 뜻외에 《잇는다》, 《맺는다》라는 뜻이 있다.)

그러므로 이러한 문구나 글자를 가지고 고구려가 후한의 속국이였다고 하는것은 어불성설이다.

189~238년사이에 료동지방의 큰 봉건세력으로 되여있던 공손씨와의 관계에서도 고구려는 늘 적대적관계에 있었으며 238년에는 그를 멸망시키는 싸움에 참가하였다. 230년대에는 오나라, 위나라와도 외교관계를 맺고 공손세력에 대처하였다. 그후 위나라(조위)와도 두차례씩이나 큰 전쟁을 치르었다.

265년에 진나라(서진)가 선 다음에도 고구려의 고조선고토

회복투쟁은 정력적으로 계속되였으며 3 세기말에 새로 일어난 모용선비세력과도 줄곧 적대관계에 있었다.

342 년에 전연(모용선비)이 침공하여 고구려수도가 함락되고 왕의 어머니가 랍치된 불리한 정황에서도 고구려는 겉으로는 양보하는척 하였으나 속으로는 복수할것을 다짐하고 방위력강화와 전쟁준비를 다그쳤다. 그사이 285 년, 346 년에 모용선비가 후부여를 공격하였을 때 고구려는 곧 후부여땅의 중심부, 서부를 통합하였다. 이 시기인 355 년에 전연이 고국원왕에게 《정동대장군 영주자사 락랑공》이란 명예벼슬을 보내온 일이 있으나 그것은 왕호와는 관계가 없는것이였다.

336 년과 343 년에 고구려가 주동적으로 동진에 사신을 파견한것은 그 북방에 있는 전연을 견제할 목적에서였다. 370 년말에 이르러 고구려는 전연이 멸망의 위기에 처하였을 때 일대 복수전을 벌렸고 6 년동안 자기의 유주를 설치하여 전연침략자들의 잔여세력을 소탕하였다.

전진(351∼394 년)파는 우호적관계를 맺었으며 384 년 침략세력인 모용선비가 후연국가를 세우자 385 년에 료서지방에 있던 료동군, 현도군을 함락시켰고 5 세기초에도 후연의 숙군(평주)성을 함락시켰으며 여러차례 그 침공을 물리쳤다. 이 모든 전투행동은 다 고구려가 자기 령토를 보위하고 자주권을 수호하기 위한 대책으로서 취한것이였다.

395 년에 후연왕 모용보가 고구려의 광개토왕에게 《평주목 료동·대방 2 국왕》이라는 《책봉》놀음을 하였으나 광개토왕은 고구려보다 훨씬 작은 나라인 후연의 이 분수없는 행동을 타매하였을뿐이였고 그것은 《삼국사기》 고구려본기에도 실려있지 않다. 400 년에 후연왕 모용성이 고구려가 《례만》(례절이

없다)이라고 하면서 침공한것을 보면 아마도 후연을 하대하였거나 대등외교를 하였기때문일것이다.

407년에 후연에서 정변이 일어나 고구려사람 고화의 손자 고운이 북연왕으로 되였을 때 광개토왕은 그를 고구려왕족으로 인정해주었고 북연은 시어사 리발을 보내여 이에 보답하였다. 이 일을 두고 일제는 고구려측이 북연왕족으로 등록된 것처럼 써놓았으나 이것은 한문문리에도 맞지 않게 제멋대로 뒤집어서 해석한 그들의 혐오스러운 력사위조이다.

※《조선사》 1편 3, 1932년, 153페지

이상에서 본바와 같이 5세기초까지 고구려는 중국대륙의 나라들과의 관계에서 자기 결심에 따라 자기의 리익에 맞게 자주적으로 대외관계를 조정하였으며 그 어떤 책봉체제안에도 들어있지 않았다. 도리여 고구려는 천자국으로서 주변에 있던 동족의 나라들의 웃자리에 있었고 대국행세를 하고있었던것이다.

※《고구려사》(1) 77~78, 87~96, 114~128, 131~150, 158~190, 195~220, 288~293, 309~310 페지

2. 중국 남북조 나라들(북위, 동위, 북제, 북주, 송, 제, 량, 진)과의 관계

중국의 남북조시기는 대략 4세기말엽부터 589년까지 크게 볼 때 두개 왕조가 남북으로 대립되여있던 시기를 이르는 말이다.

장수왕(통치년간 413～491 년)때에 이르러 고구려는 중국대륙의 남북조나라들과의 사이에 《책봉》, 《조공》이라는 외교무역형식을 통하여 대외관계를 맺게 되였다. 그것은 이 시기에 와서 그것이 중국과 주변나라들의 관계에서 하나의 관례로 고착되였기때문이다. 그것은 4세기초이후 이른바 《5호 16국》시대가 벌어지면서 중국안에서 크고작은 나라들사이에 《사대조공》을 하는 전례가 굳어진것과 관련이 있었다.

고구려는 국토통일위업을 수행할 필요상 후방의 안전을 도모하여야 하였고 또 남조나라들의 당면한 반대세력인 백제를 지원하지 못하게 하기 위하여 또 중국 남북조나라들을 통하여 중국뿐아니라 서역(중앙아시아이서지방)나라들과 동남아시아 나라들의 진귀한 상품들을 구해들이기 위하여 외교무역을 발전시켜야 하였다. 그리하여 형식에 구애됨이 없이 실리를 거두어들이는 대외정책을 취하게 되였다. 이것은 결코 고구려의 자주적대외정책에서 그 어떤 본질적변화가 일어났다는것을 의미하지 않는다.

장수왕은 그 즉위원년(413년)에 동진에 사신을 보내였는데 동진은 그에게 《사지절도독 영주제군사 정동장군 고구려왕 락랑공》이란 벼슬을 보내주었다.

420년에 송나라가 서면서 이 칭호에서 《정동장군》을 《정동대장군》으로 높였고 422년에는 《산기상시 도독영·평 2주제군사》로 높였으며 424년에는 두 나라가 사신을 교환하였다. 이것은 두 나라가 중간에 있는 북위를 견제하기 위하여 련계를 가지게 되였다는것을 의미한다.

북위가 강화되고 북연이 멸망의 위기에 처하게 된 435년에 이르러 고구려는 북위와의 관계도 개선하려고 사신을 보냈다.* 북위는 고구려왕에게 《도독료해제군사 정동장군 령호 동이 중랑장 료동군 개국공 고구려왕》이란 칭호를 보내왔다.

> * 이에 앞서 425년에 위나라에 사신을 보냈다고 하는 기록도 있다.(《삼국사기》권 18, 장수왕 13년조)

송나라(남조 송)나 위나라(북위)가 고구려왕에게 명예칭호를 보내왔다(《책봉》)고 해서 그것이 고구려의 자주적대외정책에 조금도 영향을 주는것이 아니였다는것은 436년, 438년 북연왕 풍홍의 망명, 처단사건을 보아도 알수 있다.

436년에 북위의 공격을 더는 막을 힘이 없게 된 북연왕 풍홍이 고구려로 피난할 의사를 표명해왔으므로 고구려는 갈로, 맹광 두 장수의 지휘하에 대군을 보내여 북연의 수도 룡성(조양)까지 가서 북연의 왕실통치층을 호위해왔으며 풍홍을 평곽, 북풍에서 살게 하였다. 북위가 풍홍을 송환할것을 강하게 요구하였으나 고구려는 이를 단호히 거절하였다. 그런데 풍홍이 《황제》행세를 계속하므로 나중에는 그의 시종일군까지 떼버렸더니 풍홍은 이를 원망하여 송나라에 가만히 사람을 보내여 망명하겠다고 하였다. 고구려의 반대에도 불구하고 송나라에서는 왕백구 등 7,000명의 군사를 보내여 풍홍을 강제로 데려가려고 하였으며 고구려군과 싸움까지 벌렸으나 고구려는 풍홍을 처단해버리고 송나라군사들을 다 살상포로하였다. 그리고 왕백구는 본국에 송환하여 처벌하도록 하니 송나라는 하는 수 없이 그를 감옥에 가두었다가 놓아주었다. 풍홍사건은 북위, 송과의 관계에서 고구려가 자주적립장을 철저히 견지하고 있었다는것을 뚜렷이 보여준다.

그후도 남북조나라들은 몇차례 고구려왕에게 최고급명예칭

호를 보내왔으며 백제왕이나 왜국왕보다는 늘 높은 칭호를 보내왔다. 그것은 고구려가 당시 중국의 남북조나라들과 함께 동방의 3대 강국으로서 고구려의 동향은 서로 적대관계에 놓여있던 남북조나라들의 국가적안전보장에 큰 영향을 주었기때문이였다.

472년에 백제가 북위에 사신을 보내여 함께 고구려를 치자고 하였으나 북위는 이를 거부하였다. 이해부터 고구려-북위사이의 국가적무역액은 2배이상으로 늘어났다.

480년에 북위의 광주(산동성 액현지방)소속 수군이 남제로 가는 고구려사신일행을 단속하여 수도에 보냈을 때에도 북위는 그들을 고스란히 고구려로 송환하였고 남제와 거래하지 말것을 권고하는데 그쳤다. 고구려는 북위의 권고는 듣지 않고 이듬해에 다시 사신을 남제로 보냈으며 479년에는 오늘의 몽골지방에 있던 연연(유연)과 거란북부의 지두우를 침으로써 물길(말갈)이 북위로 가는 길을 막으려고 하였다.

이 시기 고구려의 국제적지위가 얼마나 높았던가 하는것은 《남제서》(권 58) 고려전에 고구려가 강성하여 북위의 제약을 받지 않았다고 쓴 사실, 489년에 북위로 간 남제의 사신이 자기를 고구려사신과 동등하게 대우한다고 불평을 부린 사실, 491년, 519년에 고구려 장수왕, 문자왕의 상사가 났을 때 북위통치자가 직접 애도식을 거행한 사실, 510년에 북위의 청주(산동성 광효현)에 《고려묘》(고구려시조 사당)를 세운 사실 등을 통해서 잘 알수 있다.

그후 동위(534~550년), 북제(550~579년)와도 고구려는 평화적인 외교무역관계를 발전시켰다. 이렇게 함으로써 고구려는 삼국통일위업추진에서 후방의 안전을 도모하고 또 북중국과의 경제문화교류를 강화하였으며 북중국을 통하여 서역나라들과의 무역, 교류도 발전시켰다.

북제는 552～553년에 북방의 고막해, 거란족들과 싸웠으나 고구려와는 선린관계를 유지하였다. 이 시기 돌궐의 공격을 받은 거란족 1만여호가 고구려에 의탁해왔으므로 그들을 보호해주면서 자기의 서변령역을 확대하였다.

북주(557～581년)가 동북방으로 세력을 확장하였을 때 온달장군은 고구려경내에 침입한 북주군을 격파하였으며 료서지방에 있던 북제의 잔여세력을 도와주었다. 그러나 북주는 동방의 대강국 고구려를 감히 어쩌지 못하고 도리여 높은 명예벼슬을 보내여 환심을 사려고 하였다.

남조나라들인 제(남제 479～502년), 량(502～557년), 진(557～589년)에 대하여서도 고구려는 계속 정상적인 외교무역관계를 유지하였다. 그것은 정치군사적으로 북조나라들과 백제를 견제하며 경제적으로는 남중국과 동남아시아나라들의 귀중품들을 교역하기 위해서였다.

이처럼 남북조시기를 통하여 고구려는 언제나 자기 리익에 맞게 대외정책을 주동적으로 조절하였다.

※ 《고구려사》(1) 342～350페지, (2) 135～145페지

3. 수, 당 및 돌궐과의 관계

북주의 외척 양견은 임금자리를 빼앗아 수나라(581～618년)를 세웠다. 그는 동북방에 있던 북제의 잔여세력 고보녕 등을 소멸하고 돌궐과도 화의를 맺게 되자 584년경부터 료서지역의 거란족들을 끌어당기기 시작하였으며 이로부터 고구려와 수나라는 서로 경계를 접하게 되였다.

고구려는 581～584년사이에 수나라의 동향을 알아보려고 사신을 보냈다. 그런데 수나라가 고구려에 대한 침략을 계획하고있다는것을 알게 되자 585～590년사이에는 국교를 단절하였으며 589년에 수나라가 진나라를 멸망시키고 중국대륙을 통일하자 다시 591년에 수나라의 형편을 알아보게 하였다. 590년대중엽에 수나라는 고구려를 배반한 거란의 별부 출복 등을 받아들였으며 595년에는 영주총관을 둠으로써 거란족에 대한 직접통치를 시작하였다. 이것은 료서지방에 있던 고구려의 영향하의 거란족들을 떼냄으로써 고구려의 속령을 직접 잠식해 들어왔다는것을 의미하였다.

597년에 수나라에 간 고구려사신은 수나라의 침략기도가 명백하다는것을 확인하였다.

이해에 수 문제(양견)는 고구려의 강경한 립장을 비난하면서 수나라 사신들이 고구려로 가면 객관에 가두어놓고 출입하지 못하게 단속한다고 투덜거렸으며 고구려를 치겠다고 위협해나섰다. 이러한 조건에서 고구려는 598년에 료서로 쳐들어갔으며 수나라의 제1차 대규모침공을 격퇴하였다.

그후 고구려는 수나라와 전쟁상태에 놓여있었으며 돌궐의

계민극한과 손잡고 공동으로 수나라에 대처하려고 하였다.

돌궐은 551년경에 연연(유연)의 서쪽에서 급속히 세력을 강화하였고 그 일부는 고구려서북지방의 신성, 백암성에까지 침공하였다. 그러나 고구려는 즉시 이를 격퇴하였다.

돌궐이 강화되자 북제, 북주의 통치배들은 돌궐을 두려워하면서 해마다 막대한 선물을 돌궐 극한에게 섬겨바쳤으나 고구려는 돌궐에 대하여 강경한 태세를 취하였다. 582년경에는 속령지역내에 침입한 돌궐(리계찰)과 싸워 이를 물리쳤다.

돌궐에서는 그후 내분이 일어나서 막힐극한의 아들 돌리극한(599년에 계민극한으로 고침)은 수나라에 투항하여 고비사막이남지역에서 살면서 점차 세력을 강화하였다. 아직 수나라의 《보호》하에 있었으나 그후 돌궐은 자기 리해관계에 맞지 않으면 자주 수, 당과 싸웠다.

고구려는 수나라의 침략기도가 로골화되던 시기에 돌궐을 설복하여 공동으로 수나라에 대처하려고 하면서 607년에 계민극한에게로 사신을 보냈다. 그런데 그때마침 계민극한을 방문한 수 양제는 고구려사신이 왔다는것을 알고 그에게 고구려로 돌아가면 고구려왕에게 빨리 항복하지 않으면 대병력으로 치겠다고 전하라고 하였다.

그러나 고구려는 굴복하지 않았으며 612년, 613년, 614년의 수나라 대군의 침공을 물리치고 크게 승리하였다. 결과 수나라는 전쟁에서 입은 타격과 국내인민들의 투쟁으로 멸망하고말았다.

당나라가 선 다음 624년까지는 료서지방에 농민폭동군과 지방할거세력들이 있었으나 그후부터는 고구려와 직접 국경을 접하게 되였다. 고구려에서는 618년에 대외정책에서 강경하였던 영양왕이 죽고 아우 영류왕이 섰다. 당나라는 처음에는 고구려와 좋게 지내려고 하였으나 국내정세가 안정된 다음부터는 역시 고구려에 대한 침략전쟁을 준비하면서 먼저 외교적방법으로 내정에 간섭하여 고구려를 굴복시키려고 하였다. 영류왕을 비롯한 집권통치층은 당나라의 요구에 굴복하여 양보하는대로 나갔으며 그것은 고구려인민들과 진보적귀족층의 불만을 야기시켰다. 결과 642년에는 연개소문의 정변이 일어났다. 정권을 차지한 연개소문은 대당강경정책을 실시하였으며 당나라의 내정간섭시도를 단호히 물리쳤다. 지어는 당나라사신 장엄을 6년동안 토굴에 감금하기까지 하였다. 645년, 647년, 648년에는 당나라의 침공을 격퇴하고 승리하였다.

645년 전쟁당시 고구려는 설연타(돌궐의 한 부족)의 진주극한과 동맹하여 당나라의 후방을 위협하도록 하였다. 실지로 진주극한의 아들 다미극한은 당나라로 쳐들어갔으며 당나라의 침략전쟁수행을 방해하였다.

고구려가 종말을 고한후에도 고구려인민들은 680년대초까지에는 료동지방에서 당나라침략세력을 몰아내였고 698년에는 발해(대왕국)를 세움으로써 종국적인 승리를 이룩하였다.

수, 당과의 관계에서 고구려는 영류왕통치시기인 10여년간 미온적인 태도를 취하였을뿐 언제나 자기의 자주권을 고수하였으며 자기 필요에 따라 수, 당과의 국교를 단절하기도 하고 재개하기도 하였다.

고구려는 7세기전반기 당나라와의 전쟁이 반복되던 시기에 멀리 중앙아시아의 강국(싸마르깐드)에 사신을 보내여 외교무역활동을 벌렸으며 668년 나라가 망한 다음에도 막리지 고문 간을 비롯한 고구려사람들의 일부는 돌궐로 가서 8세기초엽까지도 당나라를 반대하는 투쟁을 계속하였다.

이처럼 민족적자주권을 고수하기 위한 고구려인민의 투쟁은 시종일관 변함이 없었으며 결국 고구려를 모든 측면에서 계승한 륭성하는 대국 발해를 세우게 되였던것이다.

발해를 말갈인들의 나라라고 외곡한 당나라통치배들의 력사위조의 후과는 그후 오늘에 이르기까지도 작용하고있으나 그것은 우리 학계의 연구성과에 의하여 충분히 반박되였다.

※ 《고구려사》(2) 146～156, 187～201, 225～236, 249～268 페지

《발해는 조선중세의 당당한 독립국가》(《력사과학》 주체79〈1990〉년, 2호)

《발해사연구》(1)～(7)

4. 왜국과의 관계, 일본렬도안의 고구려계통소국들

여기서 왜국이라고 하는것은 고구려와의 국가적관계를 맺고있었던 왜국으로서 처음에는 북규슈에 있었던 소국련합체였고 5세기에는 가와찌-야마또로 옮겨간 나라로서 6～7세기에 이르러서는 일본렬도의 많은 지역을 통합한 큰 나라로 되였다.

북규슈에 있던 왜국은 본래 가야이주민세력의 후예들이 위주가 되여 세운 나라로서 고국인 가야와 보조를 같이하였고 4세기중엽이후 백제-가야련합이 이루어졌을 때에는 또 그편에

서서 고구려, 신라를 반대하였다. 이 시기의 왜가 백제의 후국대우를 받고있었던것은 408년에 제작된 백제 7지도 명문에 《후왕에게 준다.》고 씌여있는것을 보아도 알수 있다. 4세기말～5세기초에 이 왜국은 백제, 가야를 도와 자기 무력을 조선반도에 보내여 고구려, 신라를 반대하여 싸웠다.

《일본서기》(권 10) 응신기 28년(297년, 실지로는 417년경)조에는 고구려가 《왜국왕에게 지시한다.》는 내용의 외교문서를 보냈다는것, 그것을 읽은 왜왕자가 무례하다고 성을 냈다는 이야기가 전한다. 그 내용이 전하지 않아 자세한것을 알수 없으나 이것은 아마도 고구려대왕이 하위자인 왜왕에게 지시하여 백제, 가야 편에 서지 말것을 타이르는것으로 되여있었을것이다.

고구려의 왜국과의 관계는 그 통치층이 동쪽으로 옮겨간 다음에도 그들의 친백제, 친가야적 립장은 변하지 않았으므로 계속 적대적이였다. 5세기말에 이르러 왜국지배층도 고구려의 선진문화를 받아들이기 위해 노력하게 되였고 고구려도 신라가 백제와 접근하게 된 조선반도안에서의 정세의 변동과 관련하여 왜국이 백제, 신라 편에만 서지 않도록 견제할 목적에서 왜국에 보다 적극적인 영향을 주는 방향에서 노력하였다. 피혁기술자들인 노류기와 수류기를 보내준것은 그 한 표현이였다. 그후 6세기중엽에는 고구려사람들이 왜땅으로 가는 일이 증가되였고 570년에는 고구려사신이 정식으로 왜국을 방문하였으며 그로부터 약 1세기동안에 23차나 사신을 보내였다.

595년에는 고구려의 고승 혜자(?～623년)가 왜국으로 가서 당시의 실권자였던 성덕태자의 스승으로 되여 학문을 가르치는것과 함께 정치고문으로 되여 활약하다가 615년에 귀국하였다. 610년에는 고구려중 담징이 왜국에 가서 불학, 유학을 가르쳐주고 또 안료(칠감), 종이와 먹 만드는 법, 연애(물방아)만드는 법을 가르쳐주었으며 법륭사 금당의 벽화도 그려주었다. 624년에는 중 혜관이 왜국에 가서 승정(최고승려직)이 되였다. 596년에 준공된 일본 나라현 아스까사(법흥사)의 가람배치가 고구려식인 1탑 3금당식으로 되여있는것, 6~7세기 무덤인 다까마쯔무덤이나 기또라무덤 벽화가 고구려적이라는것은 이 시기 고구려의 영향이 매우 컸다는것을 말해준다.

※ 다까마쯔무덤이 8세기초에 축조된것이라고 보면서 당나라 영태공주무덤벽화의 영향을 많이 받았다고 보는 설도 제기된바 있었으나 벽화의 인물풍속도 및 사신도, 성수도 등으로 보아 그것은 6~7세기 고구려의 벽화와 매우 가깝다. 기또라고분의 성수도 역시 평양부근에서 하늘을 바라본것이라고 하며 그 시기도 6~7세기에 해당한것이라고 본다.

618년에는 수나라와의 전쟁에서 로획한 북, 관악기, 쇠뇌, 투석기, 약대 등 전리품과 포로 2명을 보내여 고구려의 강대성을 시위하였다. 642년의 연개소문의 정변은 일본에서 645년 정변(《대화개신》)의 본보기로 되였고 667년 야마또국가(왜국)가 오우미(시가현)의 오쯔미야로 수도를 옮긴것도 백제가 멸망한 조건에서 고구려와의 련계를 강화하려고 한것이였다.

668년 고구려가 종말을 고한 다음에도 안승이 세운 고구려국(한성중심)과 왜국과의 사이에는 외교무역관계가 유지되였으며 또 이 시기 적지 않은 고구려사람들이 일본(670년에 개칭한 국호)에 가서 간또지방을 비롯한 각지에서 살면서 지방의 경제, 문화를 발전시키는데 기여하였다.

고구려사람들은 왜국이외에도 일본렬도 각지에 일찍부터 진출하였다. 처음에는 폭풍을 만나 표류하다가 왜땅으로 갔겠으나 점차 목적의식적으로, 집단적으로 이주하였다. 일본 서북해안지대의 각지에 방분 특히 네모서리가 불거진 방분(사우돌출식방분)이 적지 않은것은 고구려묘제의 직접적영향이라고 할수 있다. 이러한 방분과 전방후원분, 전방후방분 등의 원형이 고구려에서 발견된 조건에서 일본 고분시대 묘제의 직접적 또는 간접적인 원류가 고구려에 있었다는것은 명백하다.

그리고 중부일본 나가노현, 야마나시현 등 각지에는 수백기의 돌각담무덤들이 있다. 이것은 고구려사람들이 나가노현(시나노국)지방 찌꾸마강류역에 이주, 정착하여 만들어놓은 유적들이다. 그들은 퍽 후세까지도 《전부 아무개》 등 고구려식 이름을 쓰고있었다. 유적유물과 인명으로 보아 이 일대에 한때 고구려계통 이주민들이 형성한 소국이 있었다고 볼수 있다. 도야마현, 이시까와현에도 고구려식 돌칸흙무덤, 방분 등이 적지 않게 있으므로 이 부근에도 고구려계통소국이 한때 있었다고 볼수 있으며 오까야마현 구메군일대에도 고구려계 방분, 제철 유적, 유물들이 있으며 《일본서기》(인덕기, 흠명기)에도 고마국이 나오는것으로 보아 여기에도 또하나의 고구려계통소국이 있었다고 인정된다.

문헌상으로 보이는 고구려계통소국의 하나는 부상국이다. 《량서》(권 54, 제이전)에는 왜국의 동쪽 3만 2,000 리(이 수자는 과장된것) 되는곳(일본 간또지방으로 비정된다.)에 부상국이 있다고 하였는데 그 나라의 중 혜심이 499년에 중국 남제의 형주지방에 가서 전한 말에 의하면 부상국의 통치자칭호는 울기(고구려의 사자벼슬의 딴이름)였고 또 관직명에는 대대로, 소대로 등이 있었다. 또 혼인풍습이나 장례풍습에서 고구려와 류사한 점이 적지 않다. 《부상》은 곧 닥나무의 별칭으로서 그것으로 종이와 천을 만들었으며 동을 생산하는 등 기술문화가 비교적 발전한 나라였다. 이러한 사실들로 미루어 이 지방주민들의 주류를 이룬 사람들은 3~4세기경에 일본렬도로 건너간 고구려사람들의 후손이였을것이라고 볼수 있다.

우에서 본바와 같이 고구려사람들은 일찍부터 일본렬도에 진출하여 소국들을 형성하고 자기의 선진문화를 전달해주었다.

※《고구려사》(1) 350~352 페지; (2) 141~145 페지;《일본렬도안의 고구려계통 소국의 하나로서의 부상국에 대하여》[《사회과학원학보》주체 88(1999)년 4호 51~55 페지]

Ⅶ. 고구려의 문화, 유적 및 유물

위대한 령도자 **김정일**동지께서는 다음과 같이 지적하시였다.

《고구려의 강대성과 높은 문화수준은 우리 민족의 커다란 자랑입니다.》

우리 나라 첫 봉건국가로서 근 1,000년동안 존속하면서 강대국으로 이름떨쳤던 고구려는 문화의 여러 부문에서도 높은 발전수준에 도달하였으며 삼국시기 문화의 주류를 이루었고 조선민족문화의 틀거리를 완성하였다.

여기서는 문화의 개별적부문에 대한 종합적고찰은 피하고 고구려문화의 특성을 비롯하여 아직 론의하지 않았거나 개별적문화재에 대한 견해에서 차이점이 있는 대상들을 위주로 하여 고찰하려고 한다.

1. 고구려문화의 특성

고구려문화는 중세조선의 문화전통을 마련한 우수한 문화였다. 고구려인민이 창조한 문화의 특성은 여러가지 각도에서 말할수 있을것이다.

고구려문화의 특성은 우선 다방면적으로 발전한 선진문화였다는데 있다고 말할수 있다.

고구려인민들은 자기의 창조적지혜와 슬기를 높이 발양하여 사회발전을 다그쳐나가면서 다방면적으로 발전된 우수한 문화를 창조하였다. 그들은 고대조선의 문화를 계승하면서 천문학과 기상학, 의학과 약학, 수학과 지리학, 제철제강, 금속가공, 요업, 건축 기술 등 과학기술의 여러 분야에서 당시 세계적으로 선진적인 자리에 올라섰다. 또한 문학예술의 여러 분야에서도 골고루 높은 발전수준에 이르렀다. 세계에는 나라도 민족도 많으나 봉건사회초기에 고구려만큼 다방면적으로 발전된 우수하고 선진적인 문화를 가진 나라와 민족은 얼마 없었다.

고구려문화의 특성은 다음으로 웅건하고 진취적이며 락천적인 고구려사람들의 기질을 반영하고있는 동시에 우아하고 조화롭고 아름다운것을 숭상하던 고구려사람들의 정서를 잘 반영하고있는 문화라는데 있다.

고구려사람들은 섬세하고 화려하고 현란한것을 숭상한것이 아니라 씩씩하고 힘과 기백이 넘치고 대범하고 소박한 문화재들을 창조하였다. 그림 하나를 그려도 기운이 생동하고 패기에 넘치는 민족적기상을 나타냈으며 음악, 무용도 씩씩한 행진곡이나 전투적이며 약동적인 탈춤, 북춤을 더 즐겨하였다. 기와막새무늬를 보아도 굵고 힘찬 무늬로써 웅건하고 활달한 성품을 잘 나타내고있다. 세세한것에 구애되지 않는 대범한 성격의 소유자들인 고구려사람들은 언제나 승리의 신심을 가지고 락천적으로 살았는데 그러한 성품은 노래와 춤에서뿐아니라 민속놀이, 체육경기에서도 유쾌하고 해학적이며 날파람 있는것을 좋아한데서 잘 표현되였다.

　　고구려문화의 특성은 웅전하고 씩씩하고 진취적인 기질과 함께 우아하고 조화롭고 아름다운것을 숭상하는 고구려사람들의 정서를 잘 표현하고있다는데 있다.

　　고구려사람들은 웅전하고 씩씩한것을 좋아하였지만 그저 크기만 하고 신비하고 복잡하고 피기한것을 싫어하였으며 단순하고 류창하면서도 아름답고 자기 나라의 자연환경과 잘 어울리는것을 창조하였다. 건축물이나 공예품을 보아도 섬세하고 복잡한 무늬, 장식으로 꽉 채우지 않고 대범하고 소박하면서도 은근하고 조화롭게 만드는데 힘을 넣었다.

　　건축물들을 그저 크고 높게 만들거나 눈이 아플 정도로 복잡한 조각이나 그림들로 장식한것이 아니라 실용성과 예술성을 잘 결합시키고 우리 나라 자연풍치와도 잘 어울리도록 건설하였다. 고구려의 지붕형식 하나만 보더라도 물매가 굴렁선(최속하강선)을 이루어 비물이 가장 잘 흘러내리도록 합리적으로 만들었을뿐아니라 자연환경에 맞는 여러 형태의 지붕을 창안도입하였다. 우진각지붕, 합각지붕을 아울러 쓴 고구려의 궁전이나 사당, 절간들은 장중하면서도 류려하고 주위의 풍경과 잘 어울리여 보기에도 상쾌하고 아름다웠다. 이것은 지나치게 급경사를 이룬 지붕, 처마끝이 발딱 뒤집어진 지붕, 둥글뭉실하게 완만한 곡선을 이룬 지붕 등 다른 나라들의 지붕에 비하면 조선사람의 민족적 취미와 정서를 잘 나타내고 있다.

　　옷을 해입어도 비교적 단순한 형태로 되여있으나 단정하고 실용적인것을 지어입었고 색갈도 갖가지 색을 진하고 복잡하게 얽히게 하지 않고 시원하면서도 부드러운 푸른색, 연두색, 연분홍색, 연황색 등으로 단조로우면서도 조선의 자연환경과 잘 어울리는 색을 많이 썼다.

노래와 춤도 씩씩하고 전투적인것과 함께 부드럽고 서정적 정서가 넘쳐나는것을 즐겨하였다.

고구려문화는 고대조선의 유구하고 찬란한 문화를 이어받은 터전우에서 고구려사람들의 창조적지혜와 슬기를 높이 발양하여 다방면적으로 발전시킨 우수한 문화였으며 이 땅에서 유구한 력사를 창조하면서 살아온 우리 인민의 민족적기질과 성품을 구현한 특색있는 문화였다.

고구려문화는 우리 인민의 민족성을 체현한 우수한 문화로서 민족문화를 가일층 발전풍부화시킴으로써 중세민족문화의 전통을 확립하였다.

2. 동족의 나라들에 준 문화적영향

고구려문화는 그 선진성과 우수성으로 하여 우리 민족문화의 본보기로 되였으며 조선민족문화의 훌륭한 전통을 마련한 문화였다. 첫 봉건국가였던 고구려는 근 1,000 년동안 존속하면서 넓은 령토와 많은 주민들을 가지고있었으며 중앙집권체제가 확립된 나라였던만큼 선진적인 문화를 창조하고 보급시켜 문화의 공통성을 강화하게 하였으며 선잔문화를 자기 나라 안에서는 물론 백제나 신라, 가야 등 같은 겨레의 나라들에 전해주는데서도 선도자적역할을 함으로써 선반적인 민족문화의 공통성을 더욱 강화하는데 크게 이바지하였다.

동족의 나라들에 대한 문화적영향은 의복제도, 리두표기법, 사상과 종교, 수공업기술, 성곽 및 무덤의 축조, 그림과 공예 등 여러 측면에서 찾아볼수 있다.

우선 의복제도(복식)에서 삼국사람들의 의복, 치레거리 꾸밈새가 공통하였는데 그것은 다 고구려에 연원을 둔것이였다. 고구려, 백제, 신라의 복식이 기본적으로 같았다는것은 《주서》, 《수서》 등 여러 사서들에 명기되여있을뿐아니라* 백제문화의 절대한 영향을 받은 일본의 《천수국수장》그림을 보아도 알수 있다.

* 《수서》 등에는 이밖에도 신라의 풍속, 형벌 제도, 의복이 대체로 고구려, 백제와 같다고 하였다.

리두글자도 고구려에서 먼저 쓰이기 시작하여 백제, 신라에 전해져서 쓰이였다. 그것은 고구려의 도사, 군주, 당 제도들이 백제, 신라에서 도입되였던것처럼 관청문서작성에 리용된 리두글자도 백제, 신라 통치배들이 고구려의것을 그대로 받아들였기때문이라고 볼수 있다. 고구려의 평양글자새긴성돌이나 중원고구려비 등에 쓰인 리두글자는 신라의 울진봉평리비, 남산신성비 등에서도 찾아볼수 있다. 신라의 불교도 고구려에서 전달되였다. 5세기후 신라 눌지왕때에 묵호자라는 중이 고구려로부터 신라의 일선주(선산)에 갔다는것은 《삼국유사》에 밝혀져있다. 528년에 신라에서 불교가 공인된 다음 544년에 처음으로 준공된 큰 절간인 흥륜사의 기와막새가 고구려의것과 같다는 사실을 두고도 그러한 관계를 알수 있다.

수공업기술 특히 제철제강기술, 금, 은, 동의 제련 및 가공기술에서도 고구려의 영향은 컸다. 전라남도 라주군 반남면 신촌리 백제무덤에서 나온 고리자루긴칼의 손잡이고리부분에 새겨진 룡대가리모양 투조는 고구려무덤벽화의 룡대가리와 공통하며 신라의 고리자루긴칼의 민고리, 세잎고리도 고구려의 것과 완전히 같다.

치레거리공예품가운데 신라 금관의 새깃모양의 내관도 고구려수도 국내성(집안시)에서 나온 관모장식과 공통하며 백제나 신라 무덤에서 나온 금동신바닥에 징을 박은것도 고구려에서 나온것과 기본적으로 동일하다. 과대(돈띠) 역시 고국원왕릉벽화에 보이는것과 신라무덤에서 나온것이 꼭 같으며 신라의 봉황무덤에서 나온 은합은 집안에서 나온 청동합과 모양이 신통히 같다. 부산시 동래구 복천동에서 나온 투구와 마면갑도 고구려벽화의것과 같다. 마구류에 속하는 말자갈, 행엽, 운주, 등자도 고구려, 신라가 공통하다. 가야무덤인 경상남도 전주시 옥봉 7호무덤에서 나온 《삽기》도 고구려벽화에 보인다. 백제, 신라의 기와들가운데서 이른 시기의것은 고구려기와와 매우 비슷하다. 이 모든것은 고구려의 선진적인 수공업기술이 백제, 신라, 가야 나라들에 전달되였다는것을 증명해준다.

성곽축조기술도 고구려의 고로봉식산성축조방법이 백제, 신라에 큰 영향을 주었다. 백제, 신라, 가야에서는 처음에 주로 산봉우리식(산정식, 산봉식)산성을 쌓았으나 후기에는 고구려의 영향으로 성곽축조방법이 많이 달라졌다. 백제의 이성산성, 공산성, 부소산성 등 20여개의 고로봉식산성은 고구려의 우수한 축성기술을 받아들인것이며 신라의 남산성, 명활산성도 고구려의 고로봉식축성술을 본따서 만든것이다.

무덤축조에서도 백제, 신라, 가야에 시기의 차이는 있으나 고구려식 돌각담무덤, 돌칸흙무덤 축조방법이 전파되여 지배계급의 지배적인 묘제로 되였다. 벽화무덤도 백제의 공주 송산리 6호무덤의 사신도는 평양 호남리사신무덤의 그것과 비슷하며 부여 룡산리 2호무덤의 련꽃무늬그림은 고구려의 룡산리 (진파리) 1호무덤의 그것을 방불케 한다.

경상북도 영풍군 어숙지술간무덤, 순흥리벽화무덤은 고구려식돌칸흙무덤인데 벽화들은 고구려벽화와 공통되는것이 많다.

백제와 신라의 도시구획, 리방제도, 절간건축에서 고구려자를 썼을뿐아니라 고구려적인 1탑 3금당식 가람배치법도 익산 미륵사, 경주 황룡사 건축들에 다소 변형된 형태로 영향을 미치였다.

경상남도 의령군 대의면 하촌리에서 평양 락랑동사에서 만든 연가 7년명금동불상이 나온것은 고구려의 문화적영향이 가야지방에도 미치고있었다는것을 말해준다.

지난날 일제어용사가들은 백제문화는 중국 남조나라들의 문화적영향으로 발전하였고 신라나 가야 문화는 백제의 영향으로 발전한듯이 묘사하기를 좋아하였다.*

* 세끼노 사다시:《조선의 건축과 예술》(일문) 이와나미서점 1941년, 55~56, 72 페지

그것은 매우 피상적인 견해이다. 삼국시기 문화의 주류를 이룬것은 고구려문화이며 백제, 신라, 가야의 문화발전에 가장 큰 영향을 준것도 고구려문화였다.

이상에서 본것처럼 고구려의 문화는 동족의 나라들의 문화발전에 실로 커다란 영향을 주었다. 이것은 백제, 신라, 가야나라 인민들이 본래 피줄과 언어와 문화를 같이한 한 민족으

로서 고구려의 선진문화를 쉽게 받아들일수 있는 문화적공통성, 전통적기질을 가지고있었기때문이다.

※《고구려사》(2) 129～134 페지

3. 락랑문화와 그 조선적성격

락랑문화란 기원전 1세기～기원 3세기사이에 고조선유민들이 세운 소국들인 락랑국과 거기서 갈라져나온 대방국과 고구려에 통합된 지역에 선 조선후국의 주민들이 창조한 지방적특색이 있는 조선중세초기의 문화이다. 락랑문화는 선행한 고조선문화를 직접 이어받고 봉건사회성격에 맞게 개조하고 발전시킨 문화이며 이웃한 고구려문화와 중국문화도 부분적으로 받아들여 자기 식으로 발전시킨 문화이다. 그리고 고구려의 남방진출이 강화됨에 따라 고구려문화에 흡수, 동화된 문화이다.

지난날 일제어용사가들은 한 무제의 고조선침략이후 락랑군이 오늘의 평양을 중심으로 설치된듯이 력사를 외곡하였으며 조선의 첫 고대국가 고조선의 력사를 원시사회의 력사로 위조하고 마치도 한나라의 정치문화적영향으로 비로소 문명의 혜택을 받게 된듯이 선전함으로써 조선민족은 《렬등성》,《후진성》으로 하여 다른 민족의 지배하에 살 운명을 지니고있다고 뇌까렸다.

그러나 광복후 우리 학자들이 참다운 사회력사관인 위대한 주체사관으로 무장하고 민족사를 깊이있게 연구하는 과정에 락랑문화란 고조선문화를 계승한 락랑국의 문화라는것이 완전히 해명되였다.

락랑국의 문화가운데서 제철제강기술, 유색금속제련, 가공기술은 중요한 자리를 차지한다. 락랑유적에서 나온 쇠단검, 쇠긴칼, 고리자루짧은칼, 쇠뇌, 가지창, 쇠가마, 쇠도끼 등 철제품들은 다 용도에 맞게 주조, 단조된 주철, 강철 제품이였으며 특히 고온야금법에 의한 주강제품들은 적지 않은 비중을 차지한다. 또 락랑유적에서 나온 좁은놋단검, 좁은놋창끝, 놋과, 잔줄무늬거울, 청동대야, 솥, 버치, 굽접시, 말관자, 각종 수레부속품, 각종 거울 등 청동제품들은 대부분 고조선이래의 전통적인 동, 석, 연의 3원소합금으로 된것이며 역시 용도에 맞게 석함유량을 잘 조절한것이였다.

락랑국에서는 비단직조기술도 높은 수준으로 발전하였다. 락랑유적에서 나온 비단천들은 례외없이 조선고유의 석잠누에 실로 짠것이였으며 항라, 겸포도 있고 넝쿨무늬, 구름무늬를 수놓은 고급직물도 있다. 종이제조기술도 발전하여 질좋은 종이들을 생산하였다.

락랑문화유물가운데는 정교하게 만든 귀중한 공예품도 적지 않다. 정백동 37호무덤에서는 은판테두리에 금싸락을 풀이고 그안에 범을 새겼으며 12개의 청보석과 금판으로 장식한 띠고리가 나왔다. 또 석암리 9호무덤에서는 루금세공으로 테두리를 만들고 그안에 어미룡과 6마리의 새끼룡을 돋우새기고 사이사이에 40여개의 청보석을 박은 순금제띠고리가 나왔다.

락랑유적에서 나온 말관자에는 넝쿨무늬, 봉황새, 룡과 범을 새겨그린것, 구슬을 박고 도금을 한것 등 예술적으로 높은 기교를 보여주는것도 있다.

칠상, 칠곽, 귀잔 등 칠공예품도 많이 나왔는데 그가운데 많은것은 락랑국의 산품이다.

락랑문화에서 특징적인것의 하나는 그 독특한 장례풍습-묘제이다. 평민들은 움무덤, 기와널무덤, 벽돌널무덤, 벽돌곽무덤, 돌무덤, 독무덤 등 아무런 껴묻거리도 없는 작은 무덤을 썼으나 지배계급은 나무곽무덤, 귀틀무덤, 벽돌무덤을 썼고 그것도 신분과 재산에 따라 서로 다른 등급의 무덤을 썼다. 이밖에 귀틀과 돌, 기와, 자갈, 막돌을 섞어 만든 무덤과 돌관무덤도 있다.

락랑유적의 나무곽무덤, 귀틀무덤, 벽돌무덤은 크게 볼 때 계승관계에 놓여있다.

나무곽무덤은 이미 고조선(후조선)때인 기원전 1000 년기 전반기에 움무덤에 나무관을 썼던 장례풍습의 계승발전이고 귀틀무덤은 나무곽무덤을 확대한것이다. 나무곽무덤과 귀틀무덤은 수혈식무덤이다.

귀틀무덤은 기원전 1세기말~기원 1세기사이에 주로 만들어지다가 귀틀-벽돌, 벽돌-귀틀 무덤단계를 거쳐 벽돌무덤으로 넘어갔는데 이것은 목재가 귀해진 반면에 벽돌생산이 더 보급된 조건에서 그리고 부부합장을 하는데는 횡혈식무덤인 벽돌무덤이 편리하였던 조건에서 자연스럽게 일어난 현상이였다.

1세기전반기에 평양지방이 고구려의 조선후국으로 된 다음부터는 고구려식돌각담무덤이 만들어지기 시작하였으며 2~3세기에는 벽돌무덤과 함께 고구려 돌칸흙무덤이 보급되기 시작하였고 그후로는 돌칸흙무덤이 지배적인것으로 되였다.

1세기중엽이후 락랑국은 위축일로를 걸었고 그 남쪽에서

생겨난 대방국과 함께 3세기말까지에는 고구려에 의하여 완전히 통합되였다. 락랑문화는 수천년간 고조선의 수도였던 평양지방에서 형성되였던것만큼 우수한 문화였으며 그 우수한 요소들은 고구려에 의하여 섭취되여 고구려문화를 발전풍부화시키는데 도움으로 되였다.

락랑국, 대방국은 기술문화적으로 발전된 나라들이였으므로 중국, 삼한과도 무역거래를 많이 하였다. 그 과정에 중국으로부터 칠기와 놋거울을 비롯한 청동기들이 더러 수입되였고 지배층안에서는 박래품을 숭상하는 버릇이 있어서 그것들이 더러 무덤들에 껴묻거리로 들어가기도 하였다.

또 기원전 3~2세기에 연, 조, 제나라 사람으로서 전란을 피하여 고조선에 온자들이 수만명이였는데 그중 일부는 서북조선지방에서 살게 되였으므로 락랑국안에서는 그 후손들도 더러 있어서 중국과의 무역에 종사하는자들도 있었다고 보인다. 또 락랑국, 대방국은 고구려의 국토통합정책을 달갑게 여기지 않았으므로 중국의 한나라, 위나라 등과 좋은 관계를 맺으려고 하였다. 이런 관계로 중국 군현들에서 전란이 일어났을 때 락랑국, 대방국으로 피난해오는자들도 몇몇 생겨났으며 그들이 가지고온 물건이나 자기 이름을 새긴 벽돌을 남긴 것도 두어개 있게 되였다.

과거 일제사가들은 락랑유적에서 몇몇 중국산 칠기, 청동기가 나오고 중국출신인물의 이름을 새긴 벽돌이 나왔다고 하여 락랑문화가 한식(중국식)문화라고 떠벌였다.

일제사가들은 락랑유적의 무덤형식에서 일부 중국대륙의것과 류사한 점이 있다 하여 잘 따져보지도 않고 덮어놓고 중국인의 무덤이라고 떠들었다. 그러나 구체적으로 따져보면 량자간에는 근본적인 차이가 있다.

중국에서도 전국시대이래 목곽분(나무곽, 귀틀 무덤), 전곽분(벽돌무덤)이 사용되였으나 그 시기와 형태, 부장품이 완전히 다르다. 중국 관동지방에서는 목곽분이 전한 전기(기원전 206~기원전 135년)에 이미 없어지고 그대신 공심전(속이 빈 벽돌)무덤이 지배적인것으로 되였고 기원전 1세기중엽에는 그것이 벽돌무덤과 교체되였다. 또 관중지방(서안일대)에서는 전한 전기에 이미 공심전무덤이 생겨났으며 기원전 1세기중엽에는 목곽분이 자취를 감추게 되였고 벽돌무덤이 등장하게 되였다. 기원전 1세기말엽에는 공심전 무덤이 아주 없어지고 벽돌무덤일색으로 되였다. 그러나 우에서 본바와 같이 서북조선에서는 기원전 1세기말~기원 1세기에 귀틀무덤이 지배하였고 2세기이후에는 벽돌무덤이 지배하였으며 공심전무덤은 단 1기도 없다.

또 구조형식을 보아도 조선의 귀틀무덤은 절대다수가 방형이지만 중국의 목곽분은 다 장방형이다. 조선의 벽돌무덤은 방형으로 된것이 많고 궁륭식천정으로 되였으나 중국의 전곽분은 거의 다 장방형이고 기차굴(아치)식천정으로 되여있다. 평양일대의 나무곽무덤에는 무덤길(연도)이 없는데 중국 한대의 목곽분은 무덤길이 있는것이 대부분이다.

껴묻거리를 보아도 평양일대의 나무곽무덤, 귀틀무덤에서 나오는 좁은놋단검, 좁은놋창끝, 잔줄무늬거울, 배부른단지, 화분형단지는 중국에서는 나온 일이 없다.

만일 락랑군이 평양을 중심으로 있었다면 이와 같은 근본적 차이가 생겨날수 없는것이다.

평양부근의 일부 무덤들에는 중국의 촉군(사천성) 등지에서 생산된 칠기들이 한 무덤에서 수십개씩 나오는데 중국 한나라 의 군소재지들에서는 1 개 또는 몇개밖에 나온 실례가 없다. 이것은 평양지방에 묻힌자들이 태수급이하의 지방관이 아니라 후왕, 소국왕급의 통치자들이였다는것을 말해준다. 또 서북조 선에서 나온 수백개의 소위 《한식거울》을 분석한데 의하면 그 대부분은 서북조선에서 생산된 청동으로 모방하여 만든것이였 는데 이것은 제조업자들이 박래품처럼 만들어 비싸게 팔아먹 으려고 한데서 생겨난 현상이다.

일부 다른 나라 학계에서는 그후에도 일제사가들의 허황한 주장을 추종하면서 고고학적유물 특히는 글자있는 유물을 통 해서 볼 때 락랑군이 평양일대에 있었던것을 부인할수 없다고 말하고있다*

* 《아시아력사사전》(일문) 헤이본샤, 1962년, 151~152페지 등

그러나 이러한 유물들은 그 어느것도 락랑군 평양설의 근거 로 될수 없다.

1920년대초에 평양시 선교구역의 한 귀틀무덤에서 영광 3 년(기원전 41년)의 기년명이 있는 《효문묘동종》이 나왔다고 하여 일본학자들은 락랑군평양설을 증명하는 자료의 하나라고 하였으나 《효문묘》(문제를 제사지내는 사당)는 문제(기원전 179~157년)와 직접 관계가 있는 고장에만 설치한것이므로 당 시 한나라 땅이 아니였던 대통하이동지방에는 있을수가 없으 며 따라서 그것은 후세 중국에서 흘러들어온 물건일뿐이다.

채협무덤(구 남정리 116 호무덤)에서 나왔다는 목찰(나무쪼 각)에 비단 3 필을 옛 관리인 조선승 전굉이 아전을 보내여 가 지고가서 제사지내게 한다는 내용의 글이 있으니 조선승 전굉

은 그 부근에 살고있었다고 주장하는자도 있었으나 그것은 오히려 반대의 경우이다. 즉 전평은 채협무덤피장자밑에서 복무하다가 먼곳인 락랑군으로 가서 조선승이 되였기때문에 자신이 오지 못하고 사람을 시켜 제물을 보냈다고 보아야 할것이다.

일제때 《발굴》한 《왕광무덤》(구 정백리 127 호무덤)에서 나왔다는 《락랑태수연왕광지인(樂王光之印)》이라는 나무도장, 《왕우무덤》(구 석암리 205 호무덤)에서 나왔다는 《오관연왕우인》이라는 나무도장은 근 2,000 년동안 무덤안에 묻혀있었던것으로는 보존상태가 지나치게 좋고 글자획 하나 상한것이 없었다는것인데 다른 나무제품들이 심히 손상된 조건에서 그것은 믿을수 없는것이고 또 도장재료, 형식, 크기로 보아도 한나라의 제도와는 맞지 않는것이므로 위조품임이 명백하다.

락랑토성에서 나왔다는 수많은 봉니에 대해서도 같은것을 말할수 있다. 여기서는 락랑군안의 20 여개 현의 《관인》이 찍힌 봉니가 나왔다는것인데 사막지대도 아닌 락랑토성에서 흙으로 빚어만든 봉니가 2,000 년간이나 보존되였다는것도 믿을수 없고 우리 고고학자들이 전면적으로 발굴했을 때에도 단 한점도 나온 일이 없다. 그리고 《락랑대윤장》은 신나라 왕망때 태수를 대윤으로 고친것이라는데 그렇다면 군명도 《락선》으로 고쳐져야 할것이니 위조품이라는것이 명백하다. 규격으로 보아도 한나라의 인장제도와 맞는것이 거의나 없다. 일제 사가들자신도 위조품이 많다고 인정하였고 광복후 현지 주민과의 담화에서도 봉니를 많이 위조해서 팔아먹었다는 증언이 나왔다.

최근에 《점제현장》등의 봉니를 분석해보니 그 흙은 곧 락랑토성안의 흙이였다는것이 밝혀졌다.

역시 락랑토성에서 나왔다는 《락랑례관》, 《대진원강》이라는 새김글이 있는 기와막새에 대해서도 위조품이라고 보지 않을수 없다. 그것이 진짜라면 락랑토성안에 세운 관청건물에 적어도 수십개씩 만들어 붙였겠는데 우리 학자들의 전면적발굴 당시에는 다만 《대진원강》의 작은 쪼각이 두어개 나왔을뿐이니 위조품이라는것이 명백한것이다.

나무곽무덤인 정백동 1호무덤과 귀틀무덤인 정백동 2호무덤에서 《부조예군》, 《부조장인》이 나왔는데 부조현은 락랑군 령동 7현의 하나이므로 그들은 고조선-한전쟁 또는 고조선유민들의 투쟁과 관련하여 평양지방으로 망명한자들이라고 볼수밖에 없다.

안악군 오국리에서 나왔다는 《일민함자왕군전(逸民含資王君塼)》이나 신천군 석암리에서 나왔다는 《태강 4년 소명왕씨장조(太康四年 昭明王氏長造)》라는 글자새긴 벽돌을 두고 각각 그 지방이 함자현, 소명현이였다고 주장하는자들도 있었다.* 함자현은 진한에서 락랑군으로 가는 초입에 있던 현이므로 안악군일수 없고 소명현은 태강 4년(283년)당시에는 신천땅이 고구려땅이였으니 역시 있을수 없다. 《일민》이란 이전 왕조에 대한 지조를 지켜 벼슬살이하지 않는자를 이르는 말이다.

* 《한국사》(고대편) 을유문화사, 1959년, 199~200페지

지금까지 3세기말~4세기초의 기년명이 있는 벽돌이 근 40개 나왔으니 락랑군, 대방군이 황해도일대에 있었다면 현이름을 쓴 벽돌이 수많이 나와야 할것이지만 우에서 든 두개밖에는 없다. 그러니 함자왕군이나 소명왕씨도 료동지방에서 살던

자들이 어떤 리유로 서북조선에 와서 살게 되였고 죽은 다음에도 자기의 출신지명을 써놓게 한것으로 생각하지 않을수 없다.

다음으로 사리원부근에서 발견된 《대방태수장무이전(帶方太守張撫夷塼)》과 황해남도 신천군 봉황리에서 나온 《수장잠장왕경》새김글이 있는 벽돌은 피장자의 출신지명으로서 각각 어양(하북성), 동래 황현(산동성)이라고 밝힌 글이 있다. 일본 사가들은 그것들을 가지고 사리원부근에 대방군이 있었다느니 신천부근에 장잠현이 있었다느니 하였지만 여러가지 다른 자료들은 그것을 반박하고있다. 즉 장무이무덤은 무신년에 축조한 벽돌무덤인데 그 형식은 4세기경의 고구려무덤과 근사하므로 무신년(348년)에 묻힌것으로 볼수 있고 장무이는 4세기초 고구려에 의한 대방군함락당시 또는 342년 고구려-전연전쟁시기에 투항해온자로 인정된다. 또 수장잠장왕경무덤은 248년에 만든것인데 그 천정은 고구려식돌천정으로 되여있으므로 이 역시 240년대의 고구려-위전쟁 당시 투항 또는 망명해온자의 무덤으로 볼수 있다.

중요한것은 평안남도 온천군 성현리(구 룡강군 해운면 운평동)에서 《발견》된 《점제현비》이다. 일제학자 이마니시는 1913년에 이것을 《발견》하고 《한서》지리지에 락랑군땅을 흐르는 렬수가 점제현에서 바다로 들어간다고 하였으니 렬수는 대동강이고 락랑군은 평양에 있었던것이 틀림없다고 우겼으며[1] 그것은 일본학자들의 통설로 되였다. 그러나 우리 나라 봉건시기에 편찬된 《룡강현읍지》에는 이 비석에 대하여 일언반구도 쓴것이 없다. 그리고 최근시기에 우리 나라 지질학학회에서 조사분석한바에 의하면 비석의 화학조성과 생성년대로 볼 때

그것은 온천부근의 화강석이 아니라 료동 해성지방의 화강석 이라는것이 확인되였다.*²

*¹ 이마니시 류:《조선고사의 연구》(일문) 1970년, 193페지
*² 《고조선력사개관》 사회과학출판사, 주체87(1998)년[부록 2]

이것은 락랑군 평양설을 조작하기 위하여 광분하던 일제가 얼마나 한심한 사기행위, 력사위조행위를 감행하였는가를 웅변으로 증시해주고있다.

이상에서 본바와 같이 락랑문화가 락랑군의 문화였다고 주장한 일제사가들의 책동은 모두다 위조품에 근거한 망언이며 력사기록에 대한 자의적인 해석에서 나온 터무니없는 망발에 불과하다.

락랑문화는 고조선유민들이 창조한 문화이며 그것은 고구려가 서북조선지역을 통합한 다음에는 고구려문화에 의하여 교체되였으나 그 일부 요소들은 고구려문화의 발전에 기여하였다.

4. 고구려의 석각천문도

기원전 3000년기의 고인돌무덤에서 벌써 천체를 관측하여 별자리들을 뚜껑돌우에 새겨놓은것이 200여기나 되며 거기에는 당시 하늘에 보이는 40여개의 별자리들이 표시되여있다. 이것은 5,000년전부터 천문도를 작성하였다는것을 의미한다. 이처럼 고조선인민들은 천문학을 높은 수준에서 발전시켰다. 《후한서》 예전에 《별자리들을 잘 관측하여 그해 농사의 흉풍

을 미리 알아낸다.》고 하였다. 이 짧은 기록에서 천문관측에서 얻은 경험과 지식이 얼마나 많이 축적되여있었는지 짐작할 수 있다.

고구려사람들은 고대조선의 풍부한 천문지식에 기초하여 전문관청을 두고 체계적으로 천문기상을 관측하였다. 《삼국사기》 고구려본기에는 적지 않은 관계자료들이 기록되여있으며 태양흑점관측자료도 들어있다.

또한 안악 1 호무덤, 룡산리 4 호무덤, 천왕지신무덤, 덕화리 1 호, 2 호 무덤 등 수많은 무덤들에는 천정에 별자리그림들이 그려져있다. 덕화리 2 호무덤에는 15 개의 성수가 그려져있고 그중 5 개에는 《실성》(室星), 《벽성》(辟星), 《위성》(胃星), 《정성》(井星), 《류성》(柳星)이라는 이름까지 써놓았다.

고구려의 천문학발전수준을 집약적으로 보여주는것은 석각천문도이다. 조선중앙력사박물관에 전시된 《천상렬차분야지도》는 1395 년에 개작된것이지만 원래 평양성에 있던 석각천문도가 병란(아마도 당나라의 침공)때 강물속에 빠지고 없어졌으나 거기서 찍어낸 천문도가 보존되여온것이 발견되여 정부에 바쳐졌는데 이에 기초하여 14 세기말 당시의 별자리들의 위치에 맞추어 고쳐만든것이다. 《천상렬차분야지도》에는 리조초기의 학자 권근의 다음과 같은 발문이 붙어있다.

《우의 천문도의 석본은 옛날에 평양성에 있었는데 병란으로 하여 강에 빠져서 잃어버렸다. 세월이 이미 오래 지났으므로 그 인본이 남아있는것도 거의 없다. 그런데 우리 전하(리성계를 가리킴)가 천명을 받아서 새 왕조를 시작한 첫 시기에 인본 하나를 바친자가 있었다. 전하는 이를 보배로 귀중히 여겨 서운관에 명령하여 다시 돌에 새기도록 하였다.

…서운관이 보고하기를 〈이것은 세월이 오래된것으로 하여 별자리가 이미 차이가 났으니 다시 관측하여 정하되 지금의 4중절의 저녁과 새벽에 관측하여 새 천문도를 만들어서 후대에 보이도록 하는것이 마땅할것이다.〉라고 하였다. 임금이 그것을 옳게 여겼다.

　그다음해 을미년(1395년) 여름 6월에 새로 〈중성기(中星記)〉 1권을 만들어서 바쳤다. 옛 천문도에서는 립춘때 묘(昴)성이 저녁에 중하는데(제 위치에 오는데) 지금은 위(胃)성이 그렇게 되므로 24절기가 이에 따라 차이가 난다. 그래서 옛 천문도를 리용하여 중성(中星)을 고치고 돌에 새기는 일이 방금 끝났다. 이에 신 권근에게 지시하여 그뒤에 글을 쓰도록 하였다.》

　지구의 자전(제돌기)축의 방향은 해마다 50.2초만큼(약 71년에 1도씩) 서쪽으로 움직이는 세차현상이 있다. 묘성에서 위성으로 중성이 옮겨진데 따라 천문도를 고쳐놓았다는것은 천문도의 별자리들을 12.5도씩 돌려놓았다는것을 의미하며 이것은 본래의 천문도가 약 900년전인 5세기말 6세기초에 제작되였다는것을 말해준다. *

　　＊《조선전사》(3) 과학백과사전종합출판사, 주체 80(1991)년, 283페지

　이 석각천문도는 세로 약 2메터, 가로 약 1.2메터 되는 큰 돌판우에 북극이 중심에 놓이도록 천구(天球)를 평면에 투영한후 1,467개의 별들을 282개(283개라고도 한다.)의 성좌로 묶어서 제자리에 표시한것이다. 천문도에는 적도원, 황도원, 북극원과 경도선이 밝혀져있고 은하수도 그려져있다.

고구려의 석각천문도는 세계에서 가장 오래된 항성표의 하나이며 3세기중엽 중국의 진탁(陳卓)이 만든것보다 3개의 별이 더 많다.* 이 석각천문도는 고구려의 천문학이 오랜 관측자료들을 일정한 리론에 기초하여 과학적으로 체계화하여 놓고있었다는것을 똑똑히 보여준다.*

* 《조선문화사》 과학원출판사, 주체 52(1963)년, 85페지

※ 《조선전사》(3) 주체 80(1991)년, 280～283페지, 《고구려사》(2, 하) 사회과학출판사, 주체 87(1998)년 7페지

5. 《류기》와 《신집》

《삼국사기》 권20 고구려본기 영양왕 11년 1월조에는 《태학박사 리문진에게 조서를 내려 옛 력사책을 줄여서 <신집> 5권을 만들게 하였다. 국초에 처음으로 문자를 쓰기 시작하였을 때 어떤 사람이 사실들을 기록한것이 100권이였는데 이름을 <류기>라고 하였다. 이때에 와서 깎고 다듬은것이다.》라는 기사가 있다. 이 기사를 통하여 고구려에는 초기부터 100권에 달하는 력사책이 있었는데 그것이 복잡하여 보기 불편하다 하여 5권으로 줄여서 《신집》으로 만들었다는것을 알수 있다. 여기서는 《국초》가 언제인가, 《신집》에서는 국초에 있었던 사실을 줄이기만 한것인가 하는 문제가 제기된다.

이와 관련해서는 고구려에 《고구려고전》(가명), 《해동고기》라는 력사책이 있었고 《해동고기》는 6세기이후에 편찬된 책이며 《고구려고전》은 5세기초에 정비된 책이라고 보는 학설[1]도

있고 《류기》는 광개토왕시기에 편찬된 책이고 《구삼국사》는 그것을 보고 써놓은 책이며 《해동고기》는 《신집》에 해당한다고 보는 학설도 있다.*²

*¹ 다께다: 《고구려사와 동아시아》(일문), 299～309 페지
*² 《조선학보》(일문) 제 146 집, 51～76 페지

《삼국사기》 영양왕 11 년(600 년)조 기사대로 리해하면 《국초》란 처음으로 한문을 국가공용문서에 쓰는것을 규례로 삼게 된 시기로서 고구려존속 945년간의 초기인것만큼 1세기초중엽 이전시기에 해당할것이다. 그때까지 약 10 명의 왕이 있었던것만큼 좀 자세하게 력사를 썼다면 100 권짜리 《류기》가 나올수 있었을것이다. 또 600 년에 요약하여 만들었다는 《신집》에 《류기》의 내용만을 전하였다고 보기는 어렵다. 봉건통치자들은 력사를 정치의 참고가 되게 했던것만큼 600 년 이전시기의 력사도 대략적인것은 《신집》에 포함시켰을것이다.

그러나 《류기》나 《신집》을 《고구려고전》이나 《해동고기》와 일치시켜 보려는 견해 또는 《고구려고전》, 《해동고기》를 고구려때에 편찬된 력사책이였다고 보는 견해에는 찬동할수 없다. 그것은 우선 일부 학자들이 말하는 《고구려고전》이라는 그 어떤 특정한 시기(고국천왕, 산상왕～광개토왕시기)의 력사만을 취급한 력사책이 따로 있었다고는 생각할수 없기때문이다. 또 《해동고기》는 그들이 말하는것처럼 중국의 《후한서》 등을 주되는 자료원천으로 하고 《고구려고전》도 참고한 책이였다고 말할 근거도 전혀 없기때문이다.

이미 앞에서도 본바와 같이 《해동고기》는 《삼국사기》 권 15 고구려본기 태조대왕 94년 7월조에 나오지만 그 내용은 《후한

서》와는 완전히 다르다. 《후한서》에는 태조대왕이 건광 원년(121 년)에 죽고 그 아들 수성이 섰다고 하였으나 《해동고기》에는 본초 원년(146 년)에 모제(한배 동생) 수성에게 임금자리를 물려주었다고 하였다. 이밖에 《삼국사기》 권 32 제사지에 《해동고기》를 상고하건대 (백제)시조는 혹 동명이라고도 하고 혹은 구태라고도 한다는 내용이 있을뿐이다. 편찬자는 《북사》, 《수서》에서 시조 구태라고 한것과는 차이나는데 동명왕이 시조라는것이 명백하고 그밖의것은 믿을수 없다고 단언하고 있다.

이 《해동고기》는 하나의 책이 아니라 해동(조선)의 고기(옛기록)이라는 뜻에서 쓰이고있다. 설사 《해동고기》라는 책이 따로 있었다고 하더라도 그 책의 편찬시기는 후기신라 또는 고려때까지도 내려올수 있다. 그런데 자의적으로 해석하면서 6세기이후의 책이라느니 이 책의 편찬자가 중국책을 보고 《궁―수성―백고―이이모―위궁》이라는 왕세계를 만들어냈으며 《태조대왕―차대왕―신대왕》(이른바 《대왕왕계》)이라는 왕세계도 만들어냈다는 등의 추측은 완전히 가상적인것이다. 도대체 지금 남아있는 《해동고기》의 구절에는 그런 기록이 없다. 그들의 주장은 《고구려고전》이란 정체모를 력사책과 그 내용을 가상한 기초우에서 몇중의 가정과 가상을 덧붙인것으로서 전혀 믿을수 없는 공상의 계속이다. 그들이 이런 추단을 거듭한 근본리유는 고구려자체에 《류기》같은 력사책이 있었다는것을 부인하거나 《류기》, 《신집》 등의 자료원천에 기초하여 쓴 《삼국사기》의 기사는 처음부터 무시하고 중국측 기록만을 절대적으로 믿으면서 그와는 다른 《삼국사기》의 기사는 전부 거짓이라고 본데 있다. 또한 현실적으로 남아있지도 않는 《해동고기》,

《고구려고전》의 내용을 제멋대로 상상해가면서 허구에 허구를 덧쌓은데 있다. 국초에 편찬된 《류기》를 광개토왕때에 편찬된 책이라고 하거나 《신집》이 《해동고기》에 해당한다고 하는것은 자의적인 가설에서 출발한 또하나의 가설일뿐이다.

※ 《고구려 왕세계와 왕호에 대한 외곡을 비판함》(1), (2) 《력사과학》주체 85(1996)년 1호, 2호 참조

6. 고국원왕릉(안악 3호무덤)의 묵서

황해남도 안악군 오국리(구 류설리)에 있는 안악 3호무덤은 고구려의 제 21대 고국원왕의 무덤이다. 이 무덤은 4세기 중엽에 축조된 인물풍속도벽화무덤이다. 이 무덤은 그 벽화의 주제내용의 풍부성, 그 구조의 다양성 및 건설기법의 우수성으로 하여 가장 귀중한 문화재의 하나로 되고있다. 그뿐아니라 벽화들에는 주묵 또는 먹으로 해설한 설명문들이 붙어있어서 력사연구에 없어서는 안될 중요한 제 1차적사료를 제공해주고있다. 례를 들면 회랑에 그려진 주인공의 행차 실황을 보여주는 대행렬도에서 주인공이 탄 소수레앞에는 《성상번(聖上幡)》이란 기발을 들고 나가는 사람이 그려져있다. 이것은 주인공이 다름아닌 고구려왕이라는것을 말해준다. 이것은 이 무덤이 고구려 돌칸흙무덤가운데서 최대의것이라는것, 서측실 주인공 초상화의 백라관, 5채의복과 함께 이 무덤이 고구려왕릉이라는것을 증명해준다.

그리고 앞칸서쪽 출입문의 좌우벽에 그려진 장하독들에 대

해서도 해설문이 붙어있다. 그에 의하면 남쪽 장하독은 이 무덤의 주인공인 고국원왕밑에서 복무한 동수의 화상이다.

지난날에는 이 장하독의 머리우의 좁은 공간에 빼곡이 씌여진 68자의 묵서를 두고 그것이 주인공의 묘지명이라고 주장한 사람들이 있었고 오늘도 그것을 고집하고있는 사람들이 남아있다. 묵서는 다음과 같다.

永和十三年十月戊子朔廿六日
癸丑使持節都督諸軍事
平東將軍護撫夷校尉樂浪
相昌黎玄菟帶方太守都
鄕侯幽州遼東平郭
都鄕敬上里冬壽字
口安年六十九薨官

동수(289~357년)는 전연왕 모용황밑에서 사마(司馬)벼슬을 하다가 333년에 모용황의 아우 모용인이 반란을 일으키자 그에 대한 토벌군에 참가하였다가 도리여 문성(심양서북 신민현부근)싸움에서 모용황의 군대가 크게 패전하자 도망쳐서 모용인의 휘하에 들어갔다. 모용인밑에서도 그는 사마벼슬을 하였다. 그러다가 336년 겨울 모용황의 불의습격을 받은 모용인의 군대가 궤멸되였다. 모용황을 배반하였던 동수는 처형당할것이 두려워 곽충 등과 함께 고구려로 피신하였다. 고구려의 고국원왕은 모용선비족의 전연과는 적대관계에 있었으므로 그를 받아들여 우대하였고 특히 342년 전연의 대규모침공이 있은후에는 그를 신임하고 등용하여 왕궁호위무력의 한 장관인 장하독으로 삼았으며 그에게 장차 전연을 격멸한 다음에는

— 271 —

《사지절도독제군사, 평동장군, 호무이교위, 락랑상, 창려, 현도, 대방 태수, 도향후》라는 벼슬을 주기로 하고 미리 임명장을 주었다. 370년말에 전연이 멸망하고 고구려는 유주에까지 진출하였으나 그 이전인 357년에 동수는 사망하였으므로 그의 우와 같은 관직생활은 실현되지 못하였다. 묵서는 바로 장하독 동수의 벼슬과 래력을 쓴것이였다.

이 무덤의 피장자를 동수라고 주장하는 사람들은 우에서 든 묵서가 곧 주인공의 묘지명이라고 한다.* 그러나 묘지명이라면 장하독머리우의 좁은 공간에 들쭝날쭝 정중하지 못하게 써놓을것이 아니라 덕흥리벽화무덤처럼 안칸으로 들어가는 출입문우에 상당한 크기의 공간을 따로 내고 정중하게 써놓거나 이 무덤 서측실 북벽과 같이 아무런 벽화도 없는 넓은 벽면에 큰 글자로 또박또박 써놓았어야 할것이다.*

* 다께다;《고구려사와 동아시아》85~89페지

이 무덤은 주체 38(1949)년에 발굴되였는데 그후 오래도록 전실 서벽 북쪽의 또하나의 장하독그림옆에도 설명문이 있다는것을 발견하지 못하였다. 주체 55(1966)년에 벽화모사를 위하여 들어갔던 미술가들이 이 그림옆에서도《흥(興)》,《렴(濂)》의 두 글자를 읽었고 부근의 벽면에 먹물이 흐르고있는 것을 발견하였다. 주체 79(1990)년에 이르러 이 벽면의 천정 바로 아래에서 3행의 묵서의 첫 글자들인《안(安)》,《호(好)》,《유(遊)》3개 글자를 더 발견하였다. 이로써 이 장하독그림에도 본래 15~20여자의 설명문 묵서가 붙어있었다는것이 확증되였다. 이것은 남쪽 장하독우의 묵서도 바로 그밑의 인물에 대한 설명문이라는것을 론의할 여지가 없이 확증해주는것이다.

동수가 주인공이며 우의 묵서가 그의 묘지명이라고 주장하는 사람들은 당시의 고구려에는 평동장군 호무이교위, 창려태수, 도향후 등의 벼슬이 없었으니 그러한 벼슬은 그가 모용황이나 모용인에게서 또는 동진에서 받은 벼슬이라고 말하고 있다.

그러나 333 년 이전의 전연은 그리 크지 않은 나라이고 모용황밑에는 관리들도 많았는데 동수 한사람에게 4 개 군, 국의 장관벼슬을 줄수 없다. (락랑, 창려, 현도, 대방의 순서를 보면 그것은 차례로 지낸 벼슬도 아니고 높은것부터 내려쓴것도 아니다. 즉 창려군은 전연의 수도가 있던 고장이니 마땅히 첫자리 또는 마지막자리에 있어야 할것이다.)

실지로 중국기록에는 333 년에 모용황의 전연에 현도태수 고후(高詡), 대방태수 왕탄(王誕) 등이 있었다는것이 기록되여있다.

4세기초이래 중국북부에는 《5 호 16 국》이 교체, 란립하였는데 그중 자그마한 나라들에도 다 각종 장군벼슬이 있었으니 고구려와 같은 큰 나라에 《평동장군》이 없을수 없다. 《도향후》도 마찬가지이다. 《도독제군사》는 보통 《도독○○제군사》로 부르는것이지만 상기한 4 개 군, 국은 평주의 일부이므로 《○주(州)》라고 밝히지 않은것이라고 볼수 있다.

모용인으로 말하면 료동반도의 일각만을 차지하고있었으니 더우기 저러한 관직을 줄수 없다.

또 동진은 모용황에게 4 개 군, 국을 포함한 전연의 전지역의 통치권을 인정하는 벼슬을 준 조건에서 그 부하에게 4 개 군, 국 장관의 벼슬을 줄수도 없고 또 《신하된자는 제멋대로 다른 나라와 외교할수 없다.》는것은 고금의 철칙인데 고구려왕밑에서 복무하는 동수가 동진으로부터 벼슬을 받을수도 없는것이다.

동진관직설은 안악을 포함한 황해남도일대가 본래 중국의 락랑군, 대방군 지역이고 한인들이 많이 살고있던 고장이며 그들이 반(半)독립적집단을 이루고있었기때문에 망명객인 동수가 그곳에 발을 붙이고 형식상 고구려에 복종하였으나 실지로는 독자적으로 동진과 왕래하면서 얻은 벼슬일것이라는 엄청난 가상에 기초하고있다.

그러나 앞에서도 본바와 같이 락랑군, 대방군은 예로부터 료동지방에 있었고 서북조선에는 락랑국과 대방국이 있었으며 246년 전쟁때에는 안악지방이 이미 고구려땅으로 되였고 여기에는 한인의 대집단도 없었다. 또한 한갓 망명객인 동수가 무슨 힘으로 단시일안으로 안악 3호무덤과 같은 거대한 무덤을 만들수 있었겠는가.

동수의 관직명은 오직 그의 상위자인 고국원왕만이 앞으로 전연땅을 차지할것을 전제로 하여 미리 줄수 있는것이다. 당시 중국에도 아직 점령하지 못한 여러 주들의 장관을 미리 임명하는 일이 있었다. 전연이 354년에 모용평에게 《도독 진, 익, 량, 강, 양, 형, 서, 연, 예 10주 제군사》벼슬을 준것은 그 한 실례이다.(이 10주의 대부분은 전연땅이 아니였다.)

이상에서 명백한바와 같이 동수는 고국원왕밑에서 장하독을 지낸 인물에 불과하고 외국인으로서는 왕의 특별한 신임과 총애를 받았기에 왕릉안에 벽화로 그려졌고 그 래력까지도 써주게 했던것이다. 일부 학자들은 안악 3호무덤을 미천왕릉이라고 본 일도 있었다. 그 근거는 《고국원》이라는 지명은 압록강류역에 있었으니 고국원왕릉은 그쪽에 있어야 한다는것, 평양성에서 죽은 그를 그보다 훨씬 남쪽인 안악지방에 묻을수 없었겠다는것 그리고 미천왕의 시신을 전연에서 찾아올 때 동수가 큰 역할을 하였을것이므로 그를 이 무덤에 배장하였을것이라는 추측이다.

그러나 고국원왕은 본래는 《국원왕》, 《국강상왕》이였고 고구려때 《국원》, 《국강상》이라는 지명은 집안이나 충주에도 있었으며 더우기 296년에 서천왕의 무덤이 있었던 《고국원》땅은 환인부근이였고 3세기말에 이미 《고국원》이였으며 《국원》이 아니였다. 또 미천왕은 331년에 죽었으므로 동수와는 한번도 만난적이 없었으니 《배장》될수 없다. (《배장설》자체도 그림과는 관계가 없고 그러한 배장묘가 부근에 있었던것도 아니다.)

고국원왕으로 말하면 343년에 평양동황성에 나와있으면서 장수산일대에 남평양을 건설하였고 남평양에서 전사한 인물로서 남방경영에 큰 힘을 넣은 왕이므로 자기의 수묘(생전에 만든 무덤)를 안악부근에 건설할수 있었던것이다.

※ 《고구려사》(1) 166~168페지

7. 덕흥리벽화무덤의 묵서

덕흥리벽화무덤은 주체 65(1976)년에 오늘의 남포시 강서구역 덕흥동(당시 평안남도 강서군 덕흥리)에서 발견되였다. 이 무덤에는 615자 가량의 묵서가 있고 피장자의 묘지명이 있으며 그가 유주자사로 있을 때 산하 13군국 태수, 내사들과 만나서 사업토의를 하는 장면, 중리도독으로 있을 때 행사장면 등이 있고 무덤을 만든 절대년대(408년)가 적혀있어서 고구려사연구의 귀중한 자료로 되고있다.

묘지명은 다음과 같다.

　　□□郡信都縣都鄕中甘里
　釋迦文佛弟子□□氏鎭仕
　位建威將軍國小大兄左將軍
　龍驤將軍遼東太守使持
　節東夷校尉幽州刺史
　年七十七壽□以永樂十八年
　太歲在戊申十二月辛酉朔廿五日
　乙酉成遷移玉柩周公相地
　孔子擇日武王選時歲使一
　良葬送之後富及七世子孫
　番昌仕宦日遷位至侯王
　造壙萬功日煞牛羊酒宍米粲
　不可盡掃且食鹽䜴食一椋記
　之後世寓寄無絶

일부 다른 나라 학자들은 이 무덤의 주인공도 중국사람 망명객이라고 주장하고있다.*

　　* 다께다: 전게서 89～92페지

그들의 주장의 근거는 고구려에는 주, 군, 현, 향, 리의 행정단위가 구비되여있지 않았다고 보인다는것, 고구려가 유주를 차지한 일이 없다고 보는것, 신도는 중국 하북성의 지명이고 그우의 군은 안평(安平)군으로 추측된다는것, 고구려에는 장군칭호가 없었다고 보는것, 그러므로 건위장군, 료동태수는 그가 중국에 있을 때 실제로 받았던 실호, 실직이고 좌장군, 룡양장군, 유주자사는 피장자가 고구려로 온 다음 《통일제국 으로서의 후한때의 영광》을 그리면서 제멋대로 갖다붙인 허호, 허직이라는것이다.

주인공의 출생지는 고구려의 신도고을이다. 그것은 《고려사》(권 58) 지리지에 가주는 본래 고려의 신도군이였다고 밝힌데서 알수 있다. 《본래의 고려》는 발해의 고려후국을 의미하며 고려(고구려)후국의 지명은 대부분 고구려때 이래의것이다. 이곳은 후세의 가주(가산군), 오늘의 평안북도 운전군 삼광리이며 거기에는 지금도 옛 중감리 부락터가 있다. 이곳은 가주성(봉두산성)에서 약 10 리 떨어져있으므로 능히 도향(현소재지가 있는 향)에 포함될수 있다. 그리고 □□군의 첫 글자에는 (宀)의 흔적이, 둘째 글자에는 중간쯤에 가로 그은 자획의 끝부분이 보인다. 그러므로 밀운(密雲)군(현 녕변군)으로 보면 밀운과 신도는 서로 잇닿아있으므로 그사이에 상하의 령속관계가 자연스럽게 형성될수 있다.

그런데 중국에서는 284 년 이후 신도(국, 군, 현)는 장락국으로 개편되였고 408 년까지 지어 그 이후까지도 안평으로 고쳐진 일이 없다. 또 284 년 이전에도 안평국이 있었던적은 있으나 안평군은 없었다. 그러므로 그것은 중국의 군현명이 아니라 고구려의 지명이다.

또 고구려에 주-군-현-향-리 제도가 없었다는것도 속단이다. 고구려에서는 4 세기말경부터 주, 군, 현 제가 실시되였다고 볼수 있다. 우선 고구려는 료동반도지역, 락랑국지역을 차지한 다음 이 지방들에 있었던 종전의 군현제도를 그냥 리용하였을수 있다. 소수림왕때 (371～384 년)에는 국가통치체제(국가기구와 관직 등)를 중국식으로 개칭, 개편하였다. 《삼국사기》에는 5세기이후 고구려에 고유한 주, 군, 현이 있었다는것이 기록되여있다.

다음으로 고구려에도 유주가 있었다는것은 이 무덤 앞칸북벽에 유주가 13군 75현을 종속시키고있었다고 쓴것을 보아서 알수 있다. 중국 력대 국가들의 유주에는 한번도 13군 75현이 소속된 일이 없었다. 고구려는 전연침략세력을 무찌르기 위하여 370년 10월경에 대거하여 전연을 쳤고 그후 376년초까지도 자기의 유주를 두고 전연잔당들을 소탕하였다. 이 시기 중국력사에 유주산하 군현관리들의 동향이 보이지 않는것은 유주의 많은 부분 즉 벽화에 보이는 범양국북부 이북지역이 고구려에 속해있었기때문이다.

전진에도 유주자사가 있었으나 그것은 유주의 남쪽 일부가 전진땅이 되였기때문이다. 372년에 전진은 범양군태수를 임명하였으나 고구려는 범양국내사를 두었는데 그것은 범양이 고구려와 전진 두 나라에 분속되였기때문이다.

다음으로 장군직이 고구려에도 있었다는것은 우에서 본바와 같다. 또 묘지명에 보이는 관직, 관호들을 주인공이 마음대로 자칭하고 무덤에까지 써넣는 일이 있을수 없다는것도 고국원왕릉안의 묵서의 경우와 같다. 주인공 진이 당시 중국의 유주자사라면 중국기록에 나와야 하였으나 그런 일은 없다. 그리고 묵서에 나오는 지명들은 후한때의것도 아니다. 이밖에도 전연의 태부 모용평의 고구려에로의 망명과 전진에로의 송환과정을 보아도 모용평은 장성이남지역에서 고구려군에게 사로잡혔다는것을 증명할수 있다.

이상과 같은 근거에서 묵서들에 보이는 유주, 신도 등의 지명은 고구려의 지명임을 알수 있다. 이것은 370년대에 고구려가 멀리 유주소재지부근 일대까지 진출하였다는것을 증명해준다.

이밖에도 덕흥리벽화무덤의 묵서는 중리도독이라는 벼슬이름, 태묘행사와 칠보행사, 유교와 불교, 신선 사상의 보급, 활쏘기경기, 각종 신앙대상 등에 대하여 알수 있게 하는 귀중한 문화유산이다.

※ 《고구려사》(1) 200～220 페지
　《덕흥리벽화무덤의 피장자 망명인설에 대한 비판 (1), (2)
　《력사과학》 주체 80(1991)년, 1～2 호

8. 모두루무덤 묘지명

모두루무덤은 오늘의 중국 길림성 집안시 하해방(구 하양어두)에 있는 두칸으로 된 돌칸흙무덤이다. 묘지명은 전실 정면(북벽)(일부는 남벽까지 계속)에 있다. 약 80 행(1 행 10 자) 계 800 여자의 묵서가 패선속에 씌여져있었으나 그중 읽을수 있는 글자는 대략 250～330 자라고 한다. 해석여하에 따라 묘지명이 모두루(牟頭婁)의것인가, 염모(冉牟)의것인가 하는 론의가 있으나 글의 흐름으로 보아 대사자 모두루의 묘지명으로 보는것이 옳을것이다. 이 묘지명 역시 고구려력사상에 있었던 여러가지 사실, 인물, 관직, 풍습 등에 대하여 비록 단편적이기는 하나 중요한 자료를 전하고있다. 묘지명을 통하여 알수 있는것은 대체로 다음과 같다.

○ 모두루는 광개토왕, 장수왕 때의 인물로서 대사자, 북부여수사로 되여 활동하였다.

○ 모두루의 먼 조상은 시조 추모왕(동명왕)과 함께 북부여에서 고구려땅으로 왔다.

○ 《국강상성태왕》은 고국원왕이며 피장자의 할아버지(증조부)인 염모는 그 어떤 반역사건의 진압과 모용선비의 침공을 격퇴하는데서 큰 역할을 하였다.

○ 그의 조부, 부친 때에도 임금의 은혜를 입어 북도의 성민(城民), 곡민(谷民)에 대한 통치를 위임받았다.

○ 그는 광개토왕때에 《북부여수사》로 임명되였는데 왕이 세상을 떠날 당시(412년말)에 먼곳에 있었다.

○ 장수왕때 그는 늙은 《노객》(신하)이였으나 대사자로서 그 어떤 관직을 맡았다.

○ 4~5세기 당시에도 고구려건국시조 추모왕을 신성시하여 《하백의 외손이며 해와 달의 아들》로 받들고있었으며 고구려가 가장 신성한 나라라고 생각하고있었다.

○ 이 무덤은 대체로 장수왕통치시기인 5세기중엽에 만들어졌다.

여기에 보이는 《성》, 《곡》은 해당 고을에 성곽이 있는가 없는가에 따라서 구분하였다고 인정된다. 그의 부친, 조부는 그 벼슬등급이 대형인것으로 보아 대체로 군급장관벼슬을 지낸 인물들이였을것이다. 여기에 보이는 《북도》는 342년 당시에 나오는 남도, 북도의 그것이 아니라 그저 고구려의 북부—부여지방이라는 뜻일것이다. 또 여기에 보이는 《북부여》는 346년에 망한 후부여(오늘의 사평시부근 중심)는 아니고 그 이전의 후부여중심지역인 북류송화강중하류역을 가리킨다고 볼수 있다. 《수사(守事)》가 《녹살》과 같은 관직인지 그 선행명칭인 지는 잘 알수 없다.

※ 《삼국유사》 삼중당서점 1943년, 부록 7~8페지
　《고구려의 금석문》(《조선사연구회론문집》 제 18 집)

9. 단군릉의 개건

주체 82(1993)년초에 평양시 강동군 강동읍에 있는 단군릉 을 발굴하고 유골을 전자상자성측정법(ESR)으로 측정한데 의 하면 5,011±267 년 BP 라는 수자가 나왔다. 이로써 우리 나라 첫 고대국가 고조선이 기원전 30 세기초에 건국되였다는 사실 을 알게 되였다.

그런데 발굴당시의 단군릉은 고구려식돌칸흙무덤이였다. 무 덤은 서쪽으로 치우친 남향이며 안길과 무덤칸(동서 275 센치 메터, 남북 276 센치메터)으로 구성된 외칸무덤으로서 대체로 4~5 세기경에 영조된것으로 보고있다.* 이것은 고구려때에 단 군릉을 개건하였다는것을 의미한다.

* 《단군릉발굴정형에 대하여》[《조선고고연구》 주체 83(1994)년, 1 호, 2~4 페지]

그러면 구체적으로 어느 시기에 단군릉을 개건하였겠는가.
일반적으로 중세 봉건시대의 력대 왕조들은 선행왕조들의 시조 또는 중흥시조격의 왕들의 릉묘를 찾아내고 잘 보존관리 하기에 힘쓰고 사당을 짓고 국가적인 제사의 대상으로 삼았다.

이것은 일종의 봉건적도덕의리로, 《선정》의 한 고리로 되고있었다.

그러나 단군릉의 경우는 자별하다. 그것은 단군이 민족의 원시조, 최초의 고대국가의 시조로서 숭상되는 인물이였으며 특히는 평양지방의 고조선유민후손들이 높이 받들고 제사를 계속 지내오는 대상으로서 겨레와 국토를 통일할것을 지향한 그리고 고조선의 력사적 지위와 역할을 계승한 고구려국가로서는 더욱더 중시하지 않을수 없었기때문이다.

단군릉은 본래는 큰 고인돌무덤으로 되여있었을것인데 오랜 세월이 흐르는 동안에 비바람으로 하여 기울어졌을수도 있고 부분적으로 손상되였을수도 있다. 그리하여 새로 보다 튼튼하고 안전하게 개건할데 대한 요구가 제기되였을것이다.

그러나 단군릉의 개건은 고구려사람들이 평양부근에 대량적으로 이주하기 시작한 첫 시기인 3세기에 진행된것은 아니였다고 보인다. 그것은 옛 전통, 옛 관습을 지켜내려오던 고조선유민들이 단군릉을 새 형태로 개조하는것을 쉽게 받아들이지 않았을것이기때문이기도 하다. 단군릉개건의 요구는 단군이 조선민족의 원시조이며 단군조선이 민족통일의 상징으로 되고있었던 조건에서 고구려에 의한 국토통일기운이 더욱 고조되였을 4세기중말엽에 절박한것으로 되였다고 보인다. 돌칸흙무덤이 보급된 시기로 보아, 단군릉내부에 《선인, 신장》의 그림들이 그려져있었다는(《위암문고》 권 7 단군묘조) 사실로 보아 그렇게 볼수 있을것이다. 즉 돌칸흙무덤이 많이 영조되고 또 벽화를 그리는것이 상당히 보편화되여가던 시기인 4세기중말엽, 427년 고구려의 기본수도가 평양으로 옮겨지기 이전 시기에 개건되였을 가능성이 크다고 본다. 더 좁혀본다면 고국원왕통치시기로 볼수 있을것이다. 동명왕릉을 옮겨온 이후라면 원시조의 룡묘를 좀 더 크게 만들었을것이고 또 광개토왕시기라면 릉이 큰 그가 좀 더 크게 개건하였겠다고 생각되기때문이다. 고국원왕이 343 년 평양으로 다시 림시수도를 옮긴 다음 미천왕무덤도 만들어야 하였고 370 년 이후는 내외정세가 복잡다단하였다. 그러니 350~360 년대가 단군릉개건을 위한 적당한 시기로 될수 있었을것이다.

고구려가 단군릉을 개건한것은 민족의 원시조 단군에 대한 숭배가 고구려에서도 련면하게 계승되였다는것을 보여주고있으며 단군유물을 더 잘 보존하여 후세에 전달할수 있게 하였다.

10. 동명왕릉의 이전

동명왕릉은 평양시 력포구역 룡산리(구 무진리; 중화군 진파리)에 있다.

지난날 봉건시대에는 《진주묘(眞珠墓)》로도 불리웠다. 이 무덤은 조선에서는 예로부터 동명왕묘로 알려져있었다. 《고려사》(권 58) 지리지에도 그렇게 밝혀져있으며 력대로 국가적인 제사의 대상으로 되여왔다.

그러나 일제어용사가들은 동명왕이 전설적인물이라고 하면서 또 그의 무덤이 있었던곳은 졸본부근일것이라고 하면서 동명왕묘가 아니라고 주장하였다.

위대한 수령 **김일성**동지의 교시에 의하여 력사고고학적인 연구가 심화되여 이 무덤이 동명왕릉이라는것이 완전히 해명된것은 1970 년대중엽이였다.

동명왕릉으로 보게 되는 근거는 우선 이 무덤이 427년 고구려의 기본수도가 국내성(집안시)으로부터 평양성(대성구역 안학동일대)으로 옮겨진 시기에 건설되였으며 그것은 고구려사람들속에서 시조 동명왕에 대한 숭배심이 높았고 그의 유해의 안전을 보장하기 위하여 왕릉을 꼭 옮겨와야 한다는 관념이 지배하고있었기때문일것이다.

고구려로서는 서천왕릉도굴사건(296년), 미천왕릉도난사건(342년)을 겪었던 쓰라린 경험도 있었다. 그러므로 시조왕의 무덤만은 가장 안전한 기본수도 가까이에 옮겨와야 한다고 보았을것이다. 후세인 고려때에도 거란, 몽골 침입과 관련하여 태조 왕건의 재궁(관)을 여러차례 안전한곳으로 옮긴 일이 있었다. 이것은 시조 유해의 안전을 기하는것이 그 후손들의 중요한 임무로 간주되고있었다는것을 말해준다.

이 무덤이 동명왕릉이라는것은 무덤안칸의 크기(동서 421센치메터, 남북 418센치메터)로 보아 고구려돌칸흙무덤가운데서 가장 큰 부류에 속하며 따라서 왕릉급이라는것, 그런데 벽화는 당시의 풍습대로 인물풍속도를 그린것이 아니라 직경 12센치메터 되는 련꽃무늬 1,000개(무덤안칸에 685개, 앞칸에 315개)를 그렸다는 사실을 통해서 알수 있다.*[1] 이것은 이미 700년전에 죽은 동명왕과 관련된 일들을 그림으로 재현할수가 없었기때문이였고 또 불교가 고구려귀족사회에 깊이 침투되고 국왕자신이 신자로 되고있었던 시기였던것만큼 극락세계를 상징하는 련꽃을 그리는것이 합당하다고 보았기때문일것이다.

다음으로 이 무덤의 중요한 특징은 그 주위에 10여기의 무덤들이 (동명왕)무덤을 옹위하듯이 배치되여있다는것이다. 이것은 고구려의 다른 왕릉급무덤과는 다른 점이다. 이것은 시조 동명왕의 업적을 영원히 빛내이기 위하여 력대의 충신들을 매장하였다고 볼수 있게 한다. 또한 이 무덤이 다른 왕릉급 무덤과 다른 점은 그앞에 거대한 사원인 정릉사가 건설되였다는것이다. 이 역시 시조왕릉의 권위를 높이고 그 안전을 보장하기 위한 수단의 하나로 되였다고 보인다. 더우기 정릉사는 그 건물배치, 유적과 유물에 의하여 국왕의 행궁과 같이 설계되였고 많은 군사들이 류숙할수 있게 되여있었다*² 고 하므로 단순한 원당(願堂)이 아니라 국가적행사를 위한 건물이였다고 볼수 있다.

고구려에서는 봄, 가을에 국가적규모의 큰 제천행사가 진행되였는데 그것은 《천제》의 아들(또는 손자)인 동명왕에 대한 제사와 밀접히 결부되여 진행되였다. 고구려후기에는 해마다 3월 3일에 락랑언덕에서 사냥을 하여 잡은 짐승들로 하늘을 제사지냈다(《삼국사기》권 32, 제사지)고 하는데 동명왕릉은 바로 락랑언덕의 동부에 있으므로 이 제천행사를 거행하기에 적합한곳이다. 매해 10월에 지내는 제천행사를 《동맹》또는 《동명》이라고 불렀다는것도 하늘에 대한 제사와 시조 동명왕에 대한 제사가 밀접히 결부되여있었다는것을 말해준다.

우와 같은 여러가지 사실들로 미루어보아서 또 대대로 전해 오는 설화와 기록으로 보아서 이 무덤은 동명왕릉이 틀림없다.

*¹, *² 《동명왕릉에 대한 연구》 사회과학출판사, 주체 83(1994)년, 68, 142~145페지

그러면 동명왕릉을 졸본땅에서 이곳으로 옮긴 시기는 구체적으로 언제이겠는가.

개건되기전의 동명왕릉의 봉분의 두리에는 2단의 기단석이 있었는데 그것은 본래는 3~4단이였던것이 돌이 많이 없어져서 후세에 보수할 때 2단으로 만들었다고 보고있다. 기단석은 조개, 바다풀의 화석이 보이는 석회암으로서 귀중시되던 돌이다. 고구려의 무덤축조에서 계단을 만드는 수법은 장군무덤, 태왕무덤 등에서 보는바와 같이 대체로 5세기초엽까지 적용되였다고 인정되고있다. 고구려의 평양성천도는 오래전부터 예견되였으나 그것을 반대하던 귀족세력도 있어서 수십년이나 지연되였다고 보이는것만큼 시조왕릉의 이전도 아마 천도하기 직전 또는 직후에 진행되였을것이다.

피장자 장수왕설을 내놓은 학자도 있으나 장수왕은 491년에 죽었으므로 기단석무덤은 당시의 묘제와는 맞지 않는다. 또 우에서 든 리유들에 의하여 장수왕무덤설은 성립될수 없다.

※ 《고구려사》(1) 327~330 페지
　《고구려시조 동명성왕》 김일성종합대학출판사, 주체 81(1992)년, 195~202 페지

11. 룡오리산성 석각

평안북도 태천군 룡상리 룡오리산성의 남문에서 동쪽으로 100메터 정도 올라가면 현무암 석벽에 다음과 같은 새김글이 있다.

乙亥年八月前部
小大使者於九婁治
城六百八十四間

(을해년 8월에 전부의 소대사자 어구루가 성 684간을 쌓았다.)

이 석각에서 론의되는것은 을해년을 언제로 보는가 하는것이다. 이 을해년을 1세기 15년(고구려 류리왕 34년)으로 보자는 견해도 있었다. 이것은 고구려가 37～44년사이에 살수를 남변으로 삼았다(살수를 청천강으로 보고)고 보면서 남방에서 오는 길목을 막기 위하여 쌓았다고 본것이다.

그러나 1세기 15년 당시에 고구려가 이 지방까지 령유하였다는 명확한 근거는 없다. 또 1세기에는 아직 5부의 고유명칭이 쓰이던 때이며 방향을 나타내는 전부, 후부 등은 잘 쓰이지 않았던 때이다. 그리고 《소대사자》라는 벼슬등급도 대략 4세기이후에 쓰인것으로 인정된다. 중요한것은 롱오리산성은 그자체가 고립된 산성인것이 아니라 그 좌우에로 이어지는 롱선상에 장성이 계속되고있다는것이다. 즉 구성 팔영령－굴암산－퇴유령－롱오리산성－태천북방－덕화리 태천구성으로 이어지는 장성과 련결되여있다는것이다.

이 장성은 대략 고국원왕이 343년에 평양동황성으로 옮겨앉은 다음 북방으로부터 오는 전연의 침공을 막기 위한 방편의 하나로 쌓았을 가능성이 풍부하다. 그렇다면 롱오리산성은 이 장성을 축조한 다음 그 일대의 요충지에 쌓은 주요 진성의 하나로서 쌓았을것이고 그 년대는 375년(소수림왕 5년)에 해당한다고 볼수 있다. 산성안의 기와의 질(약간 누런 붉은색기와)과 그 무늬를 보아도 이 성은 1세기의것은 아니고 또 5～6세기 이후도 아닌것으로 보인다.

롱오리산성의 실측길이는 2,020메터이다. 그러면 8자＝1간으로 볼 때 1자는 약 37센치메터로 된다. 성벽의 길이는 어느

부분을 기준으로 재는가에 따라 다소 차이가 나므로 대략 1자=36센치메터 되는 자를 썼다고 볼수 있다.

※ 《조선고고연구》 주체 76(1987)년 1호, 현지조사자료

12. 평양 9사와 불교사원들

고구려는 393년(광개토왕 3년) 8월에 평양에 9개 사원(절간)을 동시에 건설하였다. 이것은 391년(고국양왕 8년) 3월에 불법을 숭상하여 믿음으로써 복을 얻으라고 한 부왕의 유언 실현을 위한 한 방도로서 광개토왕이 지시한것으로 된다. 다른곳이 아닌 평양에 9개의 절간을 동서에 지으라고 한것은 당시 고구려가 이미 기본수도를 평양으로 옮길것을 전제로 하고 있었다고 볼수 있게 한다.

이 평양 9사의 위치가 어데인가에 따라 당시 평양의 주민지구의 범위도 대체로 짐작할수 있다. 당시에는 아직 절간들을 인적이 드문 산간지대에가 아니라 도시의 주민지구가운데 또는 변두리에 세우는것이 관례로 되여있었기때문이다. 지금까지 평양일대에서 고구려시기의 절간과 관련된 새김글이 있는 기와, 불상 기타 불교유물이 나왔거나 기록에 전하는것을 들면 다음과 같다.

위 치	절(터)이름
1. 중구역 모란봉	영명사터
2. 대성구역 림흥동	상오리절터

3. 대성구역 대성동   광법사
4.   〃   대성동(구 로성동)   서풍사터
5.   〃   청암동   금강사터(498년 건립)
6. 동대원구역   대왕사터
7.   〃   산사(山寺)터
8. 모란봉구역 인흥동   중흥사터
9. 대동강구역 탑제동   탑제동절터
10. 평천구역   평천리절터
11. 락랑구역 락랑동   남현사터
12.   〃   정오동   락랑동사터
13. 력포구역 류현리   류현리절터

　이밖에도 대동강구역 사동뒤산, 선교구역 칠불리에도 고구려기와가 나오는 절터가 있다. 대체로 이중에는 393년에 세운 9사 또는 그중 많은것이 들어있을것이다.
　평양에 9사를 세운것을 비롯하여 고구려의 각지에는 적지 않은 절간들이 건설되였는데 이것은 고구려에서도 불교가 사회적으로 상당히 깊이 침투되고있었음을 말해준다. 지금까지 상기한것들 이외에 고구려절간유적으로 알려진 절터들과 기록에 보이는 절들을 보면 아래와 같다.
　초문사, 이불란사(집안시), 령탑사(대보산), 청호동페사(대성구역), 정릉사(력포구역), 로산리페사(대성구역), 률리페사(선교구역), 반룡사(만경대구역), 안국사(평성시), 원오리페사, 대안사(이상 평원군), 화장사, 쌍계사, 운계사(이상 안악군), 토성리절터(봉산군), 오매리절터(금호지구), 신계사, 정양사, 보덕굴(이상 금강산), 가금면페사(충주), 료양 육왕사

(탑) 등. 이중에서 현존하거나 복구된것은 안국사, 정양사, 보덕굴, 광법사, 정릉사이다.

※ 《고구려사》(2, 하) 사회과학출판사, 주체 87(1998)년, 65～67 페지

13. 광개토왕릉비

광개토왕릉비는 414 년에 광개토왕의 업적을 칭송하고 무덤관리규정을 새겨넣은 글 1,775 자가 있는 높이 약 6.4 메터 되는 큰 비석이다. 릉비에는 륙멸(泐滅)된 부분도 적지 않아서 그 내용을 판독하기 어려운 개소들이 있으나 1980 년대까지의 조사연구에 의하여 대체로 그 뜻을 알수 있게 되였다. 여기에는 문헌사료들에는 없는 력사적사실들이 많이 기록되여있으므로 고구려사 더 나아가서는 당시 동방아시아의 력사연구에서 가장 귀중한 제 1 차적사료로 되고있다. 그뿐아니라 릉비문의 서체가 매우 세련된것으로 하여 당시 고구려의 높은 문화수준을 잘 보여주는 문화유산의 하나로 되고있다.

릉비문의 해석과 관련해서는 릉비 탁본[실지는 묵수곽전본(먹으로 글자둘레를 메꾼것)]을 처음으로 가져간 일제 군부의 어용사가들이 왜(일본)를 내세우면서 그릇되게 판독한것으로 하여 또 다른 나라 일부 학자들의 그릇된 관점으로 하여 잘못된 학설들이 적지 않게 제기되였다. 그중 중요한 몇가지 문제들에 대한 우리의 견해는 다음과 같다.

1) 신묘년(391 년)조 기사의 해석에서

신묘년조기사란 비문 제 1 면 8～9 행의 《百殘新羅舊是屬民

由來朝貢而倭以辛卯年來渡│浿│破百殘│東│□新羅以爲臣民》이라는 기사이다. 그 뜻은 《백잔(백제)과 신라는 옛적에는 속민이였고 이전부터 조공을 바쳐오던것이다. 그런데 왜가(백제의 피임으로) 신묘년에 왔기에(패수를 건너서) 백잔을 격파하고 동쪽으로 신라를 (초유)하여 신민으로 삼았다》고 읽을수 있다.

그런데 지난날 대부분의 일제사가들은 《渡海破百殘□□新羅以爲臣民》으로 읽으면서 《왜가 신묘년에(또는 신묘년이래) 바다를 건너와서 백제와 (가라), 신라를 격파하여 자기의 신민으로 삼았다》라고 읽었다. 그러나 당시 백제와 가라(가야)의 손아래동맹자였던 왜(규슈북부의 소국련합체)가 자기의 상국인 백제나 가라를 쳐서 신민으로 삼았다는것은 말이 되지 않는다. 《海》자는 탁본마다 그 위치, 크기, 모양이 다 다르며 지금에 와서는 알수 없는 글자로 공인되고있다. 또 백잔다음의 글자는 60여년간 탁본을 작성하여 생계를 세워가던 초균덕부자가 만든 수초본에는 《東》자로 되여있으므로 그것이 마멸되기전에는 분명히 있었던 글자이다. 왜가 동쪽으로 신라를 어찌한다는것은 있을수 없는 일이다. 또 당시 고구려가 패수(례성강)를 건너서 백제를 친 일은 《삼국사기》에도 기록되여있으나 왜가 백제를 쳤다는 기록은 그 어디에도 없다. 그러므로 일본학자들의 해석은 전혀 성립될수 없는것이다. 백제를 격파한것은 고구려이며 또 동쪽으로 신라를 초유하여 신민으로 삼았다는것도 《삼국사기》에도 있는바와 같이 392년에 신라의 왕위계승자인 실성을 볼모로 받은 조건에서 즉 보호국으로 삼은 조건에서 쓴 말이다. 따라서 이 문단의 주어는 고구려(왕)임이 분명하다.

신묘년조기사에서 백제, 신라가 옛날에는 《속민》으로서 조공해왔다는것도 일부 학자들이 말하는것처럼 사실이 아닌 과장된 표현이라고만 볼수 없다. 248년에 고구려는 신라와 화의를 맺었고 370년대이전에 강원도 남부, 충청북도 동부지역까지 자기의 령토로 삼고있었다. 377년과 381～382년에 신라는 전진에 사신을 보냈는데 그들은 고구려사신을 따라서 전진으로 갔다.

작은 나라인 신라가 그전부터 고구려에 봉건적인 의례형식인 《사대조공》을 하였으리라는것은 알만한 일이다. 또 백제로 말하면 369년 치양전투가 있기전에는 같은 조상을 가진 대국 고구려와의 관계를 두터이하고있었다. (《삼국사기》권 25 백제본기 개로왕 18년조) 그러므로 역시 고구려에 대하여 《사대조공》하는 관계에 있었을것이며 따라서 비문내용은 단순한 과장이라고 할수 없는것이다.

일부 일본학자들은 신묘년조기사가 그다음 6년 병신조 백제에 대한 《정벌》기사의 전치문인 동시에 17년 정미년조기사까지의 《대전치문》이라고 말하고있다. 대전치문설은 8년조 숙신정벌기사가 중간에 끼워있는것만큼 또 17년기사는 왜와는 관계가 없는것만큼 성립될수 없는 견해이다. 전치문설은 신묘년조기사의 내용을 왜를 주격으로 놓고 해석한데서 나온것이므로 역시 성립될수 없다. 전치문이 단순히 어떤 사건의 원인을 보여준다는 의미에서는 왜의 신라침입에 대한 9년조의 기사도 10년조의 고구려 5만 대군이 신라구원작전의 원인을 보여주므로 10년조기사의 전치문이 될것이다. 비문에서 모든 년조의 사건의 원인은 그 년조에 다 씌여있는것이 아니라 그보다 앞선 년조기사를 통해서 알수 있는것은 쓰지 않았던것이다. 그러므로 신묘년조기사가 단순한 전치문이라고 보아서는 안된다. 그것은 그것대로 완결된 사건에 대한 서술인것이다.

2) 20년경술년조기사가 광개토왕업적의 총화라고 보는 견해

일부 학자들은 비문의 6년 병신년(396년)조기사에 보이는 58성, 17년 정미년(407년)조기사에 보이는 6성을 합하면 20년 경술년(410년)조에 보이는 《무릇 공파한 성이 64개요, 촌은 1,400개라》고 한 수자와 맞는다고 하며 또 그것을 광개토왕이 일생동안 점령, 획득한 지역들이라고 보면서 고구려의 령역지배방식에 대하여 고찰하고있다.*

* 다께다: 전게서 23~33페지 등

이 견해는 《공파(攻破)》와 《공취(攻取)》 그리고 《득(得)》을 동일시하고있다는데 근본적인 오유가 있다. 즉 6년 병신년조에는 수십개의 성을 《공취》하였다고 하였으며 그 결과 58성 700촌을 《득》하였다고 하였는데 그 수자들은 서로 맞지 않는다. 공취한 성들을 아무리 계산해보아도 55~56성을 넘지 못하며 또 그안에는 미추성(인천부근), 아차성(서울부근)과 같이 전후 백제에게 도로 돌려준 성들도 있다. 그러므로 《얻은 58성》과 《공취한 50여성》은 서로 다른것이다. 《얻은 58성》안에는 전투가 없이 고구려로 이양된 성들이 적지 않게 들어있다. 17년조에 《깨뜨렸다》는 사구성 등도 그후 여전히 백제에 속해있었다. 또 비문에 보이는 공파한 성은 숙신의 막사라성, 임나가라의 종발성 동과 동부여의 여러 성이 있고 비문에는 없는 후연과의 전쟁에서 함락시킨 숙군성 등이 더 있다. 그러므로 20년조 끝에 보이는 무릇 공파한 성이 64개라는것은 광개토왕 일생동안에 얻은 성의 총수(구체적으로는 《58성+6성》)인것이 아니라 광개토왕이 동부여를 쳐서 공파한 성의 총

수인것이다. 당시 고구려, 동부여, 백제, 신라 등의 경계지대에는 이 나라들의 성들이 조밀하게 배치되여있었다. 동부여에도 고구려와의 경계에서 수도성에 이르는 사이에는 얼마든지 64성이 있었을수 있다.

그리고 1,400촌은 6년조의 700촌과 5년조의 비려의 6∼700영을 합친것으로 보아서는 안된다. 유목민족인 거란의 비려부에 속한 6∼700영이 농경민족의 700촌과 같을수 없는것이다.

더 나아가서 6년조, 17년조에 공파한 성들에 속한 땅이 고구려의 령역으로 되였다고 보는것은 우에서 든것처럼 백제에 반환된 성들이 있는 조건에서 성립될수 없는것이며 따라서 그것을 가지고 고구려의 령역지배에 의하여 론의할수 없다.

3) 수묘인연호의 계급적성격과 립역방식, 그것을 통하여 본 종족지배론에 대하여

릉비의 제3단은 수릉군－수묘인 연호의 구성과 징발 대상, 지역을 밝히고 모든 왕들의 무덤에 수묘인연호에 관한 규정을 쓴 비석을 세웠다는것과 수묘인연호에 대한 매매금지령을 기록해놓은 부분이다.

수묘인연호(가)는 수묘역을 지는 민호로서 국연과 간연이 1:10의 비례로 되여있다. 국연은 후세의 호수(戶首)격이고 간연은 봉족격의 존재들이다. 그들은 일정한 기간 《선상립역》하는 존재들이며 그것을 책임지는것은 해당 지역의 행정장관들이다.

국연과 간연은 그들이 선상되는 단위(성, 곡, 련 등)들마다 조를 이루어 나오는것이 아니라 여기저기서 뽑혀온 사람들이 국가에 의하여 조단위로 편성된다.

한마디로 말하여 수묘역은 후세의 《신량역천》신분에 해당하는 인민들이 지는 무거운 신역으로서 그때문에 패가몰락하는 일이 잦았던 힘든 부담이였다.

일부 학자들은 수묘인연호가 매매되였다고 하여 그들이 노비신분이며 나아가서는 고구려인민들이 다 노예계급신분이였다고 보았다.*¹ 그러나 그들이 사노비라면 국가가 수묘역을 지우지 못할것이고 관노비, 공노비라면 누구도 상급의 허가없이 매매할수 없으므로 처음 수묘인연호의 성원을 매매할수 있었던것은 오직 그 호주였을것이다. 즉 그들은 처음에는 《자매(自賣)》노비였을뿐이며 이것을 가지고 고구려사회가 노예제사회라고 하는것은 당치 않은 말이다. 일부 다른 학자들은 또 《신래한예》(새로 온 한예사람), 《한》이란 표현, 《민(民)》, 《고(買)》, 《인(人)》 등의 표현을 가지고 고구려사람들이 지역에 따라, 종족에 따라 달리 불리웠다고 보았다.*²

*¹ 《호태왕비연구》(중문) 길림인민출판사, 1984년, 193～195페지
*² 다께다:《고구려사와 동아시아》59～76, 28～95페지

그러나 《신래한예》란 비문에도 명기된바와 같이 광개토왕자신이 돌아다니면서 데리고 온 사람들이다. 또 《한예》란 백제인민들을 옛날부터 《마한》, 《예》 등으로 불러온 사람들이란 뜻에서 비칭으로 부른 말일뿐이고 그들이 일정한 지역에 고착되여 살던 종족임을 의미하는 말이 아니다.

《신래한예》출신 수묘인연호들은 고구려령역안으로 《략래》(略來)되여와서 살면서 수묘역을 진 사람들일뿐이다. 그러므로 그것을 통하여 령역지배요, 종족지배요 하는것은 무의미하다. 원래 조선민족은 벌써 단군조선(전조선)시기인 기원전 3000년기말에는 이미 형성되였다. 따라서 주민들의 지방적차

이(방언, 풍습 등에서)는 있으나 종족적차이는 없다. 《민》이 중국인계통 또는 망명객집단을 가리킨다고 보는것은 지나친 억지해석이다. 룽비자체에서도 《민》, 《인》은 일반적으로 백성을 가리키는 보통명사로 쓰이고있으며 《삼국사기》를 비롯한 력사책들에도 《민》을 중국인 또는 망명인이라는 뜻에서 쓴 실례는 없다. 이러한 억지해석은 광개토왕이 《공파》, 《공취》한 땅이 다 고구려땅으로 되였다고 보며 평양부근과 황해도일대에 락랑군, 대방군이 있었다고 보는 가정우에서 《추측》한것이므로 더우기 성립될수 없는 망단으로 된다.

이밖에도 룽비문해석에서는 5년 을미조의 비려의 위치를 어떻게 보는가, 8년무술조의 《帛愼》을 어떻게 보는가에 따라 의견상이들이 있다.

비려는 심양동남 진상둔부근에 있었다고 보기도 하고 태자하상류지역에 있다고 보는 설도 있으나 이것은 다 370년대에 고구려가 이미 대릉하하류-의무려산줄기계선을 그 서변으로 삼고있었다는 사실을 모르는데서부터 생겨난 착오이다. 비려부(거란의 8부의 하나인 필혈부)는 서료하지역에 있었다.

또 《帛愼》은 식신(息愼)의 예서체이고 백제동북방의 지명이 아니다. 이것은 6년 병신조에 백제왕이 자신을 《노객》(신하)으로 부르면서 막대한 배상과 인질을 보낸 기초우에서 고구려와 강화하였다는것을 부정하고 아직 《조공》하는데까지 이르지 않았다고 오인한데서 오는 그릇된 판단이다.

(룽비문안의 개별적구절의 리해에서는 이밖에도 여러가지 문제들이 있다. 이에 대해서는 ※ 참조)

이상에서 본바와 같이 광개토왕룽비는 력사자료, 문화재로서 매우 중요한 의의를 가지고있으며 비문해석을 력사적사실에 따라 정확하게 하는것은 고구려력사를 빛내이는데 커다란 밑천으로 된다. 금석문이란 당대사람들이 쓴것이며 또 온 세상에 내놓고 보여주는것이기때문에 사실이 아닌 거짓을 쓰는 법은 없다.

※ 《고구려사》(1) 296～316 페지
《광개토왕릉비》 사회과학원출판사, 주체 55(1966)년
《광개토왕릉비문연구》 사회과학출판사, 주체 89(2000)년

14. 중원고구려비

이 비석은 주체 68(1979)년에 충청북도 충주부근(중원군 가금면 룡전리)에서 발견되였다. 제 1 면에 10 행 23 자씩 계 230 자와 머리글 약 6자가 새겨져있었으나 지금은 20여자가 잘 보이지 않고 제2면에는 7행 23자씩 계 155자가 새겨져있었으나 (제 7 행은 17 자) 지금은 50여자가 보일뿐이다. 비문의 기본내용은 고구려와 신라는 상하—형제간의 관계에 있으며 신라매금(왕)이 태자 공과 함께 고구려를 방문하였는데 이때 고구려의 조왕태왕(장수왕)은 신라매금과 그를 따라온자들 그리고 전부 대사자 다혜환노 등 고구려관리로서 그들을 영송하는 임무를 맡은자들에게 의복, 음식물 등을 주었다는것, 신라땅안에서 300 명의 인원을 모집하게 하였는데 고구려의 하부 발위사자 보노○○보가 백제 개로(?)왕에게로 넘어가서 공모하였다는것, 다혜환노가 후에 고모루성수사로 임명되였다는것 등이다.

이 비석에 적혀진 신라매금의 고구려방문이 언제 실현되였는가 하는데 따라 비문의 해석에서 당시의 삼국사이의 호상관계의 리해에서 큰 차이가 생긴다.

일부 학자들은 제2면에 신유년이 나오므로 제1면에 보이는 12월 23일 갑인일은 480년이 틀림없다고 보고있다.[1] (449년 12월 23일도 갑인일이지만 다음의 신유년과는 30여년이 떨어져있으므로 보통 문제로 삼지 않는다.)

또 일부 학자들은 421년이 신유년이므로 《12월 23일 갑인》기사는 《25일》을 잘못 읽은것이라고 보면서 방문이 420년이전에 (403년) 실현되였다고 보기도 한다.[2] (이렇게 보는 경우 제1면 10행의 《백잔왕 개로》는 다른 글자라고 본다.)

  [1], [2] 기노시다 레이진: 《일본서기와 고대조선》(일문) 하나하서방, 1993년, 221~222페지 등

고려태왕조왕을 고구려의 장수왕으로 보는데서는 큰 의견차이가 없다.

그렇다면 《태자 공》이 누구인가? 제3행에도 《태자 공》이 나오므로 그것은 분명히 《태자인 공》일것이다. 그런데 고구려 장수왕에게는 아들 조다가 일찍 죽었기때문에 태손(후의 문자명왕)이 있었다. 또 고구려태자로 보면 제2행의 주어격인 《매금》의 행동을 나타내는 술어가 없어진다. 그러므로 《태자 공》을 신라의 태자로 보아야 할것이다. 신라의 태자라면 제1면의 월일간지는 《11월 23일 갑인》 즉 475년(고구려 장수왕 63년, 신라 자비마립간 18년)이 되여야 할것이다. 왜냐하면 480년은 신라 눌지마립간 2년인데 그에게는 아들이 없었으므로 태자와 행동을 같이할수 없기때문이다. 《11월》이 글자의 손상 등으로

하여 《12월》로 읽을수도 있게 되여있었다고 보는것이 제일 타당하다. 475년은 고구려의 건흥 4년이며 이때까지는 신라가 왜의 침습으로 곤경을 겪던 때이고 고구려와의 일부 충돌사건도 있었지만 그때마다 사죄하고 고구려의 보호를 계속 받고있었던 때이다. 고구려의 발위사자가 당주로서 신라령토안에 있었다는것이 그러한 사실을 보여준다. 물론 420년 이전이라면 고구려-신라관계는 더 밀접하였지만 그때는 눌지마립간 4년 이전으로서 아직 젊었으므로 그의 태자가 대외활동에 참가할수 있으리만큼 성장하였다고 보기 어렵다.

403년으로 말하면 실성왕 2년으로서 같은 리유로 성립되기 어렵다.

신라매금의 고구려방문이 475년 봄부터 11월까지 진행되였다고 보면 제 2면 7행의 고모루성(충북 음성)수사로 된것도 병자년(496년)이 아니라 갑자년(484년)일것이다. 475년에 고구려가 백제의 한성을 함락시켰는데 그것이 《삼국사기》에는 이해 7월(신라본기) 또는 9월(고구려, 백제 본기)로 되여있으나 그것은 신라매금이 본국으로 되돌아간 11월이였을수도 있다. 왜냐하면 백제의 요청에 의하여 백제를 구원하러 간 신라의 군사들은 신라왕이 귀국한후에야 행동을 개시하였을수 있기때문이다. 실지로는 이해 9월에 고구려의 백제전역이 시작되였고 한성함락은 두달후에 있었던 사건이였을것이다. 아무튼 신라군이 한성 가까이 갔을 때에는 이미 한성은 함락된 뒤였으므로 신라의 구원작전은 실패하였던것이다.

※《중원고구려비에 대하여》(《력사과학》 주체74〈1985년〉 2호)

15. 평양성의 유적유물

여기서 말하는 평양성은 오늘의 평양시안에 있었던 부수도 및 수도성으로서의 평양성이다. 즉 247년, 343년, 427년, 586년에 각각 부수도 또는 수도로 된 평양성이다. 매 시기 평양성의 위치, 성곽 그자체의 구조나 개별 유물에 대해서는 다른 도서들[《고구려사》(1, 2) 및 이 책의 Ⅷ 포함]에서 대체로 해설되였으므로 여기서는 도시건설에서 특이한 점, 아직 잘 알려져있지 않는 유적유물에 대해서만 보기로 한다.

1) 리방유적

247년(동천왕 21년) 평양성은 청암동성(청암리성)이다. 청암동성안에는 왕궁과 묘사(종묘, 사직)를 비롯한 주요 관청들이 있었으며 주민지구는 그 주변에 있었다. 청암동성주변에 리방이 정연하게 있었는지는 잘 알수 없다. 있었다고 하더라도 그 지대로 보아 그리 넓은 범위에 걸친것은 아니였을것이다.

343년의 평양동황성(청호동토성, 고방산성)에 대해서는 좀더 넓은 범위의 도시주민지구의 형성에 대하여 생각할수 있으나 427년 안학궁중심의 리방건설에 의하여 거의다 없어진것으로 볼수 있다.

427년에 고구려가 기본수도로 삼은 평양성은 안학궁성과 대성산성을 한조로 한것이였다. 안학궁성은 5세기초에 건설되였으나 대성산성은 그 크기로 보아 또 출토되는 기와를 보아 주로 3~4세기에 걸쳐 건설된것으로 보인다.

427년 평양성은 586년에 새 평양(장안)성으로 이전할 때까지 160년간 수도성으로 된곳이며 이미 광개토왕시기부터 도시건설계획에 기초하여 건설된것으로 보인다. 최근년간에 조사연구된 자료에 의하면 대성산앞 림흥벌에는 도시기본구역만 해도 13.2평방키로메터의 넓은 면적을 가진 대도시가 있었고 그것은 동서-남북으로 140메터, 280메터, 420메터(고구려자로 400, 800, 1,200자) 간격으로 서로 직각으로 교차되는 도로들로 구획되여있었다.* 이 구역에서는 고구려때의 주추돌, 기와쪼각, 도자기쪼각들이 수많이 널려있다.

* 리호, 신상국:《대성산일대에 있었던 고구려수도의 도시면모에 대한 지리적고찰》《지리과학》주체 83〈1994〉년, 4호)

이미 4세기후반기에 건설된 남평양(장수산성아래)도시건설에서 리방이 설치되였던것만큼 림흥벌중심의 리방시설도 4세기말 5세기초에는 설계되고 건설되였을것이다. 이것은 469년에 신라수도(경주)에서 건설된 리방시설의 원형으로 된것이다. 이때 신라에서도 고구려가 400자를 기준단위로 하였다.*

* 《조선건축사론》(2)(일문)〔《건축잡지》1932년 신라왕경복원도〕

우에서 든것은 427년 천도당시의 설계에 의한것이고 그후 그것은 대동강이남지역으로 더 크게 연장, 확대되였다고 보인다. 그것은 안학궁 남문에서 정남향으로 뻗은 대도로가 휴암동으로 건너가는 다리를 거쳐 사동구역 장천리, 동창리, 력포구역 대현리에 이르는 근 20리 구간에 걸쳐 있었으며 그 좌우측에는 고구려건축터가 몇곳에서 알려졌기때문이다. 물론 대동강이남지역에서는 샘물, 우물이 있는 살기좋은곳을 위주로 주민지구들이 형성되였고 리방으로서는 완성되지 못하였던것 같다. 6세기후반기에 도시중심지를 다 성곽으로 둘러싸도록 새로 건설한 평양(장안)성의 중성과 외성에도 리방구획들이 설정되였다. 여기서는 한개 방이 직4각형(240자×360자)으로 된곳도 있었고 정4각형(250자×250자)으로 된곳도 있었다.*

* 최희림: 《고구려 평양성》 과학, 백과사전출판사, 주체 67(1978)년, 105페지 .
  리화선: 《조선건축사》(1) 과학, 백과사전출판사, 주체 78(1989) 년, 54~55페지

리방들을 구획하는 도로들의 너비는 12.6메터, 4.2메터, 1.4 메터(고구려자로 36, 12, 4자)였고 도로에는 자갈포장이 되여있었으며 《법수(法樹)》로 불리운 도로경계표식석주들이 있었다.

고구려수도 평양성의 이러한 리방시설들에 대하여 지난날 일제사가들은 수나라 대흥성을 모방하였다느니, 척도는 동위척을 썼다느니 하였으나[1] 그것은 다 무근거한 허튼소리이다. 왜냐하면 수나라 대흥성은 고구려 평양장안성보다도 후에 건설되였고 동위척은 1자 24.45센치메터로서[2] 고구려자(35~36 센치메터)와는 전혀 다르기때문이다.

[1] 세끼노: 《조선의 건축과 예술》(일문) 이와나미서점, 1941년, 360, 363페지
[2] 오승락: 《중국도량형사》(중문) 상무인서관, 1987년, 54페지

고구려가 독자적으로 정연한 도시리방시설을 창조하고 훌륭하게 건설한것은 고구려사람들의 높은 문화수준의 일단을 보여주고있다.

※ 《고구려사》(1) 325~327페지
  《고구려사》(2) 76~77페지

2) 다리유적

고구려에서는 교통운수도 발전하였다. 벽화들에서 보는바와 같이 국왕이나 고위귀족들은 소수레들을 타고 행차하였고 어지간한 고구려산성에는 산성에로 통하는 반산로(盤山路), 마도(馬道)가 있었다. 수레를 많이 썼다는것은 다리도 많이 건설하였다는것을 의미한다. 《삼국사기》나 《삼국유사》에도 《평양주대교》, 《평양남교》, 《사천교》 등이 보이고 《평양지》에는 《통한교》, 《연우교》 등이 있었다고 씌여있다. 물론 큰 강하천에 다리를 놓는다는것은 쉬운 일이 아니므로 그런곳에서는 나루배를 리용하였을것이지만 특별히 요긴한 수도, 부수도의 교통을 위해서는 여러가지 다리-나무다리, 배다리, 돌다리 등을 건설하여 교통운수의 편리를 도모하였다.

주체 70(1981)년에 발견된 대성구역 청호동-사동구역 휴암동 사이의 나무다리는 길이 375 메터, 너비 9 메터가 되는 큰 다리였다. 다리의 골조들은 매우 세밀하고 견고하게 만들어졌으며 한점의 쇠불이도 쓰지 않고 모든 이음새를 사개물림하여 견고성을 보장한것이였다. 이 다리는 안학궁 남문에서 정남향으로 뻗은 대도로를 잇기 위하여 413년에 건설되였다. 그 남쪽 동창리에서 무진천을 건느는 다리도 의심할바없이 건설되였을것이다. 보통강(사수)이나 합장강에도 나무다리가 건설되였을수 있다.

평양시 중구역 교구동에는 《다리꼬》유적이 있는데 1930년대까지도 맑은 날씨에는 대동강바닥에 박았던 나무말뚝들이 보였다 한다. 이것은 아마도 배다리를 놓기 위한 교두보시설물이였을것이다.

신원군 아양리에는 남평양성의 왕궁터로 인정되는 동남향 건축터가 있는데 그 연장선상의 재령강바닥에는 큰 화강석으로 만든 다리부재들이 깔려있다. 이것은 돌다리유적이다. 이 밖에도 각지에는 많은 다리들이 가설되였을것이다.

수도, 부수도와 중요지방중심지들에 다리들이 놓여있었다는 것 역시 고구려의 경제, 문화 발전수준을 잘 보여주는것이다.

※ 《고구려사》(2) 37～38 페지

3) 운하유적

평양성유적에서 주목되는것의 하나는 운하시설이다. 247 년 평양성(청암동성)의 동문근처에는 성안으로 배를 끌어들일수 있게 작은 운하가 굴설되여있었다.*¹ 또 427 년 평양성에서는 안학궁서남쪽 가까이까지 운하시설이 있었다.*² 이것은 다 조세, 공물 등 물자들을 왕궁 가까이까지 편리하게 수상으로 운반하기 위하여 만든 시설이다.

중요한것은 586 년 새 평양성 외성안에 근 3 키로메터에 달하는 긴 운하를 판것이며 특히 운하입구에 갑문시설을 한것이다. 이 운하는 《평양지》에 의하면 조수를 리용하여 물이 불어날 때에는 많은 로선(갈대로 지붕을 만들어 씌운 배)들이 양명포(일명 로문포, 다경문은 이곳에 무지개다리를 만들고 그우에 세운 다락집이다.)로 해서 동쪽으로 정양문앞까지 물건들을 운반하였다고 하니 고려, 리조중기까지도 리용된 운하였다고 볼수 있다. 운하의 두 기슭은 돌로 쌓았다. 1960년대까지만 하여도 이 운하의 자취가 곳곳에 남아있었다. 그런데 주체 22(1933)년에 다경문밑에서 큰 판석으로 만든 갑문시설이 있었다는것이 알려졌다. 즉 조수의 간만에 따라 수위가 높아졌을 때 갑문을 여닫음으로써 성안 운하의 수위를 보장한것이다.*³ 중세기의 조건에서 이처럼 갑문시설을 갖춘 운하는 다른곳에는 아마도 없었을것이다. 이것은 고구려사람들의 기술문화수준이 대단히 높았다는것을 뚜렷이 보여준다.

운하가운데는 외성밖(오늘의 평천구역 운하동)에 파놓은것도 있다. 이 운하도 두 기슭을 돌로 쌓아올렸고 너비도 10여메터나 되는 비교적 큰 운하였다. 이것은 아마도 예비운하, 보조운하였을것이다.

*¹ 《조선유적유물도감》 3권, 주체 78(1989)년 108페지
*² 《지리과학》(잡지) 주체 83(1994)년 4호, 8페지
*³ 《조선일보》 1933년 1월 12일
※ 《고구려사》(2, 상) 사회과학출판사, 주체 87(1998)년

4) 글자새긴 성돌

새 평양(장안)성 성벽에는 성축조와 관련된 글자새긴 성돌 (각자성석)이 있는데 지금까지 6개가 알려졌다. 그것은 평양성 축조공사의 진행년대, 책임진 인물 등을 쓴것이며 고구려의 리두문자연구에서도 중요한 자료로 되고있다. 이에 대해서는 보통 4~5개가 소개되고있을뿐이며 또 발견지점, 글자해석에서도 다른 견해들이 있으므로 따져보아야 할 대상이다.

① 기축년 5월 28일에 처음으로 공사를 시작하였다. 여기부터 서쪽으로 향하여 11리는 소형상부약모리가 쌓았다.(己丑年五月廿八日始役 自此西向十一里小兄相夫若牟利造作)

이 성돌은 1766년에 출토되였으나 1829년 당시에는 이미 없어지고 출토지점도 명백치 않다.

② 기축년 3월 21일 여기부터 동쪽으로 향하여 12리는 물구(?)소형 배수백두가 맡아 쌓았다.(己丑年三月廿一日自此下

向東十二里物 茍 小兄俳 須 百頭 作 節矣)

　이 성돌은 1829 년 큰물이 났을 때 ③과 함께 오탄(오늘의 대동교아래 양각도와 대동강서쪽기슭사이에 있는 여울)아래에서 나왔다고 하는것인데 그 구체적지점은 알수 없다.(현재는 실물이 서울 모대학에 가 있다고 한다.) 현물을 보면《기축》은《기유(己酉)》처럼 보인다고 하며 3 월 21 일은 똑똑치 않다고 한다. 그러나 옛날 사람들이 읽은것이 더 정확하다고 보아야 할것이다. 2 백수십년이 지나는 사이에 글자가 마모되거나 상처가 생길수도 있다.

　③ 기축년 3 월 21 일에 여기부터 서쪽으로 향하여 12 리는 내중백두 상위사자가 맡아 쌓았다.(己丑年三月廿一日自此下向 西 下 二里內中百頭上位使 爾 作 節矣)

　이 성돌은 ②와 같은해 같은곳에서 나왔다. 《평양지》에는 向東十二里로 되였으나 1855 년에 오경석이 보았을 때에는《東》자는 알수 없는 글자였다고 한다. ②가《向東》인 조건에서는《向西》로 보는것이 옳을것이다. 《평양대지》(위생휘보사, 1934년)에는 下 二里로 되였으나 十二里의 잘못일것이다. 또 內有는 內中의, 伐節은 作節의 잘못일것이다. 《上位使□》는《평양대지》에는《上位使爾》로 써놓았으나 爾는 者의 오독일수 있다. 일부 석문에서는《上位使尔文》으로 보았으나 총 글자수가 27 자이므로《尔文》은 한글자이고 者의 변형을 보고 잘못 읽은것일수 있다. 그렇게 되면 사람이름이 없는것으로 되므로 이상한 감도 없지 않으나 그렇다고《上位使者》를《上位使》로만 썼다고 보기도 어렵다. 이 성돌은 그후 잃어지고 없으므로 확인하기 어려우나 앞으로 더 연구할 여지가 있다.

④ 병술년 12월에 한성하후부 소형 문달이 쌓았다. 여기서부터 서북쪽으로 가면서 관여하였다. (丙戌十二月中漢城下後卩(部)小兄文達節自此西北行涉之)

이 성돌은 1913년 평양시 중구역 내성 장경문 남쪽 성벽에서 발견되였다. 卩는 部의 략자이다. 529년경에 장수산일대에 있었던 남평양성은 북한성(서울)에로 나갔다가 551년경에 도로 제자리에 돌아왔을 때 한성으로도 불리웠다. 그러므로 이 한성은 장수산일대에 있었고 고구려 3경의 하나였다. 하후부는 이곳에도 5부가 있었다는것을 말해준다. 다만 하부와 후부가 편의상 하나로 통합된 형태로 존재하였다고 보게 한다.

⑤ 파루개부 소형 가군이 이로부터 동쪽으로 돌아올라가 □리 4자를 쌓았다. (卦婁盖切〈部〉小兄加群自此東迴上□里四尺治)

이 성돌은 주체 53(1964)년에 내성 정해문부근에서 발견되였다. 지금은 인민대학습당옆마당에 옮겨져 보관되여있다.

파루개부는 중부, 황부의 고구려식 부명이고 중국책들에 《桂婁》라고 쓴것은 그 생략된 표기이다. 그렇게 볼수 있는것은 지금도 평양시 모란봉구역에 《가루개》라는 지명이 남아있으며 《일본서기》(권29) 천무기 11년 6월 임술삭조에 《卦婁毛切助有》가 보이는데 毛切은 羊阝(盖部)의 략자로 보인다는데 있다. □려는 6리로 보는 설이 있다.

⑥ 본 성은 42년에 공사를 끝냈다. (本城四十二年畢役)

이것은 《평양속지》 권1, 성지조에 1714년(숙종 40년)에 북성을 복구하였다는 기사 다음에 옛 성밑에서 각석이 나왔다고 한것이다. 지금은 남아있지 않고 그것이 나온 구체적위치도 알수 없다.

《삼국사기》에 의하면 평양(장안)성은 552～586 년사이에 축조되였다. 그러므로 ①②③에 보이는 기축년은 569 년에 해당하며 ④에 보이는 병술년은 566 년에 해당한다. ②의 간지년대를 《기유》로 읽으면 529년 또는 589년이 되여 《삼국사기》기록과는 맞지 않게 된다. ⑥처럼 42 년이 걸렸다고 하더라도 그것은 성곽의 각종 부대시설까지 완공된 시기를 표시하는것이라고 보며 586년에 천도하였을 때 12 리구간이나 성벽을 쌓지 않은 상태였다고 보기 어렵다. 그러므로 기축년이 옳다고 인정한다. ⑤는 내성벽에서 나왔으니 년대표시가 없으나 ④와 같은 566 년으로 볼수 있다. 즉 이해부터 내성축조공사가 시작되였다고 보면 그 이전 10 여년간은 성돌의 채취, 가공, 운반, 기초굴착, 강변정리 등에 종사하였다고 볼수 있다. 또 내성축조가 끝난 다음 569 년에 외성축조공사가 시작되였다고 볼수 있는것이다. 《고구려 평양성》(20～29 페지)의 저자는 ④⑤사이의 거리가 2.1 키로메터라는것, 내성의 길이가 그 3 배쯤 된다는데 근거하여 내성과 북성은 동시에 쌓았고 4 개 구간으로 나뉘여 공사가 진행되였다고 보았다. 또 외성과 중성도 4 개 구간으로 나뉘여 축조공사가 진행되였다고 보았다. 그는 고구려의 1 리는 350 메터, 10 리는 3.5 키로메터이고 고구려자 1,000 자에 해당한다고 추산하였다.* 이것은 하나의 견해라고 볼수 있으나 평양성벽의 총 연장길이에 대해서는 보다 정밀한 계측이 필요하므로 앞으로 더 연구할 과제에 속한다.

* 《고구려 평양성》20～29 페지

평양 글자새긴 성돌은 고구려의 관직, 관등, 5 부의 구성 등을 리해하는데서 중요한 자료를 제공하고있으나 미해결문제도 많으며 앞으로 글자새긴 성돌이 더 발견되여야 보다 정확한 결론을 얻을수 있을것이다.

※ 《고구려사》(2) 72~75페지

Ⅷ. 력사지리

위대한 령도자 **김정일**동지께서는 다음과 같이 지적하시였다.

《력사연구에서는 사료에 대한 고증을 잘하여야 합니다.》

옛날로 소급할수록 사료는 상대적으로 적고 따라서 그에 대한 고증을 잘하는것이 중요하다. 력사지리문제는 력사적사건이 실제로 일어난 지리적위치가 어데인가를 밝히는 문제로서 고대사, 중세초기사의 연구에서는 가장 중요한 문제의 하나로 된다. 그것은 지난날의 사료자체가 너무 간단하고 또 봉건사가들의 곡필에 의하여 잘못된것이 많으며 특히 일제어용사가들에 의한 외곡이 심하였던 조건에서 더욱 중요하고 선차적인 문제의 하나로 된다.

1. 《한 4 군》과 료동군의 위치

기원전 108～107 년에 한나라가 고조선 옛 땅에 설치하였다는 《한 4 군》의 위치와 료동군의 변천을 밝히는것은 고구려의 국토통합, 반침략투쟁의 과정을 바로 리해하는데서 필수적인 요구로 된다.

1) 《한 4 군》의 위치문제가 제기되게 된 리유

지난날 봉건사가들은 한나라가 설치하였다는 4 군의 위치를 애매모호하게 써놓았다. 즉 락랑군의 위치를 조선반도안에 있었던것으로 리해하게 써놓은 구절들을 남겨놓았다. 그리하여 그것은 오래동안 미해결문제로 남아있었다.

일제어용사가들은 중국사료들의 불비한 점들을 악용하여 고조선말기의 령역이 압록강[*1] 또는 청천강[*2] 이남에 국한되여있었다고 주장하였으며 고구려도 현도군에 편입되여 그 한개 현으로 존재한것처럼 보았다. 그들은 락랑군이 오늘의 평양을 중심으로 서북조선을 다 차지하고있었고 림둔군은 강원도의 대부분을 차지하고있었다고 하였으며 어떤자들은 진반군은 락랑군의 남부 오늘의 황해남북도, 지어는 충청남북도, 전라북도 지역까지 차지하였다고 주장하였다.[*3]

[*1] 다께다:《조선사》(세계각국사 17)(일문) 23 페지; 이께우찌 히로시:《만선사연구》(상세편)(일문) 소꼬꾸샤, 1951 년, 31 페지
[*2] 이마니시 류:《조선사의 간》(일문) 74 페지
[*3] 이마니시:《조선고사의 연구》(일문) 1970 년, 267 페지
리병도:《한국사》(고대편) 1970 년, 207 페지; 이께우찌: 상게서 149 페지

이것은 고구려사, 고조선말기의 력사 더 나아가서는 우리 민족사를 과학적으로 체계화하는데서 커다란 지장을 주었다. 오늘날도 다른 나라의 많은 학자들이 일제사가들의 견해를 추종하고있다. 그러므로 이 문제는 여전히 우리가 해결해야 할

당면한 중요문제의 하나로 되고있다.

《한 4 군》과 관련한 력사지리문제에서 오유가 발생하게 된 리유는 무엇보다먼저 기원전 108 년 당시 한 무제를 비롯한 한나라 통치배들이 고조선령토의 일부 즉 오늘의 압록강류역 북쪽지역만을 점령하고 그곳에 《4 군》을 두었음에도 불구하고 고조선전지역을 다 차지하고서 거기에 락랑, 현도, 림둔, 진반 4군을 두었던것처럼 써놓았고(《한서》권 6 무제기 6 원봉 3 년) 그것을 《합리화》하기 위하여 일부 조선반도안의 지명들 례컨대 《락랑》, 《대방》, 《패수》, 《불내》, 《화려》, 《서개마》 같은 지명들을 료동방면의 지명으로 만들어 놓았다는데 있다. 이것은 한 무제의 최초의 침략기도가 실패한것을 가리우고 고조선 땅전부를 점령한것처럼 위조하는것이 자국인민들을 기만하고 또 한 무제의 허영심을 만족시켜줄수 있었기때문이다.

《한 4 군》의 위치비정에서 혼란이 생기게 된 중요한 원인은 다음으로 《한서》의 편찬자 반고가 지리지서술에서 기원전후시기의 락랑군, 현도군, 료동군의 위치를 쓰면서 렬수가 조선반도안에 있었던것으로, 서개마현에서 발원하는 마지수가 오늘의 자강도 장자강인것으로 잘못 써놓았다는데 있다. 이것은 반고가 기원전 108년에 4군을 설치하였다는 《사기》의 기사를 믿고 그것을 뒤받침하기 위하여 한무제의 고조선침공당시 즉 고조선말기의 력사지리자료들을 일부 인용하였기때문이라고 볼수 있다. 다시말하면 기원전후시기의 료동군, 현도군안을 흐르는 큰 강들인 료수, 소료수, 대량수, 염난수를 각각 오늘의 료하, 혼하, 태자하, 압록강에 해당한것으로 보았으며 락랑군안을 흐르는 렬수는 본래 료동에 있던 료하의 고조선때 이름인데 그것을 옛 고조선의 중심지역-락랑지방에 있는 큰

강, 820리를 서쪽으로 흘러 바다에 들어가는 큰 강으로 만들어 놓았던것이다. 또 현도군 서개마현도 압록강이북지역에 지명을 옮겼으나 그 주석에 보이는 마지수관계기사는 본래의 서개마지방의 지리를 옮겨놓았다. 《후한서》나 《삼국지》의 예전, 동옥저전 등에서 림둔군이 오늘의 강원도방면에 있었던것처럼 써놓은것도 반고의 이 잘못을 가지고 한걸음 더 추측하여 써놓은 기사일뿐이다.

그러나 거짓은 다 감추어내지 못하는 법이다. 례하면 현도군은 기원전 107년에야 설치한것으로 쓰기도 하였고(《한서》 권 28 지리지) 또 4군이 아니라 3군만을 설치하였다고도 하였다. (《한서》 권 27 오행지) 그리고 력대의 주석가들은 락랑군이나 렬수가 료동에 있다고 하거나(《후한서》 권 1 리현의 주석)·료동지방에는 락랑군, 현도군만이 있었다고 하는 기록을 인용하였다. (두우: 《통전》 권 186 고구려전)

료동군의 위치는 본래 한초에 오늘의 산해관안팎—란하계선에 있었으나 《한서》 지리지에는 오늘의 료하좌우—압록강하구일대에 걸쳐 있었던것으로 되여있고 그 현이름들인 《양평》, 《료양》도 본래 산해관안에 있던 지명을 옮겨놓은것이다. 또한 료동군은 진나라때부터 이미 료하좌우에 있었던것으로 리해되게끔 써놓았다. 그러나 이에 대해서도 리현은 2세기말당시의 료동군 양평이 당나라때 평주 로롱(오늘의 산해관이서)에 있었다고 주석하였다. (《후한서》 권 114 원소렬전의 공손도판계기사)

이로 말미암아 락랑군 등 4군의 위치문제는 그후에도 오래동안 미결문제로 남아있었다. 그러다가 북위의 력도원이 515~524년사이에 《수경주》를 쓰면서 북위를 방문한 고구려사신에게 패수(오늘의 대동강)의 흐름새에 대하여 물었을 때 고구려사신이 패수는(당시의 수도 《대성산일대》에서) 서쪽으로 흐르다가 옛 락랑, 조선(락랑국과 조선후국)의 치소를 지나 서북으로 흐른다고 대답한것을 자의적으로 해석하여 락랑군 조선현의 치소로 보고 써놓은 다음 당나라때의 많은 학자들이 락랑군 중심지가 고구려수도 평양부근에 있었다고 보게 되였다.

그후 력대 사가들이 대부분 락랑군을 서북조선에 있었다고 보게 되였으나 그래도 일부 학자들은 락랑군이 료동에 있었다고 보았다. (박지원:《열하일기》 등) 일제는 조선을 강점한 첫 시기에 《락랑군 평양설》을 증명하기 위하여 평양의 락랑구역 일대에서 발굴된 일부 《한식유물》들을 리용하는 한편 룡강군 해운면 운평동(오늘의 평남 온천군 성현리)에다 료동반도에 있던 락랑군 소속현인 점제현의 비석을 몰래 옮겨다놓았으며 점제현이 이곳이니 렬수는 대동강이 틀림없고 락랑군은 평양에 있었다고 뇌까렸던것이다. (Ⅶ3 참조)

《한4군》설치당시 그 령역이 압록강류역이남으로 나오지 못하였다는것은 고조선말기의 서변—한나라와의 경계지방을 흐르던 강인 패수는 분명히 오늘의 대릉하이고 한나라가 함락시켰다는 고조선의 수도 왕검성은 료동반도 개주시부근에 있었던 부수도 왕검성이였으며 한나라침략군은 고조선인민들과 고구려인민들의 완강한 반침략투쟁에 의하여 압록강이남지역으로는 나오지 못하였다는 사실에 의하여 증명된다.

기원전 209년경에 연나라땅에 남아있던 고조선계 주민인 만(위만)은 패수를 건너서 동쪽으로 왔으며 고조선 준왕의 신임을 받아 서변 100 리 땅을 봉지로 받았는데 이곳은 《진나라의 옛 공지(빈땅) 상하장》이 있었던곳으로서 고조선이 되찾았던 지역이다. 만이 처음 후왕으로 되였을 때의 수도인 험독은 오늘의 료하이서 의무려산동남에 있었던것이 분명하다.

고조선-한전쟁때 고조선의 패수서군, 패수상군과 싸운 한 나라군대는 패수(대룡하)를 건느자 곧 왕검성밑으로 다가왔다. 이때는 겨울이였으므로 료하, 요양하 등은 완전히 얼어붙어있 었기때문에 적군은 100~200 리 길을 손쉽게 지나서 단숨에 왕 검성밑으로 올수 있었던것이다.

한나라 수군장수 양복이 발해를 건너서 렬구에 도착하여 륙 군이 오기를 기다리게 된 렬구(렬수의 하구)도 왕검성 가까이 에 있었다. 그러므로 고조선에서는 오늘의 료하를 렬수로 불 렀던것이다.(고구려때에는 오늘의 태자하가 오렬수였다.)

당시 고조선의 우거왕은 태자, 대신들과 함께 부수도 왕검 성에 나가있었다. 그리하여 우거왕의 죽음과 부수도 왕검성의 함락으로 고조선왕조는 멸망하였다. 그러나 고조선인민들은 완강한 방어전을 계속함으로써 적군을 서북조선에 들여놓지 않았다. 또 압록강중류일대에는 강대한 나라 고구려가 있었으 니 침략군은 그 변방을 일시적으로 침범하였을뿐이였다.

압록강하류류역 이남에는 락랑국, 황룡국 등 고조선유민들 이 세운 나라들이 있었고 그들이 남긴 력사문화유적유물만이 있을뿐이다. 그리고 후한초인 기원 37 년 이후에는 오늘의 평 양일대에는 고구려의 《조선》후국이 있었다. 《후한서》나 《삼국 지》에 고구려가 남으로 《조선, 예맥》과 접해있었다고 한것은 오늘의 서북조선에 락랑군이 없었다는것을 증명해준다.

이상과 같은 사실을 통하여 락랑, 림둔, 현도의 3 개 군만 이 설치되였고 그것은 다 압록강류역이북 고구려서변이서지역 에 있었다는것을 알수 있으며 오늘의 함경남도로 비정되는 진반지역에는 진반군을 둘수 없었다는것을 알수 있다. (만일 형식상으로 진반군을 두었다면 《교군》으로서 현도군의 더부살이하는 이름만 붙여놓은 《군》이였을것이다.)

2) 《한 4 군》설치 당시의 위치

그러면 고조선멸망직후시기의 락랑, 림둔, 현도군의 위치는 어데였겠는가? 두우는 《통전》 고구려전의 한 주석에서 고구려령토에 대하여 설명하면서 《한나라 락랑, 현도군 땅인데 … 불내, 둔유, 대방, 안시, 평곽, 안평, 거취, 문성(문현)은 다 한나라 2 군의 땅이다.》라고 하였다. 그런데 《한서》 지리지에 의하면 그중 불내, 둔유, 대방만이 락랑군소속이고 안시, 평곽, 안평(서안평), 거취, 문현은 다 료동군소속이며 현도군소속현명은 하나도 없다. 이것은 두우가 리용한 지리지자료가 료동군 동천이전 그리고 기원전 82 년에 림둔군(불내현이 속해 있던)이 락랑군에 편입된 직후의 사실을 반영한것이였음을 말해준다. 《한서》 지리지 락랑군소속현가운데 패수현, 렬구현이 있는 사실을 참고한다면 기원전 108 년에 설치된 락랑군은 대릉하이동(패수현), 료하하구(렬구현)를 포함하여 료하서쪽의 몇개 현과 단단대령(천산산줄기)에서의 몇개 현을 차지하였고 현도군은 문현, 평곽현, 거취현을 포함하여 오늘의 안산이북 철령이남 지역들을 차지하고있었으며 기원전 82 년 이전의 림둔군은 단단대령이동 서안평현과 그 부근일대까지 차지하고있었다고 볼수 있다.

3) 《2 군페함》과 료동군의 동천, 락랑, 현도군의 축소

　고구려인민들파 고조선유민들의 반침략투쟁이 강화되자 종전의 통치질서를 더는 유지할수 없게 된 한나라통치배들은 기원전 82년에 《2군을 페함》하였다. 즉 림둔군은 락랑군에 합치고 이름만 있던 진반군은 현도군에 《합치는》 형식을 취하지 않을수 없었다. 그리고도 얼마후 기원전 70년대초에는 한나라 동방의 비교적 유력한 군이였던 료동군을 동쪽으로 옮겨 《한서》 지리지에 반영된 지역들을 차지하게 하였다. 이때 산해관부근에 있던 《양평현》, 《료양현》 지명도 료하이동으로 옮겨졌다. 또 이때부터 렬수(료하)는 료수로 불리우게 되였다.

　그 결과 락랑군은 료하이서의 현들을 료동군에 넘겨주고 료동반도일대로 축소되였으며 (패수현, 렬구현은 그 위치를 옮기였다.) 또 옛 림둔군지역에서도 서안평현, 무차현 등을 료동군에 이관하였다.

　또 현도군은 대부분지역을 료동군에 넘겨주고 《고구려》, 《상은대》, 《서개마》의 3현만을 가진 작은 군으로 되였다. 이때부터 《고구려현》이 현도군의 수현으로 되였다고 보인다. 《삼국지》나 《후한서》에 현도군 수현이 처음 옥저성(옥저현)에 있었던것처럼 씌여진것은 림둔군소속의 부조(夫租)현이 옥조(天租)현으로 잘못 쓰인 기록에 의거하였고 또 림둔군(예지역)이 강원도북부에 있었다고 잘못본데 그 원인이 있다. 《고구려》현은 기원전 107년에 침략군이 고구려의 서북변(오늘의 청원현 일부)에 침입한때 붙인 이름이였으나 그후 서쪽으로 쫓겨나서 기원전 82년당시에는 오늘의 무순부근에 가있었다.

　《한서》 지리지 현도군조 주석에 《옛 진반조선호국》이라고 한것은 진반군을 현도군에 합했다고 선포한것을 사실처럼 보이기 위하여 《진반》이라고 써붙인것이고 《조선》이라고 한것은 현도군이 처음부터 옛 고조선령역을 위주로 설치되였기때문이다. 그리고 《고구려현》조 주석에 료수(소료수)가 발원한다고 쓴것은 처음 설치된 《고구려현》이 청원현서부에 자리잡았기때문이다.

료동군이 기원전 70년대초에 동천하였다고 보는것은 기원전 76～75년에 한나라가 전국각지의 죄수들을 모아다가 료동현도성을 쌓았는데 그것은 료동군, 현도군을 보호하기 위한 새원을 쌓은것을 의미하며 그렇다면 그보다 몇해전에는 료동군이 료하이동으로 옮겨와있어야 하기때문이다.

일부 견해에는 료동군소속이 평곽현은 웅악성부근에, 문현은 영구(대석교)부근에, 답씨현은 료동반도끝에 있었다고 보면서 료동반도지역에는 락랑군이 있을 자리가 없다고 하고 있다. 그러나 그것은 잘못이다. 평곽현은 철산지로서 유명한 안산부근으로 보아야 하며 문현은 심양서북 료하이서에 있었던것으로 보아야 한다. 《삼국지》권 4 위서 정시 1년(240년) 2월 병술조에는 료동군의 문현, 북풍현의 백성들이 산동반도로 피난하였다는 기사가 있는데 큰 자연재해 또는 전쟁이 있었을 때 피해를 입은 두 현은 서로 가까운곳에 있었다고 볼수 있다. 또 438년 풍홍사건을 계기로 료동에 온 송나라 군대는 료하하류부근에 있은 북풍땅으로 갔으며 395년에 광개토왕이 비려정벌후 양평(료양)으로 가는 도중에 지나간 지명의 하나가 북풍이다. 그러므로 북풍이 심양서북에 있었다는것은 명백하다. 문성(문현)으로 말하면 333년에 모용인이 형 모용황의 군대와 싸워 료하이동지방을 다 차지하게 된 중요계기로 된 전투가 있었던곳이므로 역시 북풍이서 오늘의 신민부근에 있었다고 볼수 있다.

또 답씨현은 안사고의 주석에 무릇 《씨》자 붙은 지명은 모두 그런 강이 있었기때문에 붙인것이다라고 하였는데 료동반도끝 대련시 금현일대에 그러한 강은 없다. 그러므로 그것은 평곽서남 료하하구부근에나 있었을것이다. 그리고 료동군 무차현은 동부도위부가 있던곳인데 후한때에는 이미 없어진 현이므로 보통 오늘의 봉성현부근에 있었던것으로 본다.

이와 같이 볼 때 료동반도 해성—영구이남, 대양하이서지역에는 료동군속현들이 없었으며 따라서 거기에 락랑군(축소된)이 있었다고 볼수 있는것이다.

4) 연, 진 장성과 한나라 새원

지난날 일부 학자들은 기원전 3 세기초 연나라 장수 진개가 고조선의 서방 2,000 리 땅을 점령하고 만반한으로써 경계를 삼았다고 한 《위략》의 기사를 놓고 압록강까지 왔다느니(정약용, 쯔다, 다께다) 청천강까지 왔다느니(이마니시, 리병도)라고 하였으며 《중국력사지도집》(1, 2)에도 연나라 료동군의 동단이 청천강으로 표시되여있고 연나라 장성의 동단도 평북 박천에 이른것으로 썼으며 진나라 장성은 더 연장되여 안주, 숙천, 평원을 지나 증산군 석다리부근에 이른것으로 그려놓았다. 또 한나라 락랑군은 대동강~한강류역에, 림둔군은 강원도지역에 있었던것으로 표시되여있다.

이러한 견해들은 《만반한》의 《반한》이 료동군소속현이며 거기에는 새밖에서 나와 서남으로 흘러 바다에 들어가는 배수(沛水), 한수(汗水)가 있다고 한 《한서》 지리지의 기록을 보면서 오늘의 대령강을 배수로 비정한데서 생겨난것이다. 그러나 연장성의 동단은 《사기》 흉노렬전에 의하면 양평에서 끝나며 또 진나라 장성의 동단은 《갈석》에 있었다. 그렇다면 갈석부근이 양평이라야 하겠는데 양평현은 오늘의 료양에 표식되여있다. 이것은 자체 모순이다. 또 갈석은 1982~1984년에 중국고고학자들이 발굴한바에 의하면 료녕성 수중현 만가향의 바다가에 있었다. 그러므로 연장성의 동단이 박천까지 온다는것은 말이 안된다. 이미 앞에서도 본바와 같이 만반한은 한나라 료동군의 문현, 반한현 지역을 이전부터 문반한=만반한이라고 부르는데서 생긴 이름이고 배수와 한수는 료하이서 요양하, 동사하를 가리킨다. 거기라면 한나라 새원이 강물의 종허리를 지났으니 지리지 반한현조의 주석이 맞는것이다.

또 료동고새(진장성의 동단의 요새), 패수, 한수, 렬수의 상대적위치로 보아서도 만반한은 거기라야 맞는다. 게다가 문현은 대석교(영구)부근이 아니라 심양서북인 북풍 가까이에 있었으니 오늘의 신민현서남일대에 해당한다.

《사기》 몽념렬전에 의하면 진나라 장성은 연나라 장성을 보수개축한것이다. 《진서》(권 42) 당빈렬전에 의하면 그 동단은 갈석에 있었다. 그러므로 연, 진 장성의 기본흐름은 같은것이다. 일부 학자들은 하북성 위장에서 동쪽으로 료녕성 부신부근까지 불련속적으로 남아있는 방어시설과 그 남쪽 수십키로메터를 상거한곳에 그와 병행하여있는 방어시설이 곧 진나라 장성, 연나라 장성이라고 보면서 그것이 료동쪽으로 연장되여있었다고 보았으나 아무런 물질적자료도 제시하지 못하였다.

이 방어시설은 기본장성을 보강하기 위하여 그 전방에 구축한 토성위주의 간단한 시설로서 하나의 가지장성, 보조장성으로 볼수 있으며 《진고공지 상하장》의 장(障)시설에 해당한다.

료동지방 철령부근에서 시작하여 무순동쪽, 본계동쪽, 봉성동쪽을 지나 압록강구부근에 이르는 장성시설은 기원전 75년에 쌓은 한나라의 새원시설이며 그끝이 압록강을 넘어선 일은 없다.

오늘의 평안북도 천마, 구성, 태천, 구장군을 지나는 장성 그리고 대령강반의 장성은 다 서북으로부터 오는 적을 막기 위한것으로서 고구려때에 쌓은것이라고 인정된다. 그리고 녕변, 박천 동쪽 청천강서안에는 그 어떤 장성도 없다. 평안남도 숙천이나 평원에는 길목 곳곳에 역시 서북방에서 들어오는 적을 막기 위한 차단성들이 있었을뿐이다. 이것은 연, 진, 한의 장성, 새원과는 그 목적과 사명이 정반대되는것이다.

오늘의 만리장성계선에는 명나라가 벽돌로 쌓기 이전시기 연, 진, 한 이후시기에도 옛 장성의 유적들이 곳곳에 남아있었다. 3세기말엽 진나라때 당빈이 온성에서 갈석까지 보축한것은 진장성의 옛터를 따라서 한것이고 조위때나 전연때에 넘어다녔다는 로룡새, 예옹새도 그 유적이다. 550년때에 북제가 쌓은 장성도 진장성을 리용한것이다. 732년에 발해 무왕이 마도산(도산)부근으로 진격하였을 때 당나라가 단시일내에 400리 석축장성을 쌓은것은 예로부터 내려오던 장성시설이 무너진것을 리용한것이다.

이상에서 본바와 같이 연, 진 장성의 동단이 갈석이였다는것은 전한초 료동군이 오늘의 산해관안팎에 있었다는것을 웅변으로 증명하여주며 다른 자료들과 함께 한나라 료동군, 락랑군 등의 위치가 압록강이북에 있었다는것을 명확히 보여주는것이다.

2. 환도성(2세기말~4세기중엽)의 위치, 남도와 북도

198년(산상왕 2년)에 쌓았고 209년에 국내성으로부터 수도를 옮겨간 환도성은 그후 246년 위나라 관구검의 침입때에 함락, 파괴된 일이 있고 342년에 다시 수축하여 고국원왕이 그곳에 나가있다가 모용황의 침입으로 함락, 파괴되였다. 이 환도성의 위치에 대하여서는 지난날 많은 론의들이 있었다.

어떤 학자들은 오늘의 집안서남 200리 가량 되는 자강도 초산 건너편이라고도 하고 유수림자부근이라고도 하였으나*¹ 거기에는 고구려무덤들이 더러 있어도 큰것은 없으며 또 부근에 산성도 없다.

다른 학자들은 처음에는 졸본성을 수도로 삼고있다가 209년에 비로소 집안 국내성으로 옮겼으며 환도성은 곧 국내성(불내성)이며 구체적으로는 집안의 산성자산성이라고 하였다.*²

또 다른 견해는 이 시기의 환도성을 비류수(혼강)가로 비정한 설이다.*³ 그러나 그 지점을 찍지 못하였다.

*¹ 《나까미찌요유서》 104페지; 세끼노 《조선의 건축과 예술》 301~323페지

*² 다께다: 《조선사》(세계각국사 17) 야마가와출판사, 1985년, 30~31페지; 《조선학보》(일문) 제1집 1951년, 22~35페지

*³ 《고구려력사연구》 김일성종합대학출판사, 주체 71(1982)년, 17페지

지난날 이 세가지 설가운데서 제일 유력하였던것은 환도성=산성자산성설이였다. 그것은 오늘도 일부 다른 나라들에

서 통설처럼 되고있다. 그들이 그렇게 보는 근거들은 다음과 같다.

첫째로, 246년에 위나라 장수 관구검이 고구려를 침공하여 환도성과 불내성을 함락시켰는데 이때 그는 《말허리띠를 조이고 수레를 달아맨채 환도성으로 올라간것》으로 되여있다. 그런데 1906년에 집안현 서쪽 소판차령에서 도로보수공사때에 발견된 석각단편(26.5×26 센치메터)에 관구검이 부하장수들을 시켜 고구려를 공격한 내용이 씌여있으므로 이것을 《삼국지》에 보이는 관구검이 불내성에 새김글을 썼다는 기사와 련결시켜 《관구검기공비》의 단편이라고 주장하는것이다. 그러나 이 석각은 복원하더라도 사방 30센치를 크게 넘지 않는 매우 작고 얇은 돌판에 새긴것이고 또 그 내용에도 관구검에 대한것이 없으며 년대도 정시 6년이여서 관구검자신이 침입한 해와 맞지 않는다. 관구검전에는 《환도산(석벽)을 깎아서》 글을 새긴것으로 되여있으니 그것과도 맞지 않는다. 또 그 부근에는 성이 없고 수십리를 더 가야 산성자산성에 이른다. 그러므로 이것은 《관구검기공비》가 아니라 그전에 그 부하들이 침공한 사실을 적어놓은것이며 환도성의 위치를 규정해주는 자료로 될수 없다.

둘째로, 342년에 모용황의 침공당시에 환도성으로 올 때 리용된 남도와 북도의 지세로 보아서 《좁고 험한》 남도는 집안 서쪽 패왕조산성쪽에서 신개하를 따라 올라와서 판차령을 지나 집안으로 나오는 길이라고 보는것이다. 그러나 이것은 첫째 근거를 전제로 하고 말하는 설이다. 그뿐아니라 만일 환도성이 집안 산성자산성이라면 남소성부근에서 갈라진다고 보이는 두길은 남도에도 험한곳이 많고 평탄한곳도 많으며 또 북도에도 청원, 류하, 통화를 거쳐오는 사이에 험한 령들이 5～6 개나 있으니 지세가 기록과는 맞지 않는다.*

* 남도와 북도에 대해서도 그 분기점인 남소성을 어데로 보는가에 따라 여러가지 설이 있다. 그러나 《자치통감》(권 97 함강 8년 10 월조)에 의하면 그다음에 남도로는 목저성으로 나가는것만큼 남소성도 혼하, 소자하의 합류지점부근에서 찾아야 할것이다.

셋째로, 환도성―산성자산성설의 《근거》는 고구려가 그때까지 소수(비류수)가인 졸본성(환인부근)에 수도를 두고있었는데 197 년에 발기반란에 의하여 비류수일대가 발기의 세력권안에 들어갔기때문에 산상왕이 하는수 없이 《신국(새 수도)》(환도성)을 대수(압록강)가에 건설하였다고 보는것이다.

이것은 《삼국지》고구려전의 기록을 일방적으로 믿고 공손도나 공손강이 197 년과 204 년경에 고구려침공에서 승리한것으로 보고 《삼국사기》의 기록을 도외시한데 그 원인이 있다. 또 《소수》의 위치를 잘못 리해한데 있다. 다시말하면 《삼국지》에는 발기가 공손강에게로 가서 항복했다가 비류수가에 되돌아와서 살던것으로 그것도 건안년간(196～220 년)에 공손강이 고구려를 쳐서 그 나라를 파괴하고 읍락을 불태운 뒤로 만들고 이이모(산상왕)는 발기가 반란을 일으킨 다음에 《신국》을 만든것으로 써놓았고 발기는 다시 료동군으로 간것으로 만들어놓았다. 이것은 발기사건, 신국=환도성건설과 천도를 사실과는 맞지 않게 되는대로 엮어놓은것이다. 실지로는 《삼국사기》 산상왕즉위년조에 있는대로 발기의 반란사건은 197 년에 일어났으며 이때 발기편을 들어 침입한 공손도의 군대는 격파되고 발기는 죽었던것이다. 이듬해 198년에 환도성을 쌓고 209 년에 림시로 수도를 옮기게 된것은 공손세력의 침입을 막고 더 서쪽으로 진출하기 위하여 취한 적극적인 정책의 산물이였다. 공손강이 204 년에 료동태수로 되면서 다시 침입한것도 좌원에서 싸워 큰 패배를 안겨준 사건이였다.(《삼국사기》에는 20 년 전인 184 년의 사건으로 잘못 정리되여있다. 그것은 공손도와의 관계가 20 년전인 169 년조에 정리된것과 같은 리유에서이다.)(Ⅳ 3 참조)

그러므로 발기사건으로 고구려가 후퇴한것이 아니라 반대로 국내성에서 서쪽 200 여리 되는 비류수가의 환도성으로 진출한것이였다. 《소수》는 비류수가가 아니라 서안평현에서 남류하여 바다로 들어가는 강이며 그것은 고구려 5 부주민과는 다른 맥인(소수맥)이 살던곳이다.

셋째로, 《신당서》 지리지의 이른바 가탐의 도리기에 발해의 압록도에 대하여 쓰면서 압록강어구에서 130 리 되는곳이 박작구이고 거기서 500 리를 거슬러올라가면 구도성이고 다시 200 리 더 올라가면 신주라고 한 기사에 보이는 구도성(九都城)은 곧 환도성인데 그것은 집안(국내성)을 가리킨다고 하는것이다. 《발해국지장편》의 저자 김육불은 발해때 서경압록부의 수주(首州)가 신주(오늘의 림강)이고 그것은 료나라때 록주이며 발해때의 환주 환도현은 곧 환도성이 있던곳이니 지금의 집안이 곧 환도라고 보았다. 그러나 《료사》 지리지에는 록주에 둘레 20 리 되는 돌성이 있다고 하였으니 록주는 곧 집안이라야 한다.(림강에는 큰 성이 없다.) 그러므로 록주서남 200 리 되는곳에 위치한 환주(환도)는 집안이 아니다. 김육불의 오유는 발해때 서경압록부는 신주에 있은것이 아니라 따로 자기 지속의 행정구역을 가지고있는 독립적인 행정단위이기도 하였다는것을 간과한데 있다. 후기신라의 5소경도 자기 직속지역을 가지고있었다는것을 고려할 필요가 있다. 발해의 서경압록부직속지역은 료나라때 록주로 개편되였던것이다.

또 구도성은 압록강가에 있었으니 《구(舊)도성》(국내성)인데 그것을 음운이 같은 《구(九)》로 잘못 써놓은것으로 보아야 할것이다. 더우기 김육불은 소위 《관구검기공비》를 인정한 기초우에서 환도성=국내성설을 내놓았으니 그 립론이 정확할수 없는것이다.＊

＊ 이밖에도 환도성, 국내성의 위치문제에 대해서는 각이한 설들이 있었으나 1930년대말엽이후로는 대체로 우에 든 3개 설로 나누어볼수 있다.

그러면 환도성의 구체적위치는 어데인가. 142년(태조대왕 90년) 9월에 환도에서 지진이 일어났다. 124년에는 경도(수도)에서 지진이 일어났다고 하였다. 만일 국내성과 환도성이 불과 2.5키로메터밖에 상거하지 않는곳에 있었다면 수도, 경도라고 쓰지 않고 환도라고 쓸수 없을것이다. 즉 환도는 국내성에서 못해도 100리이상 떨어진곳에 있어야 한다.

《자치통감》(권25 위기 소룡려공) 정시 7년조기사의 주석에는 《고구려가 환도아래에 새 수도를 정했는데 (그것은) 비류수 (혼강)서쪽에 있었다.》고 하였다. 또 《료사》지리지에는 그것이 발해때 서경압록부 소재지였던 료나라의 록주 서남 200리에 있다고 하였다. 이러한 자료들을 종합해본다면 환도성은 오늘의 오녀산성이나 혹구산성(고려성자)일수 있다. 혹구산성은 둘레가 1,493메터 되는 비교적 작은 성이고 또 거기서는 궁전터로 볼만한 큰 건물터도 발견되지 않았으며 산아래에 도

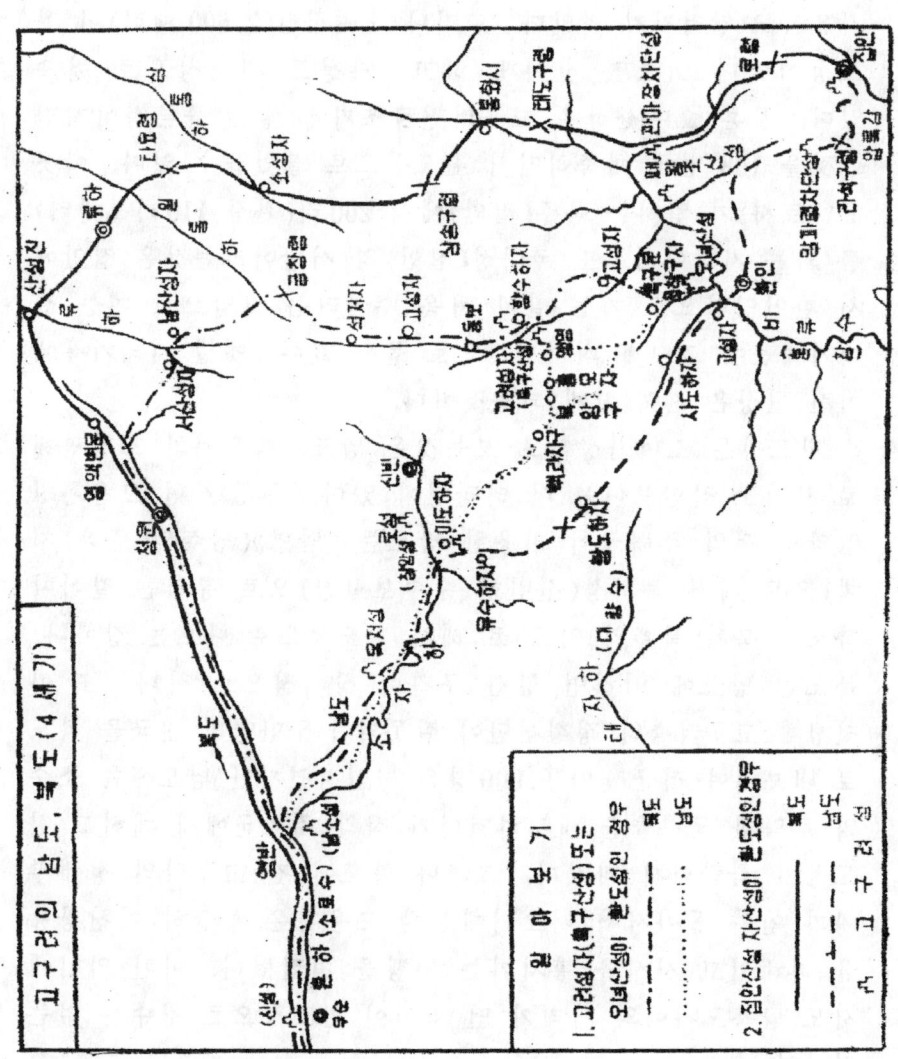

시유적도 알려지지 않았다. 그러나 오녀산성(2,600메터)이 환도성이였다고 보면 산아래 하고성자성도 평지성으로 될수 있다. 물론 오녀산성은 고구려건국초기에 쌓은 졸본성이지만 그것을 198년에 개축하면서 환도성으로 불렀을수 있다. 이곳은 《료사》가 말하는 록주(집안)에서 200리(환산 110키로메터)쯤 되는 지점이다. 또 국내성(집안)의 서남이라는것은 집안에서 환인방면으로 가는 길이 처음 수십리는 서남으로 가는 길이기때문에 그렇게 씌여진것으로 볼수 있다. 옛날 지리기록에 이런 현상은 흔히 보게 되는것이다.

환도성은 오녀산성으로 보는것은 남도, 북도와의 호상관계로 보아도 집안보다는 더 타당성이 있다. 즉 342년 모용황침입당시 적의 주력군이 리용한 남도는 《남협》(남쪽의 좁은 지대)으로 해서 목저성(신빈현 수수보산성)으로 통하는 길이며 북도는 북치(북쪽의 역로)로 해서 환도성으로 나오는 길이다. 북도는 남도에 비하면 험한 구간이 상대적으로 적다. 또 이 전쟁때 고구려측의 정황판단이 잘못되여 5만명의 대군을 북도로 내보내여 적군 1만 5,000명은 전멸시켰지만 남도에는 소수의 로약한 군사들을 배치하였다가 적의 주력군에게 패하고 환도성이 함락되게 되였다. 그러나 북도에 간 고구려의 정예부대가 인차 돌아서서 나오기때문에 모용황은 황급히 미천왕릉을 파헤치고 시신을 훔쳐가는 만행을 저질렀다. 이런 의미에서도 남북도사이의 거리가 먼 집안이 환도성으로 될수는 없는것이다.

환도성의 위치가 어데인가에 따라 3~4세기당시 고구려의 력사는 많이 달라진다. 일본인학자들은 예나이제나 고구려의 국력을 얕보고 고구려가 침략자들에게 몰리우고 수세에 빠져

허우적거렸다고 보는 립장에 서있는것이다. 그러므로 우리는 력사적사실을 똑바로 밝힘으로써 고구려사를 더욱 빛내여나가야 할것이다.

※ 《고구려사》(1) 135~139 페지

《고구려의 남도, 북도와 환도성의 위치에 대하여》(1, 2)[《력사과학》주체 78(1989)년 3, 4 호]

3. 247년 평양성의 위치

《삼국사기》에 의하면 246 년 관구검의 침공으로 환도성이 파괴되여 수도구실을 할수 없게 되였기때문에 247 년(동천왕 21 년) 2 월에 평양성을 쌓고 종묘, 사직과 백성들을 옮겼다고 하였다. 그러면서 평양은 본래 선인 왕검의 거처였다고 하였다.

여기서 주의해야 할 점은 평양성을 쌓은 기간이 불과 두어달밖에 안된다는것이며 또 그곳은 선인 왕검(단군왕검)의 거처 — 도읍지였다는것이다.

1325 년에 리숙기가 쓴 사공 조연수묘지명에도 선인 왕검은 삼한이전에 1 천년이상 산 사람으로서 평양성을 처음 쌓은 사람이라고 하였다. 이것은 247 년 평양성이 곧 단군조선때의 수도 평양성일수 있다는것을 말해주고있다. 또한 334 년에 평양성을 증축하였고 343 년에 평양동황성에 국왕이 처소를 옮긴것과도 밀접한 관계가 있다.

지난날 일제시기 사가들은 247 년당시 평양일대는 락랑군의 중심지였다고 보면서 평양천도는 잘못된 기사라고 하여 무시하거나 압록강류역에 있던것으로 보거나 일시적으로 평양지방에 왔던것으로 보거나 강계부근에 있던것으로 보았다.*

* 오다:《조산사대계·상세사》73 페지;《조선학보》제 1 집 1951년 18, 26 페지; 이마니시:《조선사의 간》88 페지; 리병도:《한국사》(고대편) 1959년, 339 페지 등

그러므로 247 년 평양성의 위치를 해명하는것은 3~4 세기 고구려사의 옳바른 리해를 위하여 더 나아가서는 고조선력사를 해명하는데서 매우 중요한 의의가 있다.

봉건시대이래 조선의 력사가들은 거의 모두가 247 년 평양성이 오늘의 평양에 있다고 보았다. 그러나 그 구체적위치에 대해서는 각이한 견해들을 내놓았다.

① 오늘의 평천구역일대로 보는 설(《고고민속》주체 54<1965>년 3호, 26 페지),《평양략지》1928년 성지조)

② 6세기 고구려 평양성의 북성으로 보는 설(《고고민속》주체 55<1966>년 2호, 14 페지)

③ 우와 같은 성의 북성과 내성으로 보는 설(《평양지》1936년, 37 페지)

④ 우와 같은 성의 내성으로 보는 설(《평양대지》1934 년 명승고적;《평양속지》루대조)

⑤ 대성산성설(《고구려력사연구》김일성종합대학출판사, 주체 71<1982>년, 12 페지)

⑥ 청암리성과 북성을 결합시켜본 설(《고구려사》(1) 153~154페지)

⑥은 필자자신의 설인데 북성이 247 년 평양성안에 포함되

는가에 대해서는 확신이 없고 앞으로 더 연구해볼 필요가 있다고 본다. 그러나 청암리성이 247년 평양성이라는것은 확고하다고 본다. 그 리유는 ①～⑤설이 잘 맞지 않는 대신에 청암리성설은 여러가지 근거로 증명할수 있다는데 있다.

①은 그 부근에 해당한 성자리가 없기때문에 성립되기 어렵다.

②는 북성이 유사시에 방어하기는 좋으나 너무 좁고 험하여 왕궁, 관청 등이 다 들어갈 자리가 없다.

③, ④, ⑤는 성이 너무 크고 지형도 험하여 몇달안으로 성을 쌓을수 없었다고 보인다.

필자가 청암리성으로 보는것은 《삼국유사》(권 3 보장봉로 보덕이암)에 나오는 《옛 평양성》이 곧 청암리성으로 될수밖에 없다는데 있다. 《삼국유사》의 해당 기사는 다음과 같다.

《도사들이 국내의 유명한 산천을 다니면서 토지신을 제압하였다. 옛 평양성은 신월성(초생달, 반달모양의 성)이다. 도사들이 주문을 외워 남하의 룡으로 하여금 보축하여 만월성(둥근모양의 성)을 만들고 이에 따라 이름을 <룡언성>이라고 하였다. …혹은 신령스러운 돌[민간에서 도제암이라고도 하고 조천석이라고도 한다…]을 깨뜨리기도 하였다.》

여기서 룡을 시켜 쌓았다는것은 허황한 이야기지만 《룡언성》을 쌓았다는것은 사실일것이다. 당시 평양성(586년이후의 장안성)은 오늘의 중구역, 평천구역을 포괄하고있었고 그 모양이 반달형이 아니며 대성산성이나 안학궁성, 고방산성도 다 반달형이 아니지만 청암리성은 《옛 평양성》에 해당하고 또 그 형태가 크게 볼 때 반달형이라고 볼수 있다. 더우기 《룡언성》을 쌓는데 《조천석》(기린굴남쪽, 장경문밖 청류벽남단의 대동강속에 있었다는 돌)을 깨뜨리였다는것은 량자가 가까운곳에 있었다는것을 말해준다. 청암리성은 서북쪽은 견고하게 쌓았기에 오늘까지도 많이 남아있으나 대동강변은 성벽이 거의다 무너졌다. 옛날에도 이런 현상이 있었기때문에 대동강쪽성벽을 보축하여 《룡언성》으로 만들었다고 볼수 있다. 《평양지》(1936년), 《평양대지》(1934년)에도 《룡언성》이 청암리에 있었고 그 남단(구 홍부동)에 고구려의 큰 건축지가 있는데 그것이 《룡언궁》이였다고 씌여있다.

247년 평양성을 청암리성으로 보게 되는 리유는 **김일성**종합대학 고고학강좌에서 담당진행한 고고학적발굴에 의하여 청암리성이 고구려때에 와서 고조선때(단군조선시기) 쌓은 토성우에 세번에 걸쳐 돌성벽을 쌓았다는 사실이 밝혀졌는데 그것과 기록이 일치하기때문이다. 즉 토성벽 등에서는 청동기시대의 유물이 나왔으므로 단군조선(전조선)시기 한때 이 성이 수도성-왕궁성으로 되였다는것을 알수 있는데 이것은 《삼국사기》동천왕 21년조기사가 사실이라는것을 말해준다. 또 고구려때에는 《삼국사기》, 《삼국유사》에 의하면 247년, 334년, 7세기 중엽 3차에 걸쳐 개축되였다는것을 알수 있는데 유적유물이 그것을 증명해주는것이다.

247년 평양성이 청암리성이라는것은 이처럼 고조선때의 성을 개축하는 조건에서 비교적 손섭게 짧은 시일안으로 쌓을수 있었다는 점, 그 위치와 크기는 고구려의 부수도로서 알맞춤하였다는 점을 보아도 합리적이며 또 343년 평양성의 위치와의 호상관계를 보아도 합리적이다.

고구려는 1세기 37년에 락랑국을 일단 멸망시키고 그 북부지역을 통합하였으며 3세기중엽에는 다시 락랑국, 대방국과 싸워 그 북부지역을 차지하였고 두 나라를 보잘것없는 소국으로 만들어버렸기때문에 남쪽으로부터 공격을 받을 위험성이 없어졌다. 이런 조건에서 247년에 오늘의 청암리토성을 다시 개축하고 림시수도로 삼을수 있었던것이다.

247년 평양성을 림시수도로 삼은것은 고구려의 경제, 문화발전을 다그치고 소국통합을 추진시키는데서 큰 의의가 있었다.

※ 《고구려사》(1) 152~155페지

4. 343년 평양동황성의 위치

고구려는 고국원왕때(331~371년) 북과 남에서 오는 적대세력의 침입에 대처하여 여러 성들을 쌓았다. 334년에는 평양성을 증축하였고 그이듬해에는 신성을 쌓았으며 342년에는 환도성을 보수하고 국내성을 쌓았다. 력사기록에는 남지 못하였으나 그밖에도 남평양성을 비롯한 여러 성들과 장성방위시설들이 건설되였다.

여기서 국내성, 신성은 새로 쌓은것처럼 써놓았으나 이미 있던 성을 품을 많이 들여 고쳐쌓은것이다. 증축 또는 수즙(보수)하였다는것은 상대적으로 적은 품을 들여 증축, 보수한것으로 볼수 있다.

고국원왕은 342년 모용황의 침공으로 환도성이 다시 파괴되였기때문에 또 국내성은 환도성에서 그리 멀지 않아서 안전을 담보할수 없다고 보았기때문에 림시로 평양지방에 나와서 국방력강화와 경제발전을 다그치기 위한 조치를 강구하였는데 그는 평양성자체가 아니라 그 동쪽에 있는 황성(黃城)에 처소를 잡았다.*

> * 오다: 전게서 76 페지에서는 평양동황성설자체를 부정하고 있다.

이 황성이 언제 축조되였는지는 알수 없다.

혹 302년에 현도군을 쳐서 포로한 8,000명을 평양으로 보냈다고 하였으니 이무렵에 쌓았을수도 있다. 이 황성이 평양성의 동쪽에 있었다는것은 529년(안장왕 11년)에 왕이 황성의 동쪽에서 사냥하였다는 기록을 보아서 동황성이 아니라 동쪽에 있는 황성으로 볼수 있기때문이다. 력대 기록에도 황성으로 되여있다.

황성이란 《황제가 있는 성(黃城-皇城)》이란 뜻에서 쓰인것으로 볼수 있다. 《수서》에 의하면 고국원왕은 소렬제로 불리웠으니 그렇게 볼수 있고 또 《누르황》자 황성도 예로부터 황(천자, 대왕)의 거처를 황성(黃城), 황성(皇城)이라고 하였으니 그렇게 볼수 있다. 국내성이 있던 집안도 이 두가지 황자로 씌였다.*

> * 《고려사》 권42 공민왕 19년 정월 갑오조에는 皇城으로, 같은 책 권134 우왕 5년 3월조에는 黃城으로 씌여있다. 또 《태조실록》(권수), 《신증동국여지승람》 권 55 등에도 皇城으로 쓰고 있다.

《신증동국여지승람》, 《평양지》를 비롯한 책들에서는 황성(일명 경성)이 평양부동쪽 4리 지점인 목멱산에 있으며 고구려 고국원왕이 있던곳이라고 하였다. 그런데 리조시기 평양부

청사가 있었던 오늘의 중구역 종로동을 기준으로 삼아볼 때 그 동쪽 4 리 되는곳 오늘의 대동강구역 문흥동(허산<許山>)일 대에는 고구려성자리도 큰 건물터도 없다. 그리하여 일부 책들에는 의암산(대동강구역 의암동)에 있었던것으로 써놓았다. 목멱신사당이 의암산남쪽강변에 있었던만큼 의암산이 곧 목멱산이라고 볼수도 있겠으나 여기에도 황성이 있었을만한 유적이 발견되지 않았다. 물론 의암산에는 고구려때 크지 않은 성터가 남아있고 얼마간의 고구려기와, 한두개의 주추돌이 나온 일이 있다. *

　　* 《평양지》 평양상공사, 1936년, 38페지

　고구려왕이 거처한 왕궁성으로서 황성으로 불리울만한 성은 비교적 큰성이였을것이고 그 주변에는 관청건축도 적지 않았을것이다. 그런데 의암동에는 지세와 위치로 볼 때 비교적 큰 성이 들어앉을만한 자리도 없고 큰 건축지들도 없다.

　그뿐아니라 그곳은 평양중심부에서 10 여리나 떨어진곳이므로 4 리라는 기록과도 맞지 않는다. 김부식이 《삼국사기》(권 37)에서 평양동황성이 목멱산에 있다고 하였는데 그 사실여부를 알수 없다고 쓴것도 우연한 일이 아니다.

　평양동황성은 343 년당시에도 평양성은 청암리성으므로 그 동쪽 4 리에서 찾아야 할것이다. 거기에는 비교적 큰 성인 고방산성(둘레 약 3 키로메터)과 청호동토성(평지성, 둘레 약 1.2 키로메터)이 있다. 그러므로 343년 고국원왕이 거처하였다는 황성은 이 두 성을 가리키는것으로 볼수 있다. 청호동일대에는 고구려의 큰 건축물터도 여러개소가 알려져있다.

　586 년 새 평양(장안)성이 건설되기전에는 고구려 수도성은

— 335 —

대체로 평지성과 산성의 결합으로 이루어져있었으므로 황성도 우와 같이 볼수 있을것이다. 이것은 평양성일대에서의 고구려의 부수도중심지의 위치가 바뀌였다는것을 의미할것이다.

평양동황성에 고국원왕이 나와있던 기간은 그리 오래지 않은것으로 보인다. 고국원왕은 371년 11월 남평양성에서 전사한것만큼 남평양에 가있던 때도 있었을것이고 또 북방의 방어를 강화하기 위하여 국내각지를 《순수》한 일이 많았을것이기 때문이다.

※ 《고구려사》(1) 172～173 페지

5. 남평양성의 위치

지난 시기에는 고구려의 남평양이 한때 오늘의 서울(북한산)에 있었던것으로만 알려지고있었다. 《삼국사기》(권 10) 헌덕왕 17년(825년) 정월조에는 평양이 지금의 양주라고 하면서 고려태조가 지은 장의사재문에 《평양》이란 말이 나온다는것을 주석에서 밝히고있다. 또 같은 책 44권 거칠부전에도 551년에 백제가 먼저 평양지방을 공격하였다고 썼다. 그런데 고구려에는 또하나의 남평양성이 있었다.

《삼국사기》권 37 지리지 백제조에는 《고전기》를 인용하면서 백제 근초고왕때(346～375년)에 《고구려의 남평양을 점령하였고 한성에 도읍을 옮겼다.》고 하였으며 《삼국유사》(권 2) 남부여, 전백제조에도 같은 내용을 전하면서 백제가 북한성(양주)으로 수도를 옮겼다고 썼다. 그러나 《삼국사기》 백제본기 근초고왕 26년(371년)조에는 고구려의 《평양성》을 공격하다가 함락시키지 못하고 물러나와 《한산》에 수도를 옮겼다고 하였다. 당시 고구려-백제의 경계선은 례성강(패하)이였고 오늘의 서울지방(한산, 한성, 북한성)은 백제땅이였으며 그곳이 남평양으로 된것은 529년경이였다.

그러므조 371년 백제가 공격한 고구려의 남평양성(평양성)은 례성강이북 평양이남에 있었던 또하나의 평양성이였던것이다.

이 사실을 모르다보니 371년, 377년에 있었던 평양성전투는 오늘의 평양에서 진행되였다고 본 학자들이 많았으며 지금도 그렇게 보는 사람들이 있다.* 또 이렇게 보다나니 당시 백제가 황해남북도의 많은 지역을 차지하고있었다고 보기도 하였다. 또 어떤 학자들은 고구려가 남평양(서울)지방에 일찍부터(371년 이전부터) 나가있었다고 보았다. 이것은 실지에 있어서는 평양지방에 락랑군이 있었다고 본 전제우에서 한 론의이다.*

* 다께다:《조선사》(세계각국사 17) 39페지; 이마니시:《조선사의 간》 100페지

그러므로 371년당시의 고구려 남평양성의 존재와 그 위치를 밝히는 문제는 고구려사, 백제사의 해명에서 중요한 자리를 차지한다.

주체 73(1984)년에 황해남도 장수산성남쪽 신원군 아양리, 월당리에서 고구려의 큰 도시유적이 발견되였다. 도시유적은 동서 약 4키로메터, 남북 약 4.5키로메터 범위안에서 고구려의 붉은기와, 청회색기와가 다량 출토되고 장수산성(10.5키로

메터)과 아양리토성(약 2.5 키로메터), 도마동토성(일부는 석성, 약 2 키로메터)이 있고 또 주변에 1,000 기이상의 고구려 돌각담무덤, 돌칸흙무덤이 있다는것으로써 확증되였다. 여기에는 동북-서남, 서북-동남으로 교차되는 도로망들에 의하여 리방시설이 있었다는것도 확인되였다.

이것은 평양, 부여, 경주를 제외하고는 삼국시기 유적으로서는 가장 큰것이다. 그러므로 고구려의 또하나의 부수도 남평양이 이곳에 자리잡고있었다는것은 의심할 여지가 없다. 이곳은 또 고구려후기, 후기신라때에 걸쳐 한성으로 불리웠는데 그것은 551년 이전에 서울지방(한성)에 나가있던 남평양이 다시 이곳으로 옮겨오면서 한성주의 중심지로 되였기때문에 붙은 이름이다.

이곳이 남평양-평양성으로 불리우게 된것은 본래 락랑국주민들이 이곳을 남천이후의 수도로 삼으면서 《평양》이란 이름을 따와서 썼다고 볼수 있게 한다. 또 이곳에 남평양 도시, 성곽이 건설되기 시작한것은 4세기중엽부터 고구려가 남부지방의 개발을 다그치며 식량과 무기무장의 중요자재인 철재를 더많이 생산하려는 목적을 추구하면서 이 지방중심지로서 적합한 장수산아래 지역을 택한것과 관련된다고 보인다. 남평양이 또하나의 부수도로 된것은 4세기중엽부터였을수도 있으나 평양성을 기본수도로 삼을것이 기정사실화된 4세기말 광개토왕시기였을수도 있다.

※《고구려사》(1) 174~187 페지

6. 국남 7 성과 국동 6 성의 위치

394년(광개토왕 4년) 8월에 고구려는 국남 7성을 쌓음으로써 백제의 침범에 대비하였다. 또 409년(광개토왕 19년) 7월에 나라의 동쪽에 독산(禿山) 등 6성을 쌓고 평양의 민호들을 옮겼으며 8월에는 왕이 남쪽으로 순수하였다.

지난 시기 국남 7성과 국동 6성에 대해서는 《국》을 기본수도 평양성으로 보았으며 또 장수산성아래에 또하나의 부수도 남평양성이 있었다는것을 몰랐던 조건에서 론의가 진행되였다. 그리하여 369년당시 백제의 북경이 치양이며 배천의 치악산성(3,600 메터)을 《치양》과 통한다고 보면서 백제가 오늘의 황해남도 동남부해안지역을 가지고있었던것으로 보았다. 이러한 전제우에서 국남 7성을 762년 후기신라가 둔 6개 군 지역 즉 오늘의 서흥군 대현산성(고구려 오곡성, 약 7키로메터), 휴암성(휴류산성, 사리원시 봉산군), 한성(신원군 장수산성), 장새성(수안군), 지성(해주시 수양산성), 덕곡성(달보산성, 약 5키로메터, 오늘의 곡산군)과 태백산성(2,425 메터, 평산군), 치악산성(배천) 가운데 7개 성일것이라고 보았다.[*1]

또 《국동 6성》은 동해를 거쳐 평양으로 오는 도중에 쌓은것으로 보면서 고원의 사곡사애수진성이 그 하나일수 있다고 보았다.[*2]

[*1], [*2] 《고구려력사연구》 김일성종합대학출판사, 46~48페지

그런데 《국동 6성》은 409년 7월에 쌓고 평양성 백성들을 그곳으로 옮겼으며 다음달인 8월에는 국왕이 남쪽지경을 돌아보았다. 그러니 《국동 6성》 역시 백제의 있을수 있는 침공에

대처하여 쌓은것으로 볼수 있다.

《국》이 기본수도만을 의미한다면 당시는 427년 평양천도이전이므로 그것은 국내성이여야 할것이다. 그런데 국내성동쪽에 새로 축성할 필요는 없었다. 《국》이 당시 부수도였던 오늘의 평양을 가리키는것으로 볼수 있다면 부수도인 남평양을 기준으로 《남, 동》이 규정되였다고도 볼수 있고 《평양성민》도 《남평양성민》일수도 있는것이다. 그리고 고구려가 이미 오래전에 황해북도, 황해남도 지역은 차지한것만큼 대현산성, 달보산성, 휴류산성, 장수산성 등은 4세기초중엽에는 다 축조되여있었다고 보는것이 옳을것이다.

그러므로 390년대초에 고구려-백제사이의 전투가 패하(례성강)계선에서 진행된 사실을 보더라고 《국남 7 성》은 멸악산줄기이남 특히는 례성강하구부근에 축조되였다고 볼수 있다. 그것은 배천 치악산성, 연안 봉세산성(약 1.6 키로메터), 벽성 지동리성, 해주 수양산성(8,017 메터), 웅진 웅천성(시염성 4,305 메터), 태탄 오누이산성(약 3 키로메터) 같은 성들일수 있다. 혹 오늘의 배천, 연안, 청단, 강령군 지역안에 7개 성이 있었을수도 있다. 배천군에는 례성강우안에 강서사고성, 미라산성 등이 있고 정촌리에 동아산성, 문산리에 헐미산성(문산리성 2.5 키로메터)이 있으며 연안군 라진포리에는 남대리산성(4.8 키로메터), 해남리토성 등이 있었으며 강령반도에는 당시의 고구려성이 있을수 있다.

《국동 6 성》은 396년 고구려에 의한 백제수도 함락, 407년 고구려의 백제전역이 있은 다음에 쌓은것이므로 림진강 하류류역에 있었을수 있다. 즉 철원군(북) 거성(642 메터), 만경산성(약 410 메터), 노기산성(남산성 약 400 메터), 이천군 심동리산성(약 600 메터), 이천읍성, 구 안협 시루봉산성 등 례성강좌우의 성들일수 있다. 이 성들에는 대개 고구려때의 전형적인 붉은 기와들이 나온다. 또 독산(禿山)성은 경기도 포천부근의 독현성으로 잡아볼수도 있다. 이 일대에 대한 현지조사가 되지 못하였으므로 단정할수 없으나 어쨌든 《국동 6성》도 림진강중하류 좌우계선에서 찾아야 할것으로 보인다. 이 지대에는 상기한바와 같이 고구려성들이 수많이 포치되여있다. 그러나 평양동쪽 강원도방면으로 나가는 길은 이미 오래전에 고구려땅이 되였음에도 불구하고 북대봉, 아호비령산줄기에는 비교적 큰 고구려성이 알려진것이 거의 없다. 또 당시 가장 첨예하였던 백제와의 관계를 볼 때 《국동》은 오늘의 평양동쪽이 아니라 남평양동쪽으로 보는것이 옳겠다고 본다.

《국남 7성》과 《국동 6성》도 크게 볼 때 평양을 지키기 위한 외곽성방위체계에 속한것이지만 4세기말~5세기초에 (후에는 6세기후반기에) 남쪽에서 오는 적을 막기 위한 전연, 전방방위체계에 속하는 성들이였다고 볼수 있다. 6세기전반기에 고구려가 아산만계선까지 나갔을 때에는 이 성들은 종심방위체계에 속하였다.

※《고구려사》(1) 298~360, 311~313 페지

7. 북평양성의 위치

612년 고구려－수전쟁당시 수나라의 별동군인 9군 30만 5,000명과 래호아휘하의 수나라 수군은 《평양성》을 공격하였다. 이 평양성은 오늘의 봉황성(봉황산성)으로서 남평양성

과 함께 또하나의 부수도인 북평양성이였다. 그것은 수나라군대의 침입, 전투 과정을 보아서 알수 있다.

수나라 수군은 원래 륙군과 협동하여 평양성을 공격하게 되여있었으나 륙군은 료동성에서 발목을 붙잡혀 나오지 못하였다. 래호아는 부하에 수만명의 대병력을 가지고있었으므로 패수(압록강)로 들어와 평양성에서 60 리 되는곳에 와있다가 정예로운 군사 4 만을 거느리고 수군 단독으로 평양성을 공격하려고 덤벼들었다. 그것은 고구려의 주력이 료동성방면으로 나가고 없으니 후방에는 소수의 약한 군대가 있을것이라고 타산한데 있으며 또 한두번의 공격전에서 일정한 전과가 있었기 때문이였다. 그러나 고구려측에서는 당시 국왕을 비롯하여 전선사령부가 자리잡고있던 평양성을 튼튼히 보위하기 위한 만단의 준비를 다 갖추고있었다. 적수군이 처들어오자 고구려장수 고건무는 일부러 패하는척하고 적을 평양성라곽(외성)으로 유인해왔으며 적군이 빈집에 들어가 략탈에 눈이 어두울 때 빈 절간에 숨어있었던 500 명의 고구려군사들이 일제히 적군을 치기 시작한것을 계기로 반공격전을 개시하여 잠간사이에 적군 3 만 수천명을 요정냈다. 적군이 무질서하게 도주하는것을 추격하다가 선창에 가보니 적의 부사령관 주법상이 대오를 정비하고 방어진을 치고있었기때문에 더이상 치지 않고 돌아왔다고 한다.

이 평양성은 기본수도 평양성이 아니다. 기본수도 평양성의 외성은 10 여만의 주민이 밀집되여 살던곳이고 또 외성도 견고한 요새였으니 아무리 유인전술을 쓴다 해도 이 외성을 비워놓을수는 없다. 그와는 달리 봉황성이라면 그 주변에 간단한 울타리성이 있고 주민도 얼마 안되였으므로 유인전술을 쓸수 있었다. 또《패수》도 대동강이 아니라 압록강 또는 애하를 가리킨다. 옛날 우리 나라에는 패수가 여러개 있었으니 압록강도 패수의 하나로 될수 있다. 《고금도서집성》(권 200)에는 압록강을《애강》이라고도 한다고 하였고《대동수경》(권 1)에도《아포하》,《애합하》라고도 한다고 하였으며《일본서기》(권 27)에는《패수》를《에수》로 읽는다고 하였다.

수나라 9군이《평양성》까지 왔다가 퇴각하던중 살수(소자하)에서 대패한 사실을 놓고도 이 평양성이 북평양성임을 알수 있다.

북평양성은 환도성, 안시성(안지성)으로도 불리웠다. 환인현일대에 있던 환도성은 342년 고구려-전연전쟁때 파괴되고 그후 복구되지 못하고있었으나 370년말 고구려가 유주로 진출하였던 시기에 서북방의 통치중심지로 료동성(오늘의 료양)을 한때 부수도로 정하였다. 이것은 료양부근에 상왕가촌벽화무덤 등 고구려식벽화무덤이 있다는 사실, 동명왕사당이 거기에도 있었다는 사실 그리고 당 태종의 시《료성망월》에서 료동성을《환도》라고 하기도 하였다는 사실 등에 의하여 그렇게 말할수 있다. 또《료사》(권 38) 지리지에는 료양성이 평양성이였다고 썼다. 이것은《평양성》이라는 말이 고조선이래로 수도성을 의미하는 말로 쓰이기도 하였기때문일것이다.

그런데 료양 환도성은 고구려가 유주에서 얼마후 주동적으로 철수하였기때문에 국경선에서 너무 가까운곳으로 되였다. 그리하여 대체로 4세기말 5세기초에는 좀 뒤로 물러나와 오늘의 봉황산성으로 옮겨왔다고 인정된다.

봉황산성이 환도성 또는 안시성이였다는것은《삼국유사》(권 1) 왕력 고국원왕조에 342년(이 년대는 잘못이다.) 8월에 수도를 안시성 곧 환도성으로 옮겼다고 하였으며 (권 3)《순도조려》조에 고구려때 수도 안시성(일명 안정홀)은 료수(일명 압록강) 북쪽에 있었다고 하였으며 《삼국사기》(권 37)에는 압록강이북 미항성가운데 하나인 안시성은 옛 안촌홀인데 혹 환도성이라고도 하였다는 기사 그리고 《봉성쇄록》등에 조선사람들이 봉황성을 안시성이라고 한다고 하였으며 《성호새설류선》에는 옛날 조선말에 봉황새를 《아시》라고 불렀기때문에 봉황성을 안시성이라고도 하였다고 한것 등으로 보아서 봉황성=안시성=환도성이라는것이 명백하다.

《봉황》이란 말자체가 천자를 상징하는 말이기도 하다. 이 안시성은 645년전쟁때의 유명한 안시성(해성 영성자산성)이 아니고 648년 당나라침략군이 박작성(대포석하구)을 포위하였을 때 고구려장수 고문이 오골성(수암), 안지성의 3만군대를 거느리고 가서 지원하여 적군을 격파한바 있는 그 안지성(봉황성)이다.

봉황성(봉성현소재지)은 평지성이고 그 남쪽 봉황산의 산성은 둘레 15~16키로메터나 되는 견고한 대성이며 그 지리적위치가 압록강하류일대에서 군사, 교통상으로 가장 요긴한곳이고 그 주변에는 산성구산성, 토성자, 석두성, 산성자, 애양고려성, 애하첨성, 랑랑묘산성, 고려문산성 등등 수많은 성들로 구성된 위성방위체계가 있다.

또 614년 수 양제는 제3차 침공에 앞서 내린 조서에서 《환도에서 말을 먹이겠다》고 장담하였다. 이 모든것은 당시 고구려에 부수도 환도성(안지성, 북평양성)이 있었으며 그것이 오늘의 봉황산성임을 중시하고있다.(살수대첩의 위치가 소자하일대라는데 대해서는 Ⅳ 9 참조)

※ 《고구려사》(2) 164~167 페지

8. 월희부의 위치

월희부의 위치를 바로 밝히는것은 고구려사를 옳게 리해하고 체계화하는데서 나서는 중요한 력사지리문제의 하나로 된다. 그것은 이 문제와 관련된 사료들의 기술내용이 서로 차이나고 또 그에 따라서 견해도 서로 달라져서 하나로 귀착되고있지 못한 사정과 관련된다. 또 이와 관련하여 월희부의 주민에 대해서도 《예맥》이라거니, 《말갈》이라거니 하여 서로 리해가 다르다.

일부 학자들은 월희부가 발해수도 상경룡천부보다 훨씬 동쪽에 있다고 보았으며*[1] 다른 학자들은 월희부가 동료하일대에 있었다고 주장하고있다.*[2]

*[1] 《발해국지장편》 권14 정리부조;《동북력사지리론저휘편》 제2책, 1987년, 402페지. 같은 책 390～395 페지 등

*[2] 《동북력사지리론저휘편》 제2책, 374페지. 같은 책 392페지 등

그러므로 월희부와 관련된 주요사료들을 제시하고 검토하여 정확한 결론을 도출하는것이 필요하다.

월희부는 우선 그 명칭부터 각이하게 기록되였다.

《신당서》 흑수말갈전에는 월희부, 우루부, 철리부와 함께 흑수말갈의 여러 부들가운데 하나로서 《월희부》가 나온다.*[1]

《통전》에는 《월희부락》으로 되여있으며*[2] 《신당서》지리지에는 《월희주도독부》로*[3], 《책부원귀》, 《구당서》 발해말갈전에는 《월희말갈》로 나오며*[4], 《신당서》 발해전에는 《월희》의 옛 땅을 회원부로 삼았는데 9개의 주를 령속시키고있다고 썼다.*[5] 또 《료사》지리지에는 《옛 월희국땅》이라는 표현도 있다.*[6] 그

— 345 —

뿐아니라 이 기록들의 내용 또한 각이하므로 편의상 자료를 먼저 제시하기로 한다.

*¹《흑수말갈은 숙신땅에 있는데 수도(당나라)에서 동북쪽 6,000 리 되는곳이다. 동쪽은 바다에 면하고있으며 서쪽은 돌궐에 접하고 남쪽은 고려(고구려), 북쪽은 실위이다.…

흑수서북에 또 사모부가 있고 더 북쪽으로 10일을 가면 군리부가 된다. 동북쪽으로 10일 가면 굴열(실)부가 되고 좀 동남쪽으로 10일을 가면 막예개부가 된다. 또 불녈부, 우루부, 월희부, 철리부 등이 있다. 그 (흑수)땅은 남으로 발해와 이어지고있으며 북쪽과 동쪽은 바다에 면하고 서쪽은 실위에 이른다. 남북너비는 2,000 리이고 동서는 1,000 리이다.》(《신당서》권 219 흑수말갈전)

*²《(안동부는) 동쪽으로 월희부락까지 2,500 리이고 남쪽으로는 류성군경계까지 90 리이며 서쪽으로 거란지경까지 80 리이고 북쪽으로는 발해까지 1,950 리이다.》(《통전》권 180 안동부)

(東至越喜部落二千五百里 南至柳城郡界七十里 西至契丹界八十里 北至渤海一千九百五十里)(《通典》卷一百八十 安東府)

*³《고려의 투항한 호는 주가 14, 부가 9이다.… 남소주, 개모주, 대나주, 창암주, 마미주, 적리주, 려산주, 연진주, 목저주, 안시주, 제북주, 식리주, 불녈주, 배한주, 신성주도독부, 료성주도독부, 가물주도독부, 위락주도독부, 사리주도독부, 거단주도독부, 월희주도독부, 거소주도독부, 이상은 안동도독부에 예속되여있다.》(《신당서》권 43 하 지리지 기미주 하 하북도)

이가운데서 《구당서》(권 39) 지리지에 보이는것은 신성주도독부, 료성주도독부, 가물주도독부, 건안주도독부의 4개 도독부뿐이다. 《신당서》 지리지에는 《구당서》 지리지와는 달리 주(州)도

10개가 아니라 14개를 들고있다. 즉 제북주(濟北州), 식리주(識利州), 불녈주(拂涅州), 배한주(拜漢州)가 더 있다. 이처럼 신, 구《당서》는 14주의 기미주(羈縻州)의 구성에서 차이를 보이고있다. 그중 실제로 둔것은 료동지방에 있던 4개 도독부와 남소주, 개모주 등 10개 주였을것이다. 기타의 주, 도독부들은 안팎의 고구려판계자료들에는 거의나 보이지 않는것들이다. 그러므로 어떤 학자는 그것들이 당나라 현종 개원년간(713~741년)에 불녈, 철리, 월희 등《말갈》이《조공》하였으니 그때 당나라가 설치한 형식상의 주인 기미주들일것이며 그것들은 대부분 말갈부락들일것이라고 하였다.(《동북력사지리론저휘편》 제2책, 373페지) 그러나《신당서》,《구당서》의 지리지나 본기에는 그런 기록은 없다. 그러므로 그것은 근거없는 추측이다. 발해초기부터 월희, 철리 등이 나타나는것은 그 이전부터 그러한 집단이 있었다는것을 말해준다.《신당서》편찬자는 당나라가 처음 두려고 하였던 9개 도독부를 다 채우기 위하여 월희, 위락, 사리, 거소, 거단 등을 보충한것은 사실이지만 그것은 역시 고구려때에 있었던 지명을 리용한것으로 보아야 할것이다. 고구려는 6세기이후 서북변방에 거란족, 해족 등이 사는 넓은 지역의 일부 또는 대부분을 복속시키고있었으므로 이 지역에도 속령들을 다스리는 행정단위(기미주 같은 존재)들을 설정하고 통치하였을것이다. 그러므로 이 5개 도독부도 고구려때의 지명을 리용하여《신당서》의 편찬자가 보충한것일것이다. 다시말하여 위락주는 당나라가 648년에 해족거주지에 두었던 요락도독부(요락수일대)와 어음상 공통되며 또 사리주는 거란족의 우두머리굽벼슬이름인《사리》와 통하며 거단주는《거란(거란)》과 통한다. 거소주는 어디인지 명백치 않으나 습족거주지였을수도 있으며 월희주는 월희부관계기사가 많이 나오며 고구려, 진국(발해)의 서북부에 있었다고 보이므로 우와 같은 추단이 가능하다고 본다. (그러니 이 5개 도독부지역을 말갈족의 집단거주지로 보는것은 잘 맞지 않는것으로 생각된다.)

*⁴ 《진국은 본래 고려(고구려)이다. 그 땅은 영주동쪽 2,000 리에 있으며 남쪽은 신라에 접하고 서쪽은 월희말갈에 접하며 동북은 흑수말갈에 이른다.》(《책부원귀》권 957 외신부 국읍 1, 권 959 외신부 토풍 1)

(振國本高麗 其地在營州東二千里 南接新羅 西接越喜靺鞨 東北至黑水靺鞨)(《冊府元龜》卷九百五十七 外臣部 國邑一, 卷九百五十九 外臣部 土風一)

《(발해말갈) 땅은 영주동쪽 2,000 리에 있다. 남쪽은 신라와 서로 접하고 월희말갈의 동쪽이며 북쪽은 흑수말갈에 이른다.(《구당서》권 198 하 발해말갈전)

(其地在營州東二千里 南與新羅相接 越喜靺鞨 東北至黑水靺鞨)(《舊唐書》卷一百九十八下 渤海靺鞨傳)

여기서는 월희말갈앞에 서접(西接)이 빠졌고 흑수말갈앞은 동북(東北)으로 읽어야 《책부원귀》와 일치한다고 보기도 한다.

*⁵ 《월희의 옛 땅은 회원부로 삼았는데(회원부는) 달, 월, 회, 기, 부, 미, 복, 사, 지의 9개 주를 령속시킨다.(《신당서》권 219 발해전)

(越喜故地爲懷遠府領達越懷紀富美福邪芝九州)(《新唐書》卷二百十九 渤海傳)

*⁶ 《월희국》이라는 표현은 《료사》지리지 부주조에 보인다.

이 월희의 위치와 관련해서는 《료사》권 38 지리지 동경도 동경료양부산하의 주현들가운데도 유관자료들이 몇개 나온다.

즉 《한주 동평군 하자사는 본래 고리국 옛 수도이다. …류하현은 본래 발해의 월희현땅인데 만안현과 합하여 설치하였다.》(韓州東平軍下刺史 本藁離國舊治…柳河縣 本渤海粤喜縣地併萬安縣置)

《신주 창성군 하절도는 본래 월희의 옛 성인데 발해가 회원부를 두었다.》(信州彰聖軍下節度 本越喜故城 渤海置懷遠府)

《수주 자사는 본래 발해의 미주땅이다.》(遂州刺史 本渤海美州地)

《은주 부국군 하자사는 본래 발해의 부주이다. …신흥현은 본래 옛 월희국땅인데 발해가 은야금장을 두었고 그전에 은주를 두었었다.》(銀州富國軍下刺史 本渤海富州… 新興縣本故越喜國地渤海置銀冶 嘗置銀州)

료나라 신주는 오늘의 길림성 회덕현 진가둔고성(秦家屯故城)에 비정되고 한주는 오늘의 사평시 팔면성부근으로 인정되고있으며 수주도 그 부근이나 강평(康平)현으로, 은주는 오늘의 철령현부근으로 비정되고있다.

앞에서도 말한바와 같이 월희부-회원부와 관련된 우와 같은 자료들에 기초하여 월희부는 발해수도의 동쪽 오늘의 우쑤리강류역에서 로령 연해변강에 이르는 지역에 있다고 보는 학설과 발해의 서쪽(회덕<공주령>-철령사이)으로 보는 학설이 있다.

그러나 이 두 설은 불합리한 점들이 적지 않아서 납득하기 어렵다.

우선 월희부(락)가 발해수도의 동쪽에 있다고 한것은 《통전》의 기록을 기본근거로 삼는것인데 《통전》 안동부(이 안동부는 영주<조양> 동남 270 리 되는곳으로서 오늘의 금현부근에 해당한다.)*¹ 조의 기록에 의하면 발해수도는 안동부의 북쪽에 있는것으로 되여있으므로 실지 방향(동동북)과는 맞지 않는다. 그리고 《책부원귀》기록과도 맞지 않는다. 《신당서》 흑수말갈전에 나오는 기록을 보아도 월희부가 흑수말갈의 남쪽에 위치하고있다고 볼만한 명증이 없다.*²

만일 《통전》기록에 나오는 월희(동쪽), 발해(북쪽)의 방향이 뒤바뀌였다고 본다면 월희부가 안동부의 북쪽 2,500 리 지점에 있는것으로 되는데 그렇다면 《책부원귀》에서 보는 《서접》기사도 크게 볼 때는 통한다고 볼수 있다.

*¹ 《통전》권 178 류성군조에는 《류성군은 동쪽으로 료하에 이르기까지 480 리, 남쪽으로 바다까지 260 리, 서쪽으로 북평군까지 200 리, 동남은 안동부까지 270 리이다.》(柳城郡東至遼河四百八十里 南至海二百六十里 西至北平郡二百里 東南安東府二百七十里)라고 하였다.

*² 만일 기계적으로 월희부가 안동부의 동쪽에 있다고 본다면 그것은 오늘의 함경남북도에 있는것으로 된다. 또 다소 동북쪽이라고 본다면 오늘의 흥개호, 우쑤리강중하류지역으로 될것인데 그곳은 불녈부(동평부), 호실부(안변부) 등이 있었다고 인정되므로 맞지 않으며 자고로 인구가 매우 희박하였던 그 지방에 9개 주를 가진 회원부가 자리잡을만한 여지가 없다. 또 이는 《신당서》 흑수말갈전의 남쪽에는 발해가 있다는 기록과도 맞지 않는다.

월희부의 위치에 대한 《통전》의 방향기사는 잘못이지만 그 2,500 리라는 거리기사는 발해수도까지가 1,950 리라는 거리기사와 함께 비교적 정확한것으로 볼수 있으며 따라서 발해는 동쪽, 월희는 북쪽에 있다고 보면 월희부는 오늘의 눈강중류쯤에 그 중심지가 있은것으로 된다.

다음으로 《료사》 지리지의 기록에 따라 월희부가 회덕-철령사이에 있었다고 하는것은 그 지역이 발해의 서남쪽에 해당하므로 크게 볼 때 서쪽이라고 할수 있다. 그러나 여러가지 점에서 역시 불합리한 점들이 있다.

첫째로, 회원부(월희)를 회덕-철령일대로 보면 그것은 농안부근을 중심으로 하고있던 부여부의 서남쪽에 해당한다. 그런데 《신당서》에 의하면 발해의 부여부는 서쪽으로 거란과 맞서있던곳으로서 거란의 침입을 막기 위하여 항상 강한 군사들을 주둔시키고있던 고장으로 알려져있고 또 부여부는 《거란으로 가는 길》로 알려져있다.* 그런데 회원부가 부여부의 서남 동료하와 료하가 합류하는 지점부근에 있다면 거란과는 더 가까운 위치에 있는것으로 되여 《신당서》의 기록과는 모순된다.

  * 《신당서》 권 219 발해전에 《부여부는 거란으로 가는 길이다. 부여 옛 땅을 부여부로 삼고 항상 강한 군사를 주둔시켜 거란을 막았다.》라고 하였다.

둘째로, 발해때 회원부는 그아래 9 개 주를 소속시키고있는 발해 15 부가운데서도 가장 큰 부인데 회덕-철령사이에는 그렇게 많은 주가 자리잡을 면적이 없다. 그것은 발해의 다른 부들과 대비해보면 곧 알수 있다. 즉 부여부 2 주, 막힐부 2 주, 안변부 2 주, 정리부 2 주, 장령부 2 주, 남경남해부 3 주, 솔빈부 3 주, 상경룡천부 3 주, 서경압록부 4 주, 안원부 4 주 등과 대비해볼 때 면적상으로 전혀 균형이 맞지 않는것이다. 혹 이곳이 평야지대-농산지대가 되여 인구밀도가 조밀해서 주들의 범위가 좁았다고 볼수 있다고 할런지 모르나 부여부, 막힐부, 안원부 등은 그만 못지 않은 평야지대―농산지대라는것을 고려한다면 그런 가설은 성립되기 어려운것이다.

셋째로, 《수서》나 《북사》에 나오는 《말갈》(물길) 7 부에는 월희부가 들어있지 않다. 《말갈 7 부》의 위치는 속말수(송화강)류역이동, 백두산이북지역에 해당한다.* 그런데 《수서》에 의하면 《말갈 7 부》가운데서 수나라에 제일 가까운 부는 속말부와 백산부이라고 하였다. 고구려때에도 월희부는 있었으나 그것은 《말갈 7 부》에는 속하지 않았던것이다. 따라서 월희부는 속말부의 서쪽, 서남쪽에 있을수 없다.

* 《말갈 7 부》의 대략적위치를 추정한다면 아래와 같이 될것이다.

1) 속말부는 속말수류역에 있으므로 대략 오늘의 북류송화강하류지역에 해당할것이다.

2) 백돌부는 속말부의 북쪽에 있었으므로 대략 오늘의 랍림하―동량자하계선사이에 있었을것이다.

3) 안거골부는 백돌부의 동북쪽에 있었으므로 대략 오늘의 할빈이북 호란하류역에 있었을것이다.

4) 불녈부는 백돌부의 동쪽에 있었으므로 대략 오늘의 목단강하류계선이동지역일것이다.

5) 호실부는 불녈부의 동쪽에 있었으므로 대략 오늘의 우쑤리강류역에 있었을것이다.

6) 흑수부는 안거골부의 서북(동북의 잘못―인용자)에 있었으므로 대략 오늘의 우쑤리강하류이북, 흑룡강의 남북지역이라고 볼수 있다.

7) 백산부는 속말부의 동남쪽 백산(태백산=백두산)부근에 있었으므로 대략 백두산동북방에 해당한다.

고구려때의 이 《말갈 7 부》의 실체는 무엇인가. 이에 대해서는 앞으로 좀 더 자세히 언급하기로 한다. 그러나 우선 미리 언급해두어야 할것은 속말부지역은 고구려의 부여성주에, 백산부지역은 고구려의 다벌악주, 책성주안에 포괄되는 지역이므로 그 기본주민은 부여계 및 북옥저계 고구려인들이라는것이며 여기에 보이는 《말갈》이란 그 지역에서 사는 수렵을 생업으로 하는 일부 극소수 말갈인들을 기준으로 한 말에 지나지 않는다는것이다.

혹 달리 생각하면 발해초기에 월희부가 먼곳에 있다가 회덕(공주령)-철령일대로 옮겨왔다고 가정해볼수도 있으나 거기에도 무리가 있다. 즉 우에서 본것처럼 이 지대에 월희부(회원부) 9 주가 자리잡을만한 땅이 없으며 또 저란에 가장 가까운곳이다. 그리고 발해건국과정을 보더라도 684 년에 성립된 진국(왕국)은 본래 고구려때의 부여성주, 신성주 땅이며 고구려사람들이 많이 살고있던 또 경제와 문화가 발전되여있던 회덕-철령지방을 매우 중시하고 통치체계를 튼튼히 세워나갔다고 생각된다. 그러므로 이 지대에 진국때나 발해초기에 월희부가 옮겨올수는 없었다고 생각된다.

월희부는 발해때에 회덕-철령계선으로 이동해온것이 아니라 발해 최말기 또는 그 멸망후에 주민들의 대규모이동이 있었을무렵에 월희의 일부 주민들도 이곳에 옮겨왔다고 생각된다.

그것은 《료사》지리지에 료동지방에 있는것으로 묘사된 읍루 옛 땅, 철리 옛 땅, 불녈 옛 땅과의 련관속에서 고찰해보면 짐작할수 있다. 즉 심주(심양)는 《본래 읍루의 옛 땅》이라고 한것, 광주(광녕-북진)는 《발해때 철리군》이라고 한것, 료주(신민부근)는 《본래 불녈국의 성》이였다고 한것 등은 다 발해멸망후 그 중심지역인 상경룡천부, 동경룡원부, 중경현덕부, 남경남해부 지역주민을 료나라가 강제로 료동지방으로 이주시키고 그 행정단위명칭을 그대로 새로 옮겨온 지방의 지명으로 만들었던것과 같은 원인에 의하여 그렇게 된것이였다고 본다. 《료사》(권 37) 지리지(1) 서문에서는 료나라가 《…정벌하여 붙잡아온 민호들로 요긴한 땅들에 고을(주)을 두었는데 많은 경우 옛 거주지의 명칭을 따라서 이름지었다.》고 밝히고있으며 이로 말미암아 《료사》 지리지가 력사지리문제해석에서 커다란 혼란을 초래하게 하였다는것은 세상에 널리 알려진 사실이다. 이로 미루어볼 때 《월희-회원부》가 회덕-철령계선으로 《옮겨온것》은 대체로 발해멸망후 회원부산하의 몇개 고을(주) 주민들가운데 일부가 강제련행되여와서 살게 된것과 관련하여 붙은 고을이름때문이였다고 보지 않을수 없는것이다.

그러면 월희부(후의 회원부의 일부)는 어디에 위치하고있었 겠는가.

《신당서》 흑수말갈전에 의하면 월희부는 한때 흑수말갈의 한 부분으로 되여있었다. 흑수부는 흑수(흑룡강)하류류역에 있었으며 남, 북 흑수말갈로 갈라져있었고 나하(눈강, 동류송화강서부)와 홀한하(목단강)의 다음에 있으므로 보통 흑룡강과 동류송화강이 합치는 부근이동을 가리키며 그 중심지는 흑룡강과 우쑤리강이 합치는곳 동쪽에 있는 바이리(하바롭스크)였다고 인정하고있다.

《신당서》 흑수말갈전에는 옛 말갈가운데 속말부, 백돌부, 안거골부 등이 고구려멸망이후 이주, 분산, 약화되여 세상에 알려지지 않게 되였고 발해령토안에 들어갔다고 지적한 다음 흑수말갈만은 자기 세력을 온전히 유지하고 남, 북 합하여 16

부로 갈라져있었다고 썼다.

그런데 8세기중엽 대체로 730～740년대초까지의 사실을 썼다*고 보이는 부분에는 흑수말갈소속의 불녈부, 우루부, 월희부, 철리부 등에 대하여 들고있으며 흑수말갈은 남쪽으로 발해와 접하고 북쪽과 동쪽에는 바다가 있고 서쪽으로는 실위에 이른다고 하였다.

* 《신당서》권 219 흑수말갈전에 의하면 불녈부는 개원-천보년간(713～755년)에 8회, 철리부는 개원년간(713～741년)에 6회, 월희부는 7회, 각각 당나라를 방문한것으로 되여있다. 황유한의 《발해국기》에는 그것을 구체화하여 년월순에 따라 당나라에 도착한 구체적인 내용을 실었는데 그에 따르면 불녈부는 714～741년사이에 17차, 월희부는 714～741년사이에 13차, 철리부는 714～736년사이에 13차, 747년에 1차 당나라에 간것으로 되여있다. 이밖에 월희부와 우루부가 정원 11년(802년) 함께 당나라로 간 일이 있다는것을 지적하고있다. 이로 보아 이 부들이 당나라에 《조공》무역을 한것은 대략 714～741년사이였다고 볼수 있다.

이것은 726년 당나라에 의한 흑수부설치책동이후 발해가 분격하여 흑수부와 당나라를 반대하여 싸웠던 720년대말 730년대초의 흑수토벌전쟁, 발해-당전쟁이후 오래지 않아서 이 부들이 발해령토로 통합되였음을 알수 있게 한다. 정원 11년에 월희부, 우루부가 한번 사신을 보낸것은 9세기초(802년)에 한때 발해의 통제가 약화된 틈을 타서 일부 말갈족우두머리들이 개별적행동을 한 사실의 반영일것이다. 그러나 이들은 발해 선왕(819～830년 재위)때 다시 제압한것으로 하여 그후로는 당나라에 가지 못했던것으로 보인다.

문제는 이 불녈, 철리, 월희, 우루의 위치가 어디냐 하는것이다. 불녈부는 옛 백돌부의 동쪽으로서 발해때 동평부를 두었던곳인데 그것은 철리부의 동남쪽 목단강하류좌우에 있었고 철리부는 오늘의 호란하상류 철리(鉄驪)현을 중심으로 한 일대에 있었다. 월희부와 우루부는 802년에 행동을 같이한것으로 보면 서로 린접해있었다고 인정되며* 또 우루부는 당나라에 한번밖에 간 일이 없는것으로 보아 월희부보다 미약한 작은 부였다고 볼수 있다. 그렇다면 월희부의 위치는 자연히 눈강류역으로 비정되게 된다.

* 우루와 읍루가 음이 비슷하다고 하여 우루부를 흑룡강하류쪽에 있다고 보기도 하나 그럴 가능성은 박약하다. 필자는 우루부는 철리부의 서북, 월희부의 동쪽에 있었다고 본다.

눈강류역은 어떤곳인가?

《위서》 권 100 오락후국전에 의하면 오락후국은 지두우(地豆于)의 북쪽 1,000 리 되는곳에 있는데 토지가 낮고 습하며 안개가 잘 끼고 추운 지대이며 서북쪽을 흐르는 완수(完水)가 난수(難水—눈강)로 흘러들뿐아니라 여러 작은 강들이 다 난수로 흘러드는 고장이며 또 서북쪽에 위나라왕실의 조상들이 살던 옛 터인 석실(동굴)이 있는데 남북 90 보, 동서 40 보, 높이 70 척이 된다고 하였다.*

* 위나라(북위)의 세조는 443년에 온 오락후국 사신의 말을 듣고 중서시랑 리창을 시켜 석실을 찾아가서 제사를 지내게 하고 그 사연을 동굴석벽에 새겨놓았는데 근년의 조사에 의하여 이 석굴이 대흥안령산줄기 북부 동쪽 알선동(嘎仙洞)(호론바이르맹 어론춘자치기소재지 아리하진 <阿里河鎮>의 서북 20 리)에 있다

는것이 확인되였다.(《동북력사지리론저휘편》제1책, 289페지)

　《구당서》(권 199 하) 오라혼국(烏羅渾國)전에도 이 나라가 북위때에 오락후국인데 오라호(烏羅護)라고도 한다는것, 당나라수도 동북 6,300 리 되는곳에 있고 동쪽은 말갈, 서쪽은 돌궐, 남쪽은 거란, 북쪽은 오환(烏丸)과 접하고있는데 풍속은 《말갈》과 같으며 정관 6 년(632 년)에 그 군장(통치자)이 사신을 보내여 초피(돈의 가죽)를 바쳤다는것을 지적하였다.

　그런가 하면 《구당서》(권 199 하)는 실위전에서 오라호부락이 있다고 하였고 《신당서》(권 219) 실위전에는 오라호부가 있다고 하였다. 그 위치는 노월하(㺚越河—도아하<洮兒河>) 북쪽 구륜박(俱輪泊—호륜호<呼倫湖>) 동쪽—대흥안령산줄기 동쪽 눈강류역에 해당한다.

　오라호부락이 실위의 한부분으로 된것은 발해말기이후의 사실이였다고 보인다.

　이 오락후—오라혼—오라호는 월희부와 지리적으로 같은 위치(눈강류역)에 있고 또 명칭의 류사성이 있다. (ㅇ—ㄹ—ㅎ) 그것은 또 앞에서 본것처럼 《통전》기록과도 거리상으로는 맞으며 흑수말갈이 한때 강성하였을 때에는 이 지방까지도 자기 세력권안에 넣었기때문에 《신당서》 흑수말갈전에서 취급되였다고 보인다. 흑수말갈이 서쪽으로 돌궐과 접했다든가, 실위와 접했다든가 한 기록은 한때 돌궐이 강화되여 실위까지 지배한적이 있었기때문이다.

　그러나 이 지역은 고구려나 발해가 강성하였을 때 즉 흑수말갈지역까지도 자기 속령으로 만들고있었을 때는 물론 그 전후시기에도 고구려의 월희부, 발해의 회원부였다.

　고구려가 오락후지역까지 령유하게 된것은 《수서》(권 84)

거란(실위)전,《북사》(권94) 실위전,《신당서》(권219) 실위전 등에서 모두 그 나라(남실위)에서는 철이 없어서 고구려에서 얻어다 쓴다고 한것을 보아서 알수 있다. 이것은 실위가 고구려와 이웃하게 되였기때문에 가능하였던것이다. 또《신당서》에는 고구려 옛 땅에 두었던 월희주도독부가 보인다.

고구려때 6세기말 7세기초에는 북부흑수말갈까지도 자기 통제하에 넣고있었다. 그것은《신당서》흑수말갈전에서 645년 고구려-당전쟁당시 흑수말갈의 북부출신 군사 3,300여명이 고구려군의 선봉에 서서 잘 싸웠으므로 고연수의 실수로 고구려군이 패전하였을 때 당 태종이 포로된 북부흑수말갈군사들을 다 생매장하게 했다는 사실을 기록해놓은것을 보아서 알수 있다. 실지로는 3,300여명이 아니라 그보다 더 많은 북부흑수 군사들이 고구려군으로 징발되였을것이며 따라서 이것은 북부흑수에 대한 고구려의 지배권이 확립되여있었다는 유력한 증거로 되는것이다. 또 598년에 고구려의 영양왕은 말갈군사 1만여명을 거느리고 출전하여 료서지방의 수나라 영주총관 위충을 친 일이 있는데《수서》에 반영된《말갈 7 부》의 군사력은 다 합쳐도 2만명 정도밖에 안되므로 이 역시 당시 고구려가 모든 말갈족들을 복속시키고있었다는 증거로 된다.

또 고구려의 계승국인 발해는 8세기중엽에 이르러《월희말갈》지역까지도 자기에게 소속시켰다.

그런데 6세기~7세기 고구려존립시기의 월희주는 발해때의 회원부와 꼭같은 지역적범위를 차지한것은 아니였다고 인정된다. 발해때의 회원부는 옛 오락후국(오라혼국)전체와 그 동북방의 일부 실위, 오환족 거주지까지도 포괄한 도아하(태료수, 타루수)이북 눈강 동서류역을 다 소속시킨 큰 부였다고 보이며 그밑에는 9개 주가 있었다.

이렇게 된데는 이 지역의 력사발전에서 일련의 복잡한 변동이 있었던것과 관련이 있다고 생각된다.

원래 북위때의 오락후국은 《위서》에 의하면 큰 군장(임금)이 없고 부락마다 막불이라는 우두머리가 있어서 대대로 이어가는것으로 되여있고 또 기후가 한랭하기에 겨울에는 땅을 파서 움집을 만들고 여름에는 들판과 언덕을 따라 목축을 하며 풍속에 머리를 새끼처럼 꼬아서 드리우고 가죽옷을 입으며 구슬을 가지고 치레거리로 삼는다. 백성들이 용감한것을 숭상하고 남의것을 훔치지 않기때문에 대강 저장해두고 들판에 로적가리를 만들어두어도 훔쳐가는자가 없다. 사냥을 잘한다. 악기는 공후가 있는데 나무통(공명통)을 가죽으로 씌우고 9개 현(줄)을 건다고 하였다.*

* 《위서》권100 오락후국전

그 글발을 보면 오락후사람들은 독자적인 국가를 이루지 못하고있었으며 목축이나 사냥을 중요생업으로 하고있었으나 농사(밀, 보리, 기장 등)도 짓고 용감하면서도 도덕심이 강하고 문화적으로도 상당히 발전된 수준에 있던 사람들이였다고 볼수 있다. 그러므로 그들은 사회문화발전수준이 낮았던 순수 말갈족 또는 실위족이 아니였다고 말할수 있다.

고고학적조사연구에 의하면 청동기문화유물을 내는 조원현의 백금보문화는 그에 선행한 부유현의 청동기문화인 소등과 문화와 함께 부여계통문화이며 부여계통문화는 북쪽으로는 소흥안령산줄기, 동쪽으로는 장광재령(張廣才嶺), 남쪽으로는 장춘부근, 서쪽으로는 오유르(烏裕尔)하(도아하서남의 내륙하), 작이(綽爾)하, 도아(洮兒)하에 이르는 넓은 지역에 더 나아가서는 동류송화강하류, 동해바다가까지도 분포되여있었고 그것은 말갈족의 문화인 동인(同仁)문화와는 이질적인것이다.*

* 《동북력사지리론저휘편》제 2 책 311～314 페지, 272～274 페지

우의 글에서 필자는 동한(후한)말년(3 세기초) 또는 위진남북조시기(220～589 년)에 눈강류역에 선비계통의 오락후사람들이 옮겨와서 부여사람들과 섞여살았고 또 그후 물길(말갈)족이 침입하자 부여사람들이 쫓기워 남으로 이동하여 《고구려민족》으로 되였으며 아습하류역(옛 안거골부)은 금나라 시조 완안부가 차지하게 되였고 눈강류역이동은 말갈인의 문화가 지배한것으로 묘사하고있다.

그러나 여기에는 잘못된 판단이 있다고 보인다. 그것은 《위서》(권 100) 두막루국전의 기사를 검토해보면 알수 있다. 즉 두막루국은 옛 북부여국의 후신으로서 사방 2,000 리나 되는 큰 나라이고 동쪽으로는 바다에 이르는 나라이다.

이 나라의 정치, 경제, 문화 풍습에 대한 기록내용은 《삼국지》, 《후한서》 부여전 등의 내용과 거의 같다.

이 두막루국은 《신당서》권 219 류귀(流鬼)전에 보이는 달말루(達末婁)와 같은것으로서 스스로 말하기를 고구려가 그 나라를 멸망시키자 남은 사람들이 나하(눈강—동류송화강서부)를 건너와서 살면서 형성하였다는 나라이다. 여기에도 《혹은 타루하(他漏河 도아하)라고 하는데 동북으로 흘러서 혹수(흑룡강)로 들어간다》라고 하였다. 그러므로 두막루국(달말루국)은 도아하이북 눈강류역과 동류송화강 북쪽지역을 령역으로 한 비교적 큰 나라였다고 볼수 있으며 따라서 오락후국도

두막루국(또 그 전신인 북부여국)의 서부지방을 두막루(북부여)국의 기본지역과 구별하여 가리킨 말로 볼수 있다. 《위서》 물길전에 이웃나라이름들을 렬거하면서 대막로국(두막루국)을 들었을뿐 오락후국을 따로 들지 않은것은 이때문이였다고 볼수 있다.

《위서》 등이 오락후국전을 따로 내온것은 두막루국과는 다른 특징들이 있었기때문일것이다. 후에 오라호부락이 실위의 한부분으로 나타나는것은 후한이후 위진남북조시기(3세기초~589년)에 일부 실위(선비)계통사람들이 이곳에 이주해온것과 관련이 있을수 있다. 그러나 오락후사람들의 풍속이나 언어가 《말갈》과 같다*고 한것을 보면 이 지방 특히 그 남부의 기본주민은 부여계 주민이였다고 보아야 할것이다.

* 《구당서》 권 199 하, 오락후국전에서는 풍속이 《말갈》과 같다고 하였고 《신당서》 권 219 실위전에서는 그 언어가 《말갈》어였다고 하였다.

여기서 《말갈》이라는것은 당나라통치배들이 편찬한 《수서》이래 《말갈 7부》라고 하면서 고구려사람, 옛 부여사람, 옛 북옥저사람들까지도 《발해말갈》, 《속말말갈》, 《백산말갈》이라고 하여 망탕 《말갈》모자를 씌워서 부른것과 깊은 관련이 있다. 《말갈 7부》가운데서 순수 말갈족은 독활촉을 쓰던 불녈부이동의 호실부, 흑수부 사람들이고 속말부, 백산부, 백돌부, 안거골부의 기본주민은 옛 부여, 북옥저 주민을 포함한 고구려-발해사람이였다. 물론 이른바 《속말부, 백산부, 백돌부, 안거골부》의 명칭은 해당지역에 극소수의 류동생활을 하는 수렵종족으로서의 말갈인들이 있었기때문에 생겨난 이름일수 있다. 문화발전수준으로 볼 때 불녈부이동의 말갈이 후세의 생녀진 같은 존재라면 이들은 후세의 숙녀진 같은 존재일수 있다.

당나라통치배들은 수나라때 속말말갈의 돌지계(도지계) 같은 자들이 속말수류역에서 살다가 고구려에 의하여 쫓겨난 일이 있는것을 리용하여 그 지역 주민전체에 대하여 함부로 《속말부》, 《속말말갈》 등의 모자를 씌워붙렀던것이다.

그러므로 오락후국 등지의 주민들을 《말갈》이라고 한것은 옛 부여계 주민들을 모독하여 부른것으로 볼수 있다.(물론 이 경우에도 오락후지역에 일부 말갈, 실위계통 주민이 있었다는것을 부정하는것은 아니다.)

여기서 북부여와 두막루사이에는 어떤 관계가 있었는가 하는것이 문제로 제기된다. 또 언제 부여사람들이 나하를 건넜는가? 그 이전에 나하남쪽에 북부여란 나라가 따로 있었고 그들의 일부가 나하를 건느자바람으로 두막루국(대막로국, 달말루국)을 세웠는가 하는것도 문제로 된다. 그리고 두막루국, 오락후국이 언제 고구려에 의하여 통합되였는가 하는것도 문제이다.

원래 부여(후부여)는 오늘의 농안(또는 회덕)부근을 수도로 한 큰 나라였으나 285년 모용외의 침공으로 나라가 일단 망하고 왕실의 일부(자제)가 옥저(북옥저)땅에로 피해가서 동부여국을 세웠다. 또 286년에 왕자 의라는 후부여국을 재건하였다. 고구려는 이 시기에 옛 후부여의 중심지역을 차지하고 동부여를 자기의 보호국으로 만들었다.

4세기초엽에 후부여는 백제(고구려의 잘못)의 압력으로 수도를 서쪽 사평부근으로 옮기였으나 국방을 소홀히 하고있었다. 이 기회를 리용한 모용외의 아들 전연왕 모용황은 346년에 불의에 후부여(서쪽)를 습격하여 수도를 함락시키고 국왕이하 5만여명의 인구를 강제련행하여갔다. 이후 부여왕 여현은 전연땅안에서 제후의 하나로 얼마간 세력을 유지하였으나 370년 전연의 멸망과 함께 영영 나라를 잃고말았다. 346년에 고구려는 후부여(서쪽)의 중심지역을 차지함으로써 다른 침략세력이 들어오지 못하게 하였다. 아마도 이무렵에 후부여의 일부 귀족세력은 나하를 건너 옛 후부여의 북부지방에서 부여국의 명맥을 유지하였겠는데 이것이 곧《위서》두막루국전에 보이는 북부여였다.*

> * 광개토왕릉비에 보이는 고구려시조 추모왕의 출생, 성장지로서의 북부여나《삼국사기》고구려본기 첫부분에 나오는 북부여 등은 다 고구려의 북쪽에 있는 부여(고대부여국)라는 뜻이며 이때 북부여라는 나라가 따로 있었던것은 아니다.

북부여라는 나라가 4세기중엽이후에도 따로 존재하였다는것은 457년에 부여의 사신이 북위에 가서 외교무역을 하였다는 기록*을 통하여 알수 있다.

> *《위서》권6 고종 문성제기 태안(太安) 3년 12월조에는《이달에 우전, 부여 등 50여국이 각각 사신을 보내여 조공을 바쳤다.》고 하였다.

《위서》(권100) 물길전에는 471년에 물길의 사신 을력지(乙力支)가 북위를 방문한 사실을 자세히 전하면서 물길의 이웃에 대막로국, 복종국 등 10여개국이 있다는것, 물길이 강성하여 두막루(대막로국) 등 여러 나라들의 근심거리로 되고있었다는것이 지적되여있다.

그렇다면 북부여국은 대략 4세기중엽부터 460년대경까지 존속하다가 정권교체가 일어나서 두막루국으로 되였다고 볼수 있다.

두막루(달말루, 대막로)국은 그 내부에 오락후(국)를 비롯한 지방세력들을 적지 않게 가지고있었다고 보인다. 두막루국의 중심지역은 눈강하류북안, 동류송화강(서부) 북안 지역으로서 《수서》에 보이는 속말부, 안거골부 지역에 해당할것이다. 두막루국 중심지역의 서북지방에는 우루부, 동북지방에는 철리부(또는 그 전신)와 같은 말갈계 주민이 주로 살던 지역들도 있었다고 보인다.

5세기말에 와서 물길(말갈)족의 서남방향으로의 침습이 강화되여 동류송화강의 남쪽지류들인 목단강하류, 동량자하(東亮子河)하류, 마의하하류류역 일대가 그들이 점거하는바가 되였다. 목단강 상류지방에 있던 동부여는 한때 강화되여 고구려에 대한 조공을 그만두었다가 410년에 광개토왕의 정벌에 의하여 고구려의 속국으로 되였으며 5세기말에 와서는 말갈족의 공세에 견디지 못하여 마침내 494년에 고구려에 의탁하여 왔으므로 고구려는 그 왕과 귀족들을 받아들이고 동부여땅을 자기 령토로 삼았다.*

* 일부 학설에서는 494년 부여의 투항을 두고 눈강, 송화강 합류지점일대 또는 농안부근에 있던 부여라고 보고있으나 504년에 위나라로 간 고구려사신 예실불이 황금은 부여에서 나던것인데 지금은 부여가 물길에게 쫓기웠기때문에 고구려도 황금을 마련하지 못하게 되였다고 한것을 보면 물길이 침공, 점탈한 지역은 사금산지로 이름난 마의하어동-목단강하류부근임이 확실하다. 그러므로 저러한 추측은 맞지 않는다.

두막루국, 오락후국이 언제 고구려에 의하여 통합되였겠는

가. 본래 동족의 나라들을 하나로 통합하는것은 고구려의 중요한 정책의 하나였다. 게다가 5세기말 물길의 강화는 고구려 북방정세를 소란하게 하였으며 북방의 국토완정을 방해하는 큰 장애로 되였다. 그러므로 고구려는 479년에 물길이 북위와 통하는것을 막기 위하여 오늘의 몽골공화국에 있던 연연(유연)세력과 협동하여 지두우를 쳐서 분할하려고 서북방 거란지역으로 진출한바 있었다. 6세기초중엽에는 북방, 서북방에 대한 대규모의 통합전역을 벌려 두막루국, 오락후국 지역을 자기 통제하에 넣었으며 동북방으로도 현저히 진출하여 말갈족의 많은 부분을 복속시켰다고 생각된다.

그것은 대략 6세기초엽 529년 백제에 대한 대규모공세를 벌려 아산만계선까지 진출하기전, 더 올라가면 524년이후 북위의 동북변에서 일어난 농민폭동 등에 의하여 료서지방에서 북위의 군현들이 장성이남으로 쫓겨들어가는 정세가 조성된것과 관련하여 고구려가 그 기회에 거란족에 대한 지배와 통제를 강화하게 된 시기이전의 일이였다고 볼수 있다.

550년대에 와서는 고구려가 동진하는 돌궐세력과 맞다들게 되여 그 방면에 힘을 돌려야 했고 또 남쪽에서 백제와 신라가 북상하는 등 복잡다단한 정세가 조성된것과 관련하여 그에 대응하는 방책도 세우고 집행하느라고 북방으로 진출할 겨를이 별로 없었겠다고 보인다. 결국 두막루국, 오락후국 등의 통합은 5세기말~6세기초엽 510년대에 주로 진행되였다고 볼수 있다. 그러나 달리 생각하면 550년대~560년대에 북방령토 확장, 완정이 진행되였기때문에 남방에 힘을 돌리지 못하였다고 볼수도 있다.

고구려는 새로 통합한 지역들을 어떤 방식으로 통치하게 되였겠는가. 고구려에 북부여성주가 있게 된것은 아마도 이무렵이였을것이다. 즉 본래의 후부여지역에는 4세기중엽경에 부여성주를 두었고 눈강, 동류송화강(서부)류역에는 6세기초엽에 북부여성주를 확대하여 옛 두막루, 오락후 지역의 남부지방- 부여계통주민들의 기본거주지들은 그 통치밑에 두었다고 생각된다. 한편 옛 동부여지역은 다벌악주, 책성주에 나누어 편입시켰을것이다. 그리고 말갈족, 실위족이 주로 살고있던 오락후의 북쪽지방, 두막루의 북쪽지방에는 속령주(기미주)로서 월희주, 철리주를, 목단강하류이동지역에는 역시 속령주로서 불녈주, 호실주 등을 각각 두고 말갈인(일부 실위인도 포함)들은 자기의 사회질서에 따라 씨족적, 종족적 뉴대를 유지하면서 생활하게 하고 일정한 의무(공물, 군역)를 부과하였다고 인정되는것이다.

흑수말갈에 대해서는 6세기말에 군사행동을 벌려 복속시켰다고 보인다.*

* 금나라시조를 낸 완안부녀진이 아습하류역에까지 침습한것은 발해멸망후 상당한 시간이 경과한 다음 즉 올야국 등이 약화된 다음시기였다고 본다.

고구려왕조가 종말을 고한후 고구려유민들의 반침략고국회복투쟁이 다년간 벌어지던 시기에 흑수말갈은 자기 세력을 확장하여 불녈, 철리, 우루, 월희 지방을 통제하게 되였으나 8세기 20년대말~40년대초에 발해는 흑수말갈을 비롯한 북부 각지를 자기 령역으로 삼았으며 고구려때의 월희주, 철리주, 불녈주를 더 확대 또는 조절하여 회원부, 철리부, 동평부를 두게 되였다고 생각된다. 이때에 와서도 본래의 부여계 주민-

고구려사람들은 일부가 남쪽으로 이주하였을수 있으나 눈강하류지역의 기본주민, 호란하류역의 기본주민은 여전히 옛 부여계통 고구려사람들의 후예들이였을것이다. 왜냐하면 말갈족, 실위족 주민수는 그들의 사회발전수준과 생업상의 특성으로 하여 그렇게 많지 못하였기때문이다. 다만 회원부, 철리부 관할하의 넓은 산간지대 비농경지역은 말갈족, 실위족의 거주지였던것으로 보인다.[1]

발해때를 통하여 회원부, 철리부 지역에 살고있던 본래의 부여-두막루계통주민들은 발해최말기에 기후변동 등의 요인으로 말미암아 또는 발해멸망후 료나라의 강제이주정책으로 말미암아 적지 않게 남쪽으로 이주하였다고 보인다. 본래의 고장에 남아있던 사람들의 후예들은 오랜 세월이 지나는 동안 말갈족, 실위족 등과 서로 융합되여 근세까지의 북부만주의 원주민들로 된것이라고 볼수 있다.[2]

[1] 20세기초엽의 북만(눈강중상류지역, 포특합기(布特哈旗)지역의 주민들인 다후르(달호르)(達瑚爾 達呼尔)족과 그 남쪽의 색륜(索倫)족의 언어를 조사한바에 의하면 다후르족의 언어는 몽고말이 기본이고 퉁구스말이 섞여있으며 솔론족의 언어는 퉁구스말이 기본이고 몽고어가 섞여있었다고 한다. [풍가승:《동북사연구에서 이미 달성한 성과들》(《동북력사지리론저휘편》제 1책 2~3폐지)] 이것은 이 지역에 한때는 흑수말갈의 세력이 크게 미치고있었고 한때는 몽골(실위)의 세력이 미치고있었다는것 특히는 몽고(원)의 영향이 컸다는것을 말해준다.

다후르족은 흑룡강성의 최북부지방에 주로 살고있는데 그들은 《신당서》권 219 류귀(流鬼)전에는 달후(達姤)로 나오며 당시에는 나하(눈강)의 동쪽에서 살고있었으며 그 서쪽은 황두(黃頭)

실위이고 동쪽은 달말루와 접했다고 한다. 그러니 다후르(달후)족도 1,000년이상의 오랜 기간 그 부근에서 살던 원주민이였다고 말할수 있다. 《구당서》(권 199 하) 실위전에 동북은 달후와 접했다고 한것을 보면 이들은 원래는 실위(선비)계통이 아닌 북방퉁구스의 한갈래였다고 보인다.

*² 솔론족도 북방퉁구스족의 일부라고 하지만 그들의 조상속에는 부여, 오락후 사람들의 후예가 섞여있었다. 그것은 20세기초엽까지도 눈강의 한 지류인 아로하(雅魯河)류역(포특합기) 주민들속에서는 부여건국설화와 거의 같은 이야기가 전해왔다는 사실만 보아도 알수 있다. (《포특합지략》1932년 력대 연혁조)

월희의 위치문제에 대해서는 《료사》영위지(營衛志) 하권에 보이는 오국부(五國部)-부아리국(剖阿里國), 분노리국(盆奴里國), 오리미(奧里米)국, 월리독(越里篤)국, 월리길(越里吉)국 등과 같이 관련시키면서 분노리는 불녈이고 월리독은 우루이며 월리길은 월희라는 식으로 보는 설*을 비롯하여 그밖의 여러 견해들이 있다. 월리길이 불녈이동 흑룡강하류쪽에 있다는것은 믿기 어렵다. 왜냐면 그곳은 흑수부, 굴열부가 차지하고있었기때문이다. 그것들이 우쑤리강서쪽에 있었다고 본다고 하면 그것은 불녈부의 어느 한 작은 갈래로나 될것이다. 월리독이나 월리길이 혹 월희부 일부 주민들의 동천과 관련하여 생긴 지명일지도 모르나 그런 사실이 있었더라면 그것은 발해멸망후 료나라때의 사실일것이다.

　　*《동북력사지리론저휘편》제 1 책 380～381 페지

고구려때 월희주의 위치는 눈강류역중류지방으로 볼수 있으나 발해때 회원부의 위치는 그보다 더 넓게 눈강류역으로 잡아볼수 있다. 이렇게 보면 발해때 회원부지역에는 능히 9 개 주가 들어갈수 있다. 혹시 너무 넓은 지역이라고 할지도 모르나 근세까지만 하여도 그 지역의 주민들인 다후르족, 솔론족, 메르근족의 인구수가 얼마 되지 않은 사실로 미루어볼 때 면적이 넓은것은 문제로 될수 없다.*

* 시로꼬고로브:《북방퉁구스의 사회구성》(일문) 이와나미서점, 1941년, 제2장 제6절 《북방퉁구스(인구)에 관한 두어개 통계자료》에 의하면 북방퉁구스 각 족의 인구수는 매우 적은것이였다.(213~216 페지)

군단(무리)이름	가족수	인구수
순록(馴鹿)퉁구스	100	430
흥안퉁구스	221	950
메르근(墨爾根)퉁구스	100	430
그말첸퉁구스	424	1,833
비랄첸퉁구스	216	899
계	1,063	4,541

(우와 같은 책 230 페지)

우에서 지적된 퉁구스족들은 20 세기초엽에 눈강상류일대와 흑룡강성의 최북부를 동류하는 흑룡강, 소흥안령이동을 동남류하는 흑룡강의 좌우안에 살고있었던 사람들이다. 그 거주지역의 광대성에 비하면 그 인구수는 보잘것없는 소수를 차지한다. 그러므로 고구려, 발해 때에도 형편은 비슷하였을것이다.

한편 흑수부, 호실부, 불녈부가 다 《북방퉁구스》족에 속한다고 말할수 있겠는지는 잘 알수 없지만 유목, 수렵을 생업으로 하던 말갈족들의 인구가 그렇게 많지 못하였다는것은 알만하다. 《수서》나 《북사》의 《말갈7부》의 병력수(총계 2만 정도) 를 보아서는 말갈족 인구수는 많아서 20만 정도였을것이다.

월희주(부), 회원부의 위치문제와 관련하여 일부 연구자들은 《신당서》 발해전에 월희 옛 땅을 회원부로 삼고 9주를 두었다고 한 기사다음에 안원부가 나오므로 안원부(그아래에 녕주, 미주, 모주, 상주의 4주가 있다.)도 《월희말갈》인것으로 오인하고 《료사》 지리지에 안원부산하의 모주(慕州)가 서경압록부 서북 200리에 있다고 한것은 먼 동북방에서 옮겨온것이라고 주장하였다.*

* 《발해국지장편》권 14 서경압록부 모주조

그러나 이것은 잘못이다. 안원부(安遠府)는 판본에 따라서는 안원부(安元府)로 되여있으며 그것은 그다음에 오는 독주주(独奏州) 3개 주와 함께 《월희 옛 땅》과는 상관이 없는 딴 지명들이다.

안원부는 발해가 원래 고구려때의 중요지역의 하나이고 고구려본토주민이 집중적으로 거주하고있었던 지역의 통치를 위해 설정한 부의 하나로서 료동반도 천산산줄기서쪽—대릉하이동 철령현이남지역에 설치한것이다. 그 중심지는 료양부근에 있었다고 보인다. 어떤 학자들은 동단국당시 상경, 중경, 동경, 남경 등지의 발해사람들을 료동방면으로 강제이주시켰다고 해서 《료사》 지리지 동경도산하의 지명도 다 옮겨온것으로 리해하지만 꼭 그런것도 아니다.

서경압록부와 그 산하 지명들은 대개 움직이지 않았다는것은 잘 알려져있다.

또 심주(瀋州)아래의 암주는 본래의 발해의 백암성인데 백암성은 고구려이래로 료양동쪽에 있었던 성(연주성)이다. 이곳은 발해때 안원부지역의 한 지명이 남은것이다.

《료사》지리지 현주(顯州)(발해때 중경현덕부를 옮겨온 것) 다음에는 어데 있었는지 잘 알수 없는 주이름들이 렬거되여있는데 그가운데 녕주(寧州)가 있다. 혹 이 녕주는 옛 안원부산하의 녕주였을수도 있다. 또 모주는 록주(집안시)서북 200 리이라고 하였는데 그 거리기사는 부정확하지만 대략 오늘의 청원현, 신빈현 일대로서 본래의 안원부의 가장 동쪽에 있었던 주일것이다. 상주(常州)의 위치는 어데인지 알수 없으나 료나라때 료양현의 발해때 옛 이름이라는 상락(常樂)현은 상주아래의 령현이였을수도 있다. 안원부의 지명들이 하도 많이 바뀌였기때문에 찾아내기 힘들지만 우에서 든 몇개 지명은 찾을수 있다. 그러므로 안원부의 위치를 회원부(월희 옛 땅)와 관련시켜 보아서는 안된다고 본다.

월희부(회원부)의 위치를 옳게 밝혀내는것은 고구려와 발해의 서북국경선의 위치를 정확히 해명하는 문제로서 고구려─발해의 국력을 응당한 위치에서 리해, 파악하는데서 매우 중요한 의의가 있다. 《책부원귀》, 《구당서》(발해말갈전), 《통전》(안동부조), 《신당서》(흑수말갈전)의 기사들을 옳게 해석한다면 월희부의 위치를 눈강류역으로 잡을수 있으며 그와는 다른 해석은 많은 불합리한 점들이 있으므로 성립되기 어렵다.*

   * 발해때의 회원부의 위치문제는 필자의 개별적인 견해라는것을 부언하여둔다.

월희부의 위치를 발해수도 동쪽 550 리 지점으로 보거나 회덕(공주령)─철령계선으로 보게 되면 고구려의 력사지리에서는 커다란 착오가 일어나게 되며 따라서 고구려력사를 옳게

체계화할수 없게 된다.

[간단한 결속]

월희는 오락후, 오라혼, 오라호와 같이 한개 나라, 지역, 집단의 표기이며 그 위치는 대흥안령산줄기 동쪽기슭이동 눈강중하류류역이다. 이 지역에서는 신석기시대이래로 부여계통 주민들이 살고있었으며 기원 3~4세기이후 일부 실위계통주민들도 옮겨와서 살았으나 평야지대의 기본주민은 여전히 부여계 고구려사람들이였다.

고구려는 6세기초중엽에 오락후, 두막루지역을 통합한 다음 부여계 주민이 사는 지역은 북부여성주에 편입하여 통치하였으나 실위, 말갈계 주민들이 사는 산간지대, 비농경지대는 속령으로 삼고 속령주(기미주)로서 월희주, 철리주(?) 등을 두고 원주민의 사회체제를 다침이 없이 그 우두머리들을 통하여 간접적으로 통치하는 방식을 취하였다.(불널부나 호실부에 대해서도 그렇게 하였을것이다.)

고구려본토안에도 일부 류동하면서 수렵생활을 하는 말갈사람들이 있었다. (《속말》, 《백돌》, 《백산》 등) 이들에 대해서도 따로 행정구역을 설정하지 않고(늘 류동상태에 있었으므로 그렇게 할수도 없었다.) 그 우두머리를 통하여 간접적으로 통치하였다고 인정된다.

9. 안동도호부의 위치 변천과 폐지

고구려유민의 반침략투쟁과 관련하여 중요한 문제의 하나는 당나라의 동방침략의 총본산인 안동도호부의 운명이 어떠하였는가 하는것이다. 즉 그것이 어떻게 쫓겨다니다가 없어지고

맡았는가 하는 문제이다.

668년 9월 평양성함락후 당나라는 평양에 안동도호부를 두고 설인귀를 도호로 임명하였으나 고구려인민들의 치렬한 투쟁으로 궁지에 빠진 설인귀는 669년 6월이전에 도호부를 신성으로 옮기였다.

검모잠항전부대가 6월에는 벌써 대동강이남으로 진출하였다는것 그리고 설인귀가 670년 4월에는 토번을 치러 떠났는데 그새 신성에서 정사를 잘하여 백성들을 《안착》시켰다고 한것(설인귀전)을 보아서 그렇게 말할수 있다.

당나라의 (고종)실록에는 670년(함형 원년)에 양방(楊昉), 고간(高偘)이 처음으로 안동도호부를 함락시키고 평양성에서 료동주로 옮겼다고 하였다. 고간 등이 당나라본토에서 료동지방으로 나온것은 671년 여름경이고 7월에 안시성(안지성-봉황성?)의 고구려사람들을 격파하였다고 하니 670년에는 그가 평양에까지 오지도 못하였을것이다. 고간은 671년 9월, 672년 7월에 각각 평양지방으로 침입하였을뿐이였다. 그렇다면 670년에 도호부를 료동주로 옮겼다는것은 신성에 있던 도호부가 설인귀의 토번행이후에 료동주(료양)로 옮겨앉은 사실의 반영으로나 될것이다.

또한 당나라《실록》에는 676년(의봉 원년) 2월에 고구려의 남은 무리들이 《반역》하므로 안동도호부를 료동성으로 옮겼다고 하였다. (《자치통감》권202, 의봉 원년 2월 갑술조)

당나라침략군의 륙군은 675년에 조선반도 중부이북지역에서 큰 타격을 받았으며 676년 7월에는 도림성을 함락시킨바 있었다. 672~675년사이에 당나라군대가 평양지방을 다시 강점하였으나 고구려유민들의 반침략투쟁으로 평양지방의 정세도

늘 불안정하였던것만큼 도호부는 그사이 평양으로 다시 나오지 못하고있다가 676년 2월에 이르러 더는 압록강이남으로 도호부를 내보낼 가능성이 없어지게 되자 당나라는 정식으로 도호부를 료동성(료양)에다 둔다고 선포한것으로 볼수 있다.

다음해인 677년에 보장왕이 료동성에 나와 있게 되자 도호부는 신성(신민부근)으로 옮겨가고 연남생이 도호로 되였으나 그는 679년초에 죽었고 그후로는 696년까지 누구를 안동도호로 임명했는지 알수 없다. 그러나 681년에 보장왕이 다시 붙들려 가게 되면서 안동도호부에 있던 고구려사람 상충은 보장왕과 함께 붙들려갔고 부근에는 가난한자들만 남아있다가 분산되여버렸다고 한것을 보면 도호부는 681년경에 이미 료서지방으로 이동한것이라고 볼수 있다. 당나라는 그후 686년에 보장왕의 손자 고보원을 《조선군왕》으로 임명하였으나 그것은 헛된 이름만이였다. 그후 696년 영주폭동당시 안동도호 배현규는 영주(조양)동남 270리(금현부근)에 있었다. 이때 안동도호부산하에는 4개 도독부, 10개 주가 있었으나 그것은 다 기발만 들고다니는 떠살이무리들이고 총 호수는 1,582호밖에 되지 않았다.

696년의 사변으로 료서지방에 있던 당나라의 주현들은 다 장성이남지역으로 달아나서 여기저기에서 더부살이를 하고있었다. 698년경에 당나라는 다시 고보원을 《충성국왕》으로 임명하여 안동도호부산하지역을 통치하라고 하였으나 장성이북에는 당나라세력이 없었으므로 그는 갈수 없었다. 698년 6월말에는 아무런 실속도 없는 안동도호부를 도독부로 강격시키고 699년에는 보장왕의 아들 고덕무를 도독으로 임명하였으나 그것 역시 유주지역에 있던 소수의 망명자들에 대한 통치권의 위임에 지나지 않았다.

705년에 다시 도호부로 승격시켰으나 그것은 여전히 아무런 실권도 없는 존재였고 714년에 안동도호부는 평주(하북성 로룡지방)로 자리를 옮겼으며 743년에는 겨우 료서군 고성(오늘의 조양서쪽)에 옮기기는 하였으나 그것은 고구려 옛 땅이 아니였다.

천보년간(742~755년)에 와서 도호부산하의 호구수는 좀 늘어나서 5,718호, 1만 8,156명이 되였으나 그것은 여전히 보잘것없는것이였다. 당나라통치배들은 지덕년간(756~757년)에 안록산의 반란이 일어나자 안동도호부를 아주 없애고말았다.

보는바와 같이 안동도호부는 설치이래 한번도 자기의 기능을 온전히 수행한적이 없었으며 특히 681년경부터는 료서지방, 장성이남지방으로 쫓겨다니면서 겨우 이름만 가지고있던 침략기구에 불과하였다. 그러므로 고덕무가 료동지방 압록강하류 지역의 국내성(의주)으로 가서 차츰 나라를 세웠던것처럼 쏜신, 구《당서》의 기록이나 그것을 합리화한 일본사가들의 견해는 실로 한심한 력사위조행위로 된다.

※《고구려사》(2) 249~270페지

맺 는 말

지난 시기 안팎의 봉건사가들, 일제어용사가들, 부르죠아사가들을 비롯하여 고구려에 대하여 편견을 가지고있던 사가들에 의하여 고구려의 력사는 여러모로 심히 외곡되여왔다.

고구려는 유구한 력사와 찬란한 문화, 강대한 국력을 가지고 우리 민족사를 빛내여온 강대국이였다. 오직 가장 과학적인 사회력사관인 주체사관에 철저히 립각하여 소여의 자료들을 주체적립장에서 깊이 연구함으로써만 고구려인민이 창조한 빛나는 력사를 옳바로 해명하고 력사적진실에 맞게 체계화할수 있다.

오늘도 일부 다른 나라 학계들에서 고구려사에 대한 외곡, 말살행위가 계속되고있는 조건에서 무엇보다 우리자신이 고구려사의 중요한 문제들에 대하여 정확한 인식을 가지고 고구려사를 헐뜯는데 대하여 제때에 반박하고 타격을 줄수 있게 준비되여있어야 할것이다. 이를 위하여 다소라도 도움이 된다면 이 책을 집필한 목적이 달성되였다고 말할수 있다.

주체 89(2000)년 2월

고구려사의 제문제

저자 교수, 박사 손영종
편집 학사 지승철　**교정** 권영옥, 정금녀

낸 곳 사 회 과 학 출 판 사
인쇄소 사회과학원 콤퓨터출판쎈터
인 쇄 주체 89(2000)년 1월 15일